COURS DE FRANÇAIS ACCELERE
CORRIGE DES EXERCICES

简明法语教程(修订版)
练习参考答案

孙　辉编

商 务 印 书 馆

2015年·北京

图书在版编目(CIP)数据

简明法语教程(修订版)练习参考答案/孙辉编.
北京:商务印书馆,2006(2015.5 重印)
ISBN 978 - 7 - 100 - 04858 - 3

Ⅰ.简⋯ Ⅱ.孙⋯ Ⅲ.法语—解题 Ⅳ.H329.6

中国版本图书馆 CIP 数据核字(2005)第 158379 号

简明法语教程(修订版)
练习参考答案
孙　辉　编

商 务 印 书 馆 出 版
(北京王府井大街36号　邮政编码 100710)
商 务 印 书 馆 发 行
北 京 冠 中 印 刷 厂 印 刷
ISBN 978 - 7 - 100 - 04858 - 3

1999 年 6 月第 1 版　　　开本 787×960 1/16
2006 年 11 月第 2 版　　　印张 18½
2015 年 5 月北京第 20 次印刷
定价:32.00 元

目　录

上　册

I.　语音教程

II.　入门教程

下　册

简明法语教程(修订版)

练习参考答案

上　　册

I. 语音教程

第 1 课

IV. 翻译下列句子

这是谁？   这是利娜。

<u>Qui est-ce?</u>   <u>C'est Lina.</u>

她在哪儿？   她在里尔。

<u>Où est-elle?</u>   <u>Elle est à Lille</u>

V. 回答下列问题

1. 法语中共有几个元音字母？

   <u>六个：A，E，I，O，U，Y。</u>

2. 字母和音素是一回事吗？

   <u>不是。字母是最小的书写单位，而音素是最小的语音单位。</u>

3. 什么叫音节？

   <u>音节以元音为基础，一个词里有几个元音就有几个音节。</u>

4. 什么叫开音节？什么叫闭音节？

   <u>以元音结尾的音节叫开音节，以辅音结尾的音节叫闭音节。</u>

第 2 课

IV. 就下列句子提问

1. Oui，c'est Pascal.   Il est journaliste.

   <u>Est-ce que c'est Pascal?</u>   <u>Que fait-il?</u>

2. Oui，c'est Nathalie.   Elle est actrice.

   <u>Est-ce que c'est Nathalie?</u>   <u>Que fait-elle?</u>

3. C'est Philippe.   Il est à Lille.

  Qui est-ce?   Où est-il?

4. C'est Fanny.   Elle est à Sète.

  Qui est-ce?   Où est-elle?

V. 翻译下列句子

这是夏尔吗?   Est-ce que c'est Charles?

对,这是夏尔。   Oui, c'est Charles.

他是干什么的?   Que fait-il?

他是邮递员。   Il est facteur.

利娜是研究员。   Lina est chercheur.

帕斯卡尔是服装设计师。 Pascal est styliste.

VI. 回答下列问题

1. 什么叫元音?什么叫辅音?

发音时,声带颤动,气流在口腔的通路上不受阻碍的即为元音。反之,即为辅音。

2. 法语中的重音一般落在哪个音节上?

一般在最后一个音节上。

3. 什么叫节奏组?

句子中,按照语义和语法结构而形成的自然停顿,即为节奏组。

4. 什么叫联诵?

在同一个节奏组中,前一词词末原本不发音的辅音字母与后一个词词首的元音合成一个音节,即为联诵。

第 3 课

IV. 回答下列问句

1. Est-ce que c'est Philippe? Que fait-il?

  Oui, c'est Philippe.   Il est facteur.

2. Est-ce que Thomas est pilote? Où est-ce qu'il habite?

  Oui, il est pilote.   Il habite à Berne.

3. Qui est-ce?   Est-ce que Sabine habite à Grenoble?

C'est Sabine.   Oui, elle habite à Grenoble.

4. Est-ce que Nathalie est journaliste? Où est-ce qu'elle habite?
   Oui，elle est journaliste.   Elle habite à Nice.

VI. 翻译下面的句子

1. 雅克是邮递员。他住在巴黎。
   Jacques est facteur. Il habite à Paris.

2. 韦罗尼克是电影编导。她住在日内瓦。
   Véronique est cinéaste. Elle habite à Genève.

3. 雅克琳是演员。她住在北京。
   Jacqueline est actrice. Elle habite à Beijing.

4. 菲利普是研究员。他住在伯尔尼。
   Philippe est chercheur. Il habite à Berne.

VII. 回答下列问题

1. 联诵和连音是一回事吗?
   不是。连音指词与词之间，音与音之间不该停顿的地方要连成一气。关于联诵的解释，请参见教材上册 13 页。

2. [p]和[b]两个音素有什么区别?
   [p]是清辅音，[b]是浊辅音。

3. 字母 h 在词中发音吗?
   它在词中永远不发音。

第 4 课

IV. 就下列句子提问

1. Philippe habite à Nice.
   Où habite Philippe?

2. Oui, Philippe habite à Nice.
   Est-ce que Philippe habite à Nice?

3. Marie est secrétaire.
   Que fait Marie?

4. Oui，Monsieur Li est avocat.

Est-ce que Monsieur Li est avocat?

5. Oui，Li Hong est notre chef de classe.

Est-ce que Li Hong est votre chef de classe?

V. 回答下列问题

1. Est-ce que c'est Monsieur Xia?

Oui，c'est Monsieur Xia.

2. Où habite-t-il? A Beijing?

Oui，il habite à Beijing.

3. Que fait Fanny?（actrice)

Fanny est actrice.

4. Est-ce que Marie est secrétaire?

Oui，Marie est secrétaire.

5. Qui est chimiste?（Pierre)

Pierre est chimiste.

VI. 回答下列问题

1. 划分音节的基本规则是什么?

划分音节的基本原则是:

1) 两个元音之间的单辅音属于下一个音节;

2) 相连的两个辅音要分开;

3) 相连的两个辅音中,如果第二个辅音是[r]或[l],则不能把两个辅音分开,应同归于下一个音节。

2. 哪些辅音字母在词末不发音?

除 c，f，l，r 以外,辅音字母一般在词末时不发音。

3. 省音是怎么回事?

有些以元音字母结尾的单音节词,常和下一个词的词首元音合成一个音节,并省去上一词的词末元音字母;这种现象称为省音。省去的元音字母用省文撇"'"代替。例如:ce＋est＝c'est.

第 5 课

IV. 翻译下列词组

玛丽的钢笔	le stylo de Marie
夏尔的汽车	la voiture de Charles
皮埃尔的杂志	la revue de Pierre
一条黄裙子	une jupe jaune
一面红旗	un drapeau rouge
一辆黑轿车	une voiture noire

V. 就下列句子提问

1. C'est un stylo.　　　　Qu'est-ce que c'est?

2. C'est Thomas.　　　　Qui est-ce?

3. Oui, c'est Philippe.　　Est-ce que c'est Philippe?

4. Oui，c'est la jupe de Marie.　Est-ce que c'est la jupe de Marie?

5. Oui，René habite à Paris.　Est-ce que René habite à Paris?

VI. 翻译下列句子

1. 这是什么?

   Qu'est-ce que c'est?

2. 这是一辆汽车。

   C'est une voiture.

3. 这辆汽车是玛丽的吗?

   Est-ce que c'est la voiture de Marie?

4. 是的，是玛丽的汽车。

   Oui, c'est la voiture de Marie.

5. 这位是谁?

   Qui est-ce?

6. 这位是莫尼克。她是化学家。

   C'est Monique. Elle est chimiste.

第 6 课

V. 填写适当的不定冠词

<u>un</u> vélo	<u>une</u> photo	<u>une</u> voiture	<u>une</u> radio
<u>une</u> robe	<u>un</u> stylo	<u>une</u> lettre	<u>un</u> banc
<u>des</u> motos	<u>des</u> manteaux	<u>un</u> roman	<u>des</u> documents

VI. 填写适当的冠词

C'est <u>une</u> chaise. C'est <u>la</u> chaise de Sophie.

Est-ce que ce sont <u>des</u> magnétophones?

Ce ne sont pas <u>des</u> magnétophones. Ce sont <u>des</u> radios.

Ce n'est pas <u>le</u> stylo de René.

Ce n'est pas <u>un</u> lac. C'est <u>une</u> rivière.

Ce sont <u>les</u> manteaux de Marie et de Monique.

VII. 翻译下列句子

1. 这是什么?

   Qu'est-ce que c'est?

2. 这些是长凳。

   Ce sont des bancs.

3. 这些是录音机吗?

   Est-ce que ce sont des magnétophones?

4. 不,不是录音机,是收音机。

   Non, ce ne sont pas des magnétophones. Ce sont des radios.

5. 这些是雅克的磁带吗?

   Est-ce que ce sont les cassettes de Jacques?

6. 不,不是雅克的磁带。是帕斯卡尔的磁带。

   Non, ce ne sont pas les cassettes de Jacques. Ce sont les cassettes de Pascal.

X. 回答下列问题

1. s 在联诵中读什么音?

应该读作[z]。

2. 哪些元音在词末闭音节中读长音？

参见本课语法说明 2—2。

3. 疑问句有几种基本形式？

疑问句有三种基本形式：

1. 陈述句句末语调上升，

2. 陈述句前加 est-ce que，

3. 主语和动词倒装。

第 7 课

IV. 填写下列名词的阴性形式

un technicien	une technicienne
un acteur	une actrice
un journaliste	une journaliste
un Américain	une Américaine
un Français	une Française
un Japonais	une Japonaise
un cinéaste	une cinéaste
un vendeur	une vendeuse

V. 填写下列名词的复数形式

un Chinois	des Chinois
une Indienne	des Indiennes
un économiste	des économistes
un facteur	des facteurs
un avocat	des avocats
un banc	des bancs
un stylo	des stylos
un lac	des lacs

VI. 在需要填写冠词的地方，填上适当的冠词

C'est une technicienne.

Bernard est ____ moniteur.

C'est le vélo de Véronique.

Ce sont les stylos de Thomas.

Ce sont ____ René et Monique.

Sabine et Nathalie sont ____ étudiantes.

VII. 填写适当的人称代词或动词

Ils sont professeurs.

Nous sommes étudiants.

Il est pharmacien.

Tu es pilote.

Elle est actrice.

Vous êtes Français.

Nous sommes Chinois.

Je suis ingénieur.

Elles sont Japonaises.

Véronique est étudiante.

VIII. 翻译下列词组

录音机在桌子上。

Le magnétophone est sur la table.

照片在墙上。

La photo est sur le mur.

摩托车在门前。

La moto est devant la porte.

吸尘器在椅子后面。

L'aspirateur est derrière la chaise.

报纸在小说下面。

Le journal est sous le roman.

皮埃尔在汽车里。

Pierre est dans la voiture.

IX. 翻译下列句子

1. 我是中国人,我住在北京。

Je suis Chinois(e), j'habite à Beijing.

2. 勒努先生不是法国人,他不住在巴黎。

Monsieur Renou n'est pas Français, il n'habite pas à Paris.

3. 韦罗尼克不是大学生，她是教师。

Véronique n'est pas étudiante, elle est professeur.

4. 这几位是记者。

Ils sont journalistes.

5. 她是日本人。

Elle est Japonaise.

6. 尼赛特和纳塔丽是大学生。

Nisette et Nathalie sont étudiantes.

第 8 课

III. 就课文内容，回答下列问题

1. Qui est Wang Ling?

Wang Ling est étudiant.

2. Quel âge a-t-il?

Il a vingt et un ans.

3. Est-ce que sa famille habite à Beijing?

Non, sa famille habite à Qingdao.

4. Que fait son père?

Son père est ingénieur.

5. Et sa mère, que fait-elle?

Sa mère est institutrice.

6. Est-ce que Wang Ling a des frères?

Oui, il a un frère.

7. Il a des sœurs?

Non, il n'a pas de sœur.

8. Que fait son frère?

Son frère va à l'école.

IV. 就下列句子提问

1. J'ai vingt-trois ans.

Quel âge avez-vous?

2. Oui，je suis étudiant.

Etes-vous étudiant?

3. Non，ma famille habite à Shanghai.

Votre famille habite-t-elle à Beijing?

4. Oui，j'ai une sœur.

Avez-vous des sœurs?

5. Ma sœur travaille dans une usine.

Où travaille votre sœur?

6. Elle a vingt-cinq ans.

Quel âge a-t-elle?

V. 填上适当的人称代词或动词

Nous avons trois professeurs.

Tu as seize ans，n'est-ce pas?

Monique et Pierre sont Français.

Monsieur Renou a une voiture.

Est-ce que vous avez un stylo?

Pierre et Jacques ont un magnétophone.

Nous sommes Chinois.

J'ai dix-neuf ans.

VI. 填上适当的冠词

des acteurs	une jupe	des professeurs
des lettres	une Espagnole	un facteur
un pilote	un (une) styliste	

VII. 翻译下列句子

1. 我家住在北京。我父亲是教师，我母亲是医生。我有一个妹妹，但我没有兄弟。我妹妹 11 岁，她在上学。

Ma famille habite à Beijing. Mon père est professeur, ma mère est médecin. J'ai une sœur, mais je n'ai pas de frère. Ma sœur a onze ans, elle va à l'école.

2. 夏尔 25 岁。他在一家工厂工作。

Charles a vingt-cinq ans. Il travaille dans une usine.

3. 我名叫李宏，我 21 岁，我是北京外国语大学的学生。

Je m'appelle Li Hong. J'ai vingt et un ans. Je suis étudiant à l'Université des Langues Etrangères de Beijing.

II. 入门教程

第 9 课

I. 用 apprendre 填空

1. J'apprends le français.

2. Tu apprends l'anglais.

3. Il apprend le japonais.

4. Elle apprend l'espagnol.

5. Nous apprenons le français.

6. Vous apprenez l'anglais.

7. Ils apprennent le japonais.

8. Elles apprennent l'espagnol.

II. 把练习一变成否定形式

1. Je n'apprends pas le français.

2. Tu n'apprends pas l'anglais.

3. Il n'apprend pas le japonais.

4. Elle n'apprend pas l'espagnol.

5. Nous n'apprenons pas le français.

6. Vous n'apprenez pas l'anglais.

7. Ils n'apprennent pas le japonais.

8. Elles n'apprennent pas l'espagnol.

III. 用 faire 填空

1. Nous faisons des exercices.

2. Ils font des exercices.

3. Tu fais des exercices.

4. Vous faites des exercices.

5. Il fait des exercices.

6. Je fais des exercices.

IV. 把练习三变成倒装疑问形式

1. Faisons-nous des exercices?
2. Font-ils des exercices?
3. Fais-tu des exercices?
4. Faites-vous des exercices?
5. Fait-il des exercices?
6. Fais-je des exercices?

V. 把下列单词变成复数

1. un roman des romans
2. un étudiant des étudiants
3. un manteau des manteaux
4. une revue des revues
5. une Espagnole des Espagnoles
6. un drapeau des drapeaux
7. une fleur des fleurs
8. un Français des Français

VI. 用冠词填空

1. Voici une voiture.   C'est la voiture de Pascal.
2. Voilà un parfum.   C'est le parfum de Marie.
3. Voici des livres.   Ce sont les livres de Pierre.
4. Voilà des revues.   Ce sont les revues de Nathalie.
5. Voici une jupe.   C'est la jupe de Véronique.
6. Voilà une guitare.   C'est la guitare de René.
7. Voici des timbres.   Ce sont les timbres de Jacques.
8. Voilà des crayons.   Ce sont les crayons de Lina.

VII. 用字母写出下面的数字

1. 17 dix-sept
2. 13 treize
3. 18 dix-huit
4. 14 quatorze
5. 25 vingt-cinq
6. 27 vingt-sept
7. 29 vingt-neuf
8. 16 seize
9. 30 trente
10. 15 quinze

VIII. 把下面的数字变成序数词

1. cinq   cinquième
2. douze   douzième
3. huit   huitième
4. quatre   quatrième
5. onze   onzième
6. sept   septième
7. neuf   neuvième
8. deux   deuxième
9. vingt-trois   vingt-troisième
10. vingt et un   vingt et unième

IX. 用介词填空

1. Paul est notre chef de classe.

2. Elle habite à Nice.

3. Mon père travaille dans une usine.

4. Nous sommes en quatrième année.

5. Est-ce que vous avez beaucoup de livres?

6. Ces exercices sont difficiles pour nous.

X. 翻译下列词组

1. 三张照片　　　　　5. 六本小说
   trois photos　　　　six romans

2. 七件衬衣　　　　　6. 四幅画
   sept chemises　　　quatre tableaux

3. 八把刷子　　　　　7. 十二盘磁带
   huit brosses　　　　douze cassettes

4. 五个苹果　　　　　8. 两条裙子
   cinq pommes　　　　deux jupes

XI. 翻译下列句子

1. 你们是大学生吗？

   Est-ce que vous êtes étudiants?

2. 是的，我们学法语，我们是三年级学生。

   Oui, nous apprenons le français, nous sommes en troisième année.

3. 你们也学英语吗？

   Vous apprenez aussi l'anglais?

4. 是的，英语是我们的第二外语。

   Oui, l'anglais est notre deuxième langue étrangère.

5. 英语难吗？

   Est-ce que l'anglais est difficile?

6. 英语难，但我们做很多练习。

   Oui, l'anglais est difficile, mais nous faisons beaucoup d'exercices.

第 10 课

I. 用 venir 填空

1. Je <u>viens</u> de Chine.

2. Il <u>vient</u> de France.

3. Tu <u>viens</u> de Belgique.

4. Elles <u>viennent</u> de Suisse.

5. Vous <u>venez</u> de Paris.

6. Nous <u>venons</u> de Beijing.

II. 动词变位

1. aller： je <u>vais</u>   vous <u>allez</u>

   tu <u>vas</u>   ils <u>vont</u>

2. aimer： il <u>aime</u>   nous <u>aimons</u>

   tu <u>aimes</u>   elles <u>aiment</u>

3. parler： je <u>parle</u>   nous <u>parlons</u>

   il <u>parle</u>   ils <u>parlent</u>

4. visiter： tu <u>visites</u>   nous <u>visitons</u>

   elle <u>visite</u>   vous <u>visitez</u>

III. 根据例句,在长方形格内填上适当的词

Ex.	le	stylo	mon	ton	son	stylo
	le	père	mon	ton	son	père
	la	mère	ma	ta	sa	mère
	le	roman	mon	ton	son	roman
	la	radio	ma	ta	sa	radio
	l'	école	mon	ton	son	école
	l'	ami	mon	ton	son	ami
	l'	amie	mon	ton	son	amie

IV. 回答问题

1. Voilà un stylo. C'est le stylo de Charles?

Oui，C'est son stylo.

2. Voilà une voiture. C'est la voiture de Pierre?

Oui，c'est sa voiture.

3. Voilà des revues. Ce sont les revues de Jacques?

Oui，ce sont ses revues.

4. Voilà des manteaux. Ce sont les manteaux de René et de Marie?

Oui，ce sont leurs manteaux.

5. Voilà des journaux. Ce sont les journaux de Pascal?

Non，ce ne sont pas ses journaux.

6. Voilà une guitare. C'est la guitare de Sophie?

Non，ce n'est pas sa guitare.

7. Voilà des robes. Ce sont les robes de Sophie et de Nathalie?

Oui，ce sont leurs robes.

8. Voilà des lettres. Ce sont les lettres de Pierre?

Oui，ce sont ses lettres.

V. 改为否定式

1. J'ai un frère.

Je n'ai pas de frère.

2. Nous avons des cours aujourd'hui.

Nous n'avons pas de cours aujourd'hui.

3. Ils font des exercices.

Ils ne font pas d'exercices.

4. Les étudiants ont des professeurs français.

Les étudiants n'ont pas de professeurs français.

5. Elle a des amis français.

Elle n'a pas d'amis français.

6. Il aime le français.

Il n'aime pas le français.

7. Elles sont Américaines.

Elles ne sont pas Américaines.

8. Ce sont des manuels.

   Ce ne sont pas des manuels.

9. Paul travaille avec ses amis.

   Paul ne travaille pas avec ses amis.

10. Je fais mes exercices maintenant.

    Je ne fais pas mes exercices maintenant.

VI. 下列句子如有错误，请改正

1. —Est-ce que vous êtes un facteur?

   —Oui, je suis facteur.

   (名词作表语时，一般不加冠词，应为:Est-ce que vous êtes facteur?)

2. —Quel âge avez-vous?

   —Je suis vingt-trois ans.

   (表达年龄应使用动词 avoir；应为:J'ai vingt-trois ans.)

3. —Vous apprenez français?

   —Non, je n'apprends pas de français.

   (français 在句中作宾语，应加定冠词 le；应为:Vous apprenez le français?)

   (français 前使用定冠词 le，否定式中应保留冠词 le，而不使用 de；即：Non, je n'apprends pas le français.)

4. —Votre professeurs sont des Français?

   —Non, je n'ai pas des professeurs français. Ce sont des Chinois.

   (professeurs 是复数，故句首应用 vos，而不是 votre；并应取消不定冠词 des；即：Vos professeurs sont Français?)

   (否定式中 des 应改为 de；参见教材上册第 80 页)

VII. 用主有形容词填空

   Dans la famille de Charles, il y a son père, sa mère, ses deux frères et sa sœur. Son père est économiste et sa mère est institutrice. Ses frères et sa sœur sont étudiants. Charles aime ses parents. Les frères et la sœur de Charles aiment leur petit frère.

VIII. 根据自己的情况回答问题(略)

IX. 将下列句子译成法语

1. 夫人，您好！我是记者。

   Bonjour, Madame! Je suis journaliste.

2. 您好，先生！您是从巴黎来的吧？

   Bonjour, Monsieur! Vous venez de Paris, n'est-ce pas?

3. 是的，我从巴黎来。

   Oui, je viens de Paris.

4. 您叫什么名字？

   Comment vous appelez-vous?

5. 我叫皮埃尔。

   Je m'appelle Pierre.

6. 请问您多大年龄了？

   Quel âge avez-vous, s'il vous plaît?

7. 我二十六岁，但我当记者已有五年了。

   J'ai vingt-six ans, mais je suis journaliste depuis cinq ans.

第 11 课

I. 用动词 écrire 填空

1. Il écrit un roman.

2. Nous écrivons des romans.

3. Vous écrivez une lettre.

4. Elle écrit une lettre à son père.

5. J'écris une lettre à mes parents.

6. Ils écrivent souvent en français.

7. Ecris-tu souvent à tes amis?

8. Ecrivez-vous cette lettre en chinois?

II. 用动词 vouloir 填空

1. Je veux devenir journaliste.

2. Il veut écrire un roman sur la Chine.

3. Veux-tu travailler avec nous?

4. Nous ne <u>voulons</u> pas faire ces exercices.

5. <u>Voulez</u>-vous acheter ces fleurs?

6. Elles <u>veulent</u> visiter ces monuments.

III. 根据例句,改变句子

Ex：Le livre est à moi.

   C'est mon livre.

1. Le stylo est à vous.

   <u>C'est votre stylo.</u>

2. La radio est à Pierre.

   <u>C'est sa radio.</u>

3. La moto est à Marie.

   <u>C'est sa moto.</u>

4. Les cassettes sont à nous.

   <u>Ce sont nos cassettes.</u>

5. Les documents sont à Pierre et Jacques.

   <u>Ce sont leurs documents.</u>

6. Les photos sont à Marie et Sabine.

   <u>Ce sont leurs photos.</u>

7. Les disques sont à toi.

   <u>Ce sont tes disques.</u>

8. Les timbres sont à Monsieur Leblanc.

   <u>Ce sont ses timbres.</u>

IV. 回答问题

Ex：A qui est le cahier? A René?

   Oui，c'est à lui.

   Non，ce n'est pas à lui.

1. A qui est la voiture? A Monique?

   Oui，<u>c'est à elle.</u>

2. A qui sont les disques? A vous?

   Non，<u>ils ne sont pas à nous.</u>

3. A qui sont les robes? A Monique et Marie?

   Non，<u>elles ne sont pas à elles.</u>

4. A qui est la chaise? A toi?

   Oui, <u>c'est à moi.</u>

5. A qui sont les manteaux? A Pierre et Pascal?

   Oui，<u>ils sont à eux.</u>

6. A qui sont les tickets? A nous?

   Non，<u>ils ne sont pas à nous.</u>

V. 填上 ce, cet, cette 或 ces

1. <u>Ce</u> stylo est à Marie.

2. <u>Cette</u> moto est à Charles.

3. <u>Cet</u> Italien parle bien français.

4. <u>Ce</u> Français ne parle pas l'anglais.

5. <u>Ce</u> cours est intéressant.

6. <u>Ces</u> fleurs sont rouges.

7. <u>Cette</u> école est grande.

8. <u>Cet</u> étudiant s'appelle Li Ling.

9. <u>Cette</u> étudiante vient de Shanghai.

10. <u>Ces</u> amis viennent de Marseille.

11. <u>Ces</u> amies sont Coréennes.

12. <u>Ce</u> magnétophone n'est pas à moi.

VI. 将下列运算写成字母

Ex：11 stylos＋7 stylos＝

　　Onze stylos＋sept stylos＝dix-huit stylos.

1. 16 chaises＋5 chaises＝

   <u>Seize chaises＋cinq chaises＝vingt et une chaises.</u>

2. 82 revues＋32 revues＝

   <u>Quatre-vingt-deux revues＋trente deux revues＝cent quatorze revues.</u>

3. 95 étudiants＋58 étudiants＝

   <u>Quatre-vingt-quinze étudiants＋cinquante-huit étudiants＝cent cinquante-</u>

trois étudiants.

4. 121 dollars＋47 dollars＝

Cent vingt et un dollars ＋ quarante-sept dollars ＝ cent soixante-huit dollars.

5. 76 ouvriers＋91 ouvriers＝

Soixante-seize ouvriers ＋ quatre-vingt-onze ouvriers ＝ cent soixante-sept ouvriers.

6. 80 voitures＋200 voitures＝

Quatre-vingt voitures＋200 voitures＝deux cent quatre-vingt voitures.

VII. 用指示形容词或主有形容词填空

1. Voici des cassettes. Ces cassettes sont à vous?

2. Paul a des frères. Ses frères sont étudiants.

3. Voulez-vous faire ces exercices?

4. Wang Ming et Wang Ping sont étudiants. Leurs parents sont ouvriers.

5. A qui est cette voiture?

6. Ces ouvriers travaillent dans une usine.

7. Sophie écrit souvent à ses parents.

8. J'aime beaucoup ce tableau.

VIII. 用所给的动词补充下面的短文

Pierre et Jacques sont Français. Ils font leurs études à Beijing. Ils apprennent le chinois à l'Institut des Langues. Dans leur classe, il y a des Anglais et des Japonais. Ils sont amis. Maintenant Pierre et Jacques parlent bien chinois.

IX. 将下列句子译成法语

1. 请问,这支钢笔是您的吧?

S'il vous plaît, ce stylo est à vous?

2. 是的,这是我的,谢谢。您是法语系的学生吧?

Oui, c'est à moi, merci. Etes-vous étudiant dans le Département de français?

3. 不,我在英语系,但我也学法语。

Non，je suis dans le Département d'anglais，mais j'apprends aussi le français.

4. 你们课多吗?

Avez-vous beaucoup de cours?

5. 我们每星期有四节法语课,不过从星期一到星期五我们都有英语课。

Nous avons quatre cours de français par semaine，mais nous avons des cours d'anglais du lundi au vendredi.

6. 你们班里有外国学生吗?

Y a-t-il des étudiants étrangers dans votre classe?

7. 有三个日本人,两个朝鲜人,但大家都讲英语。

Il y a trois Japonais，deux Coréens，mais tout le monde parle anglais.

8. 您的法语讲得不错,祝贺您。

Vous parlez bien français，mes félicitations.

第 12 课

I. 填空

1. prendre

Je prends l'ascenseur.

Tu prends l'escalier.

Il prend une chaise.

Nous prenons des fleurs.

Vous prenez ces tableaux.

Ils prennent ces papiers.

2. pouvoir

Je peux faire ces exercices，ils sont faciles.

Tu peux travailler ce dimanche?

Elle peut aider ces camarades.

Nous pouvons prendre ces livres?

Vous pouvez venir ce soir?

Ils peuvent faire ce travail.

3. voir

Je ne vois pas Pierre. Où est-il?

Il va voir ses parents.

Nous voyons le drapeau.

Tu veux voir ce film?

Voyez-vous souvent Pascal?

Elles voient souvent leurs amis.

II. 按例句回答问题

Ex: Est-ce que tu travailles?

　　Non, je ne peux pas travailler.

1. Est-ce que vous aidez vos camarades?

Non, je ne peux pas aider mes camarades.

2. Est-ce que vous faites ces exercices?

Non, nous ne pouvons pas faire ces exercices.

3. Est-ce que Pierre vient?

Non, Pierre ne peut pas venir.

4. Est-ce que Marie apprend le japonais?

Non, elle ne peut pas apprendre le japonais.

5. Est-ce que vous suivez la concierge?

Non, je ne peux pas suivre la concierge.

6. Est-ce que Paul suit ses amis?

Non, il ne peut pas suivre ses amis.

III. 使用动词 vouloir 重做练习二

Ex: Est-ce que tu travailles?

　　Non, je ne veux pas travailler.

1. Non, je ne veux pas aider mes camarades.

2. Non, nous ne voulons pas faire ces exercices.

3. Non, Pierre ne veut pas venir.

4. Non, Marie ne veut pas apprendre le japonais.

5. <u>Non，je Je ne veux pas suivre la concierge.</u>

6. <u>Non，Paul ne veut pas suivre ses amis.</u>

IV. 根据例句造句

Ex：voiture/bleu　　　　　C'est une voiture bleue.

　　voitures/bleu　　　　Ce sont des voitures bleues.

1. étudiante/étranger　　<u>C'est une étudiante étrangère.</u>

2. drapeaux/rouge　　　<u>Ce sont des drapeaux rouges.</u>

3. fleurs/jaune　　　　　<u>Ce sont des fleurs jaunes.</u>

4. robe/vert　　　　　　<u>C'est une robe verte.</u>

5. fille/gentil　　　　　　<u>C'est une fille gentille.</u>

6. leçons/difficile　　　　<u>Ce sont des leçons difficiles.</u>

7. actrice/grand　　　　<u>C'est une grande actrice.</u>

8. femme/américain　　<u>C'est une femme américaine.</u>

9. amies/anglais　　　　<u>Ce sont des amies anglaises.</u>

10. voitures/noir　　　　<u>Ce sont des voitures noires.</u>

V. 根据例句回答问题

Ex：Pascal est français. Et Marie?

　　Marie aussi，elle est française.

1. Pierre est gentil. Et Monique.

　<u>Monique aussi，elle est gentille.</u>

2. Cet acteur est italien. Et cette actrice?

　<u>Cette actrice aussi，elle est italienne.</u>

3. Ce stylo est noir. Et ces crayons?

　<u>Ces crayons aussi，ils sont noirs.</u>

4. Ce texte est difficile. Et cette leçon?

　<u>Cette leçon aussi，elle est difficile.</u>

5. Ces locataires sont gentils. Et cette concierge?

　<u>Cette concierge aussi，elle est gentille.</u>

6. Ce magasin est grand. Et cette maison?

　<u>Cette maison aussi，elle est grande.</u>

VI. 回答问题

Ex：A quel étage est le bureau?（7）

　　　Le bureau est au septième étage.

1. A quel étage est la classe?（3）

　　La classe est au troisième étage.

2. A quel étage est le magasin?（1）

　　Le magasin est au premier étage.

3. A quel étage habite Pascal?（5）

　　Pascal habite au cinquième étage.

4. A quel étage habitez-vous?（2）

　　J'habite au deuxième étage.

5. A quel étage est votre chambre?（8）

　　Ma chambre est au huitième étage.

6. A quel étage sont les locataires?（2 et 3）

　　Les locataires sont aux deuxième et troisième étages.

VII. 分析下列句子中划线部分的语法作用

1. Pierre prend une pomme sur la table.
　　　　　　　(直接)宾语 (地点)状语

2. J'ai un ami, il est économiste.
　动词　　　　　　　表语

3. Du lundi au vendredi, nous avons des cours de français.
　(时间)状语　　　　　　　　　　(直接)宾语

4. Dans le magasin, il s'adresse à un vendeur.
　(地点)状语　　　　　　　(间接)宾语

5. Les étudiants sont très gentils avec leur professeur.
　　主语　　　　　　　　　　形容词补语

6. Il aide souvent ses parents à faire le ménage.
　　　　　　　(直接)宾语　(间接)宾语

VIII. 改正下列句子中的错误

1. Je peut aider Pierre.

　(peut 是第三人称单数形式,应为 peux)

2. Vos amis voulez travailler avec nous?

（voulez 是第二人称复数变位形式，应为 veulent）

3. Nous ne voulons faire pas ces exercices.

（否定词 pas 应放在动词 faire 之前）

4. Les professeurs de Charles sont gentil.

（形容词 gentil 应使用复数形式 gentils）

5. La école de Paul est grande.

（应省音，即：L'école）

6. Cet voiture est petite.

（应为 cette voiture）

IX. 把下列句子译成法语

1. 请问，杜瓦尔先生住在几层?

A quel étage habite Monsieur Duval，s'il vous plaît?

2. 他住在第七层。

Il habite au septième étage.

3. 这座楼里有电梯吗?

Est-ce qu'il y a un ascenseur dans cet immeuble?

4. 有，在那边呢。如果您愿意，跟我来吧。

Oui, il est là-bas. Si vous voulez, vous pouvez me suivre.

5. 谢谢您，您真热情。您不是看门人吧?

Merci, vous êtes vraiment gentil. Vous n'êtes pas concierge?

6. 不，我是工程师，但现在退休了。

Non, je suis ingénieur, mais je suis à la retraite.

7. 请问，您多大岁数了?

Quel âge avez-vous，s'il vous plaît?

8. 我 70 岁了，已经退休十年了。

J'ai soixante-dix ans, je suis en retraite depuis dix ans.

X. 语音练习(略)

第 13 课

I. 用 aller 填空

1. Je vais à l'école.

2. Tu vas à Paris?

3. Il va au bureau.

4. Nous allons au magasin.

5. Quand allez-vous à la poste?

6. Ils vont visiter ces monuments.

II. 用 lire 填空

1. Nous lisons les journaux tous les jours.

2. Vous lisez souvent cette revue?

3. Elle lit des petites annonces.

4. Je lis beaucoup.

5. Tu ne lis pas ces romans?

6. Ils lisent des romans français.

III. 用所给的词造句

Ex：la secrétaire/le directeur

　　　Volià la secrétaire du directeur.

1. la voiture/le directeur

　　Voilà la voiture du directeur.

2. la porte/le bureau

　　Voilà la porte du bureau.

3. les documents/l'avocat

　　Voilà les documents de l'avocat.

4. les revues/les professeurs

　　Voilà les revues des professeurs.

5. les chaises/la classe

　　Voilà les chaises de la classe.

6. le plan/l'appartement

　　Voilà le plan de l'appartement.

7. les plans/les appartements

　　Voilà les plans des appartements.

8. les vendeurs/le magasin

　　Voilà les vendeurs du magasin.

9. le numéro de téléphone/l'agence Martin

　　Voilà le numéro de téléphone de l'agence Martin.

10. les robes/Nathalie

　　Voilà les robes de Nathalie.

IV. 用 y 回答问题

Ex：Vous allez au magasin?

　　Oui，nous y allons.

　　Non，nous n'y allons pas.

1. Pascal va au bureau?

　Oui, il y va.

2. Madame Dupont va-t-elle à la pharmacie?

　Non, elle n'y va pas.

3. Tu vas à l'école maintenant?

　Non, je n'y vais pas maintenant.

4. Allez-vous à l'agence tout de suite?

　Oui, nous y allons tout de suite.

5. Est-ce que vous allez à Shanghai?

　Oui, nous y allons.

6. Est-ce que votre frère travaille en France?

　Oui, il y travaille.

7. Est-ce que le professeur est dans la classe?

　Non, il n'y est pas.

8. Est-ce que le livre est sur la table?

　Oui, il y est.

V. 根据例句，完成下列句子

Ex：Dans le bureau，il y a un journaliste.

　　Nous parlons au journaliste.

1. Dans le bureau，il y a un directeur.

　　Vous parlez au directeur.

2. Dans le bureau，il y a un avocat.

　　Je parle à l'avocat.

3. Dans le bureau，il y a des économistes.

　　Nous parlons aux économistes.

4. Dans le bureau，il y a une journaliste.

　　Ils parlent à la journaliste.

5. Dans le bureau，il y a des ingénieurs.

　　Tu parles aux ingénieurs.

6. Dans le bureau，il y a une actrice.

　　Marie parle à l'actrice.

VI. 用合适的词填空

1. Nous allons en France.

2. M. Page va au Canada.

3. Nous ne voulons pas aller aux Etats-Unis.

4. Pascal et Pierre viennent des Etats-Unis.

5. Je viens de Chine.

6. Il vient du Japon.

7. M. et Mme Dupont sont à Paris.

8. Ils veulent aller en Suisse.

VII. 改正下列句子中的错误

1. Je téléphone l'agence.

　　（在 téléphone 后应加 à）

2. Nous allons à le bureau.

　　（应用 au bureau）

3. Les magnétophones de les étudiants sont là.

（de les 应为 des）

4. Les pièces du appartement sont grands.

（du 应为 de l'；pièces 是阴性，故形容词 grands 应为 grandes）

5. Les revues des professeurs sont dans bureau.

（bureau 前加冠词 le）

6. Les amis de Pierre habitent à Italie.

（应为 en Italie；à 一般用于城市名称前）

VIII. 用括号内的动词填空

　　Monsieur et Madame Perron sont français. Ils travaillent à Rome. Ils parlent italien et ils aiment l'Italie. A Rome，ils ont un appartement de trois pièces. Ils y invitent souvent des amis. Les Perron vont au bureau en voiture，mais parfois ils y vont à pied. Mme Perron va souvent en France. Sa mère et ses enfants sont à Paris.

IX. 将下列句子译成法语

1. 请问，您这儿有出租的套房吗？

S'il vous plaît，vous avez un appartement à louer?

2. 我们这儿有两间一套的。

Nous avons un appartement de deux pièces.

3. 房租每月多少？

Le loyer est de combien par mois?

4. 400 欧元。

Quatre cent euros.

5. 套房里有洗澡间和厨房吧？

Y a-t-il une salle de bain et une cuisine dans cet appartement?

6. 有，这是套房的平面图。

Oui，voici le plan de l'appartement.

7. 很好，我想租这套房。

Très bien，je veux louer cet appartement.

X. 语音练习（略）

阶段复习

(9 课—13 课)

I. 用 travailler 填空

1. Je travaille à Beijing.

2. Tu travailles beaucoup.

3. Il travaille avec Jacques.

4. Nous travaillons de lundi à vendredi.

5. Vous travaillez de 8 heures à 11 heures.

6. Ils travaillent à l'ONU.

7. Elles travaillent en France.

II. 补充变位动词

1. Ils habitent en France.

2. Tu ne parles pas français?

3. Nous travaillons au Canada.

4. Vous n'aimez pas faire ces exercices?

5. La concierge monte le courrier.

6. Je téléphone à mon ami.

III. 根据所给的例句造句

Ex：nous/une revue	C'est notre revue.
eux/des voitures	Ce sont leurs voitures.
1. lui/un frère	C'est son frère.
2. elle/une robe	C'est sa robe.
3. eux/une école	C'est leur école.
4. vous/une maison	C'est votre maison.
5. toi/un ami	C'est ton ami.
6. moi/des stylos	Ce sont mes stylos.
7. elles/des fleurs	Ce sont leurs fleurs.
8. lui/une photo	C'est sa photo.

9. nous/des professeurs   Ce sont nos professeurs.

10. vous/des tickets   Ce sont vos tickets.

IV. 将下列句子变成否定形式

1. J'aime ces tableaux.

   Je n'aime pas ces tableaux.

2. C'est un magnétophone.

   Ce n'est pas un magnétophone.

3. J'ai une moto.

   Je n'ai pas de moto.

4. Ils ont des cours aujourd'hui.

   Ils n'ont pas de cours aujourd'hui.

5. Paul a deux frères.

   Paul n'a pas deux frères. (或：Paul n'a pas de frère.)

6. Pierre téléphone à Marie.

   Pierre ne téléphone pas à Marie.

7. Ils font ces exercices ce soir.

   Ils ne font pas ces exercices ce soir.

8. M. Duval habite au troisième étage.

   M. Duval n'habite pas au troisième étage.

V. 用主有形容词填空

1. Est-ce que vous faites vos exercices maintenant?

   Oui, je fais mes exercices maintenant.

2. Est-ce que vous aimez les romans de Ba Jin?

   Oui, j'aime ses romans.

3. Est-ce que l'enfant de M. Dupont est gentil?

   Oui, son enfant est très gentil.

4. Est-ce que ce sont les amis de Paul?

   Non, ce ne sont pas ses amis.

5. Est-ce que ce sont les revues des étudiants?

   Non, ce ne sont pas leurs revues.

6. Est-ce que vous voyez souvent les parents de Marie?

　Oui，je vois souvent <u>ses</u> parents.

VI. 用指示形容词填空

1. Prenez <u>cette</u> voiture.

2. Je veux <u>ces</u> fleurs.

3. <u>Cette</u> leçon est difficile.

·4. <u>Cette</u> école est grande.

5. <u>Cet</u> ouvrier ne parle pas français.

6. Pascal travaille dans <u>cette</u> usine.

7. Ne prenez-vous pas <u>ce</u> manteau?

8. Vous pouvez écouter <u>cet</u> enregistrement.

VII. 用指示形容词回答问题

1. Quel appartement voulez-vous louer?

　Je voudrais louer <u>cet</u> appartement.

2. Quels journaux voulez-vous lire?

　Je voudrais lire <u>ces</u> journaux.

3. Où travaillez-vous?

　Je travaille dans <u>cette</u> agence.

4. Que lisez-vous maintenant?

　Je lis <u>ces</u> romans.

5. Prenez-vous une pomme?

　Oui，je prends <u>cette</u> pomme.

6. Aimez-vous ces tableaux?

　Oui，j'aime <u>ces</u> deux tableaux.

VIII. 就下列句子提问

1. C'est Pascal.

　<u>Qui est-ce?</u>

2. Oui, Pascal travaille dans cette agence.

　<u>Est-ce que Pascal travaille dans cette agence?</u>

3. Mon frère a 21 ans.

Quel âge a-t-il，votre frère?

4. Monique habite au 4ᵉ étage.

A quel étage habite Monique?

5. Oui，je veux lire ces romans.

Voulez-vous lire ces romans?

6. Non，ces exercices ne sont pas difficiles.

Est-ce que ces exercices sont difficiles?

IX. 用合适的冠词或介词填空

1. Il travaille en France.

2. Marie vient du Canada.

3. Je suis dans le département de français.

4. Ils sont en troisième année.

5. Ce sont des ouvriers. Ils travaillent dans une usine. L'usine est grande.

6. C'est la robe de Nathalie.

7. Ce sont les cassettes de la classe A.

8. Il est ingénieur chez Renault.

X. 将下列短语译成汉语

1. être à la retraite　退休

2. près de Paris　巴黎附近

3. à pied　步行

4. faire ses devoirs　做作业

5. être gentil avec *qn*　对某人友好、热情

6. aller au cinéma　去看电影

7. du lundi au samedi　星期一到星期六

8. aider *qn* à faire *qch*.　帮某人做某事

XI. 将下列句子译成法语

1. 这些书是保尔的。

Ces livres sont à Paul.

2. 这些自行车是谁的?

A qui sont ces vélos?

3. 他们班里有许多外国学生。

Il y a beaucoup d'étudiants étrangers dans leur classe.

4. 她在巴黎已经三天了。

Elle est à Paris depuis trois jours.

5. 我不坐电梯,我喜欢爬楼梯。

Je ne prends pas l'ascenseur, j'aime prendre l'escalier.

6. 你们有许多法文报纸和杂志吗?

Avez-vous beaucoup de journaux et de revues français?

7. 星期天,他们常来看望他们的朋友。

Le dimanche, ils viennent souvent voir leurs amis.

8. 我的办公室在一家银行附近。

Mon bureau est près d'une banque.

9. 您想租一辆自行车吗?

Voulez-vous louer un vélo?

10. 马丁先生已经退休。现在他在美国旅行。

M. Martin est en retraite. Il voyage maintenant aux Etats-Unis.

第 14 课

I. 译成汉语

1. une demi-heure   半小时

2. quarante minutes   四十分钟

3. Il est minuit moins douze.   现在是(夜间)十二点差十二分。

4. Il est trois heures et demie.   现在是三点半。

5. un quart d'heure   一刻钟

6. Il est midi et quart.   现在是(中午)十二点一刻。

7. Il est deux heures moins le quart. 两点差一刻了。

8. Il est une heure trente-trois.   一点三十三分了。

II. 用 attendre 填空

1. Il attend son ami.

2. Nous attendons Monsieur Xie.

3. Qui attendez-vous?

4. Attend-elle son mari?

5. J'attends le directeur.

6. Le directeur <u>attend</u> sa secrétaire.

7. Tu peux <u>attendre</u> une minute?

8. <u>Attends</u>-tu toujours sa lettre?

III. 用 devoir 填空

1. Je <u>dois</u> attendre Pierre.

2. Tu <u>dois</u> faire tes devoirs.

3. Il <u>doit</u> venir à trois heures.

4. Nous <u>devons</u> apprendre une autre langue étrangère.

5. Vous <u>devez</u> aider ces camarades.

6. Ils <u>doivent</u> lire ces journaux.

IV. 用 dire 填空

1. Je <u>dis</u> bonjour à Paul.

2. Tu <u>dis</u> au revoir à Marie.

3. Il <u>dit</u> au revoir à son ami.

4. Nous <u>disons</u> bonjour à ce monsieur.

5. Vous <u>dites</u> bonjour à cette dame.

6. Ils <u>disent</u> au revoir à leurs amis.

V. 将下列句子改为最近将来时

Ex：Marie fait ses devoirs.

Marie va faire ses devoirs.

1. Je travaille.

<u>Je vais travailler.</u>

2. Nathalie vient.

<u>Nathalie va venir.</u>

3. Nous suivons la concierge.

<u>Nous allons suivre la concierge.</u>

4. Vous écoutez cet enregistrement.

<u>Vous allez écouter cet enregistrement.</u>

5. Ils vont au magasin.

<u>Ils vont aller au magasin.</u>

6. Elle écrit une lettre à ses parents.

Elle va écrire une lettre à ses parents.

VI. 按例句回答问题

Ex：Est-ce que je peux lire ce roman?

— Non，ne lis pas ce roman.

— Non，ne lisez pas ce roman.

1. Est-ce que je peux travailler ici?

— Non，ne travaille pas ici.

— Non，ne travaillez pas ici.

2. Est-ce que je peux aller au cinéma?

— Non，ne vas pas au cinéma.

— Non，n'allez pas au cinéma.

3. Est-ce que je peux prendre cette carte?

— Non，ne prends pas cette carte.

— Non，ne prenez pas cette carte.

4. Est-ce que je peux faire ces exercices?

— Non，ne fais pas ces exercices.

— Non，ne faites pas ces exercices.

5. Est-ce que je peux venir?

— Non，ne viens pas.

— Non，ne venez pas.

6. Est-ce que je peux voyager avec Paul?

— Non，ne voyage pas avec Paul.

— Non，ne voyagez pas avec Paul.

VII. 就划线部分提问

1. Je vais chez Pierre à trois heures.

A quelle heure allez-vous chez Pierre?

2. Le professeur Wang va venir.

Qui va venir?

3. Marie va faire le ménage.

Qu'est-ce que Marie va faire?

4. Mon père travaille dans un garage.

   Où travaille votre père?

5. Jacques est en retard.

   Qui est en retard?

6. Pour être à l'heure, le directeur avance sa montre chaque matin.

   Que fait le directeur pour être à l'heure?

7. M. Dupont va au garage en voiture.

   Comment M. Dupont va-t-il au garage?

8. Mon père travaille dans ce garage depuis douze ans.

   Depuis quand votre père travaille-t-il dans ce garage?

VIII. 改正下列句子中的错误

1. Ils vont écrivent cette lettre.

   （écrivent 应使用不定式动词 écrire）

2. Marie ne va voyager pas avec son père.

   （否定词 pas 应放在 voyager 前）

3. Il est trois heures et demi.

   （demi 应使用阴性形式 demie）

4. J'avance ma montre cinq minutes.

   （应使用 avancer ... de cinq minutes）

5. Je vous attendez depuis une heure.

   （attendre 应使用第一人称单数形式 attends）

6. Maintenant il est quatre heures moins quart.

   （应为 moins le quart）

7. Le directeur dit c'est un très bon vendeur.

   （dire 后应加连接词 que，用以引导从句）

8. Il doit fait ce travail tout de suite.

   （fait 应改为动词不定式 faire）

IX. 译成法语

1. 两点一刻　　　　　deux heures et quart

2. 一个半小时   une heure et demie

3. 三刻钟   trois quarts d'heure

4. 七点差五分   sept heures moins cinq

5. 八点四十五分   huit heures quarante-cinq

6. 二十一点五十四分   vingt et une heure cinquante-quatre

X. 将下列句子译成法语

1. 请问几点了?

Quelle heure est-il, s'il vous plaît?

2. 现在是九点二十五分。

Il est neuf heures vingt-cinq.

3. 你今天下午去办公室吗?

Est-ce que tu vas au bureau cet après-midi?

4. 是的,我马上就去。

Oui, j'y vais tout de suite.

5. 保尔今天迟到了,因为他的手表慢了十分钟。

Paul est en retard aujourd'hui, parce que sa montre retarde de dix minutes.

6. 每天早晨,他开车去学校。

Tous les matins, il va à l'école en voiture.

7. 这儿噪音太大,你要想说话就得大声喊。

Le bruit est trop fort ici. Si tu veux parler, tu dois crier.

8. 他们有许多工作,每天回家很晚。

Ils ont beaucoup de travail et ils rentrent très tard à la maison tous les jours.

第 15 课

I. 动词变位

sortir   je sors   tu sors   il sort

        nous sortons   vous sortez   ils sortent

savoir　je sais　　　　tu sais　　　　il sait

　　　　nous savons　　vous savez　　ils savent

II. 用所给的动词填空

1. On ne peut rien entendre.

2. Vous entendez ce bruit?

3. Nous comprenons un peu le fraçais.

4. Nous allons voir le professeur.

5. A quelle heure finissez-vous ce travail?

6. Quand il finit son travail，il aide ses camarades.

7. On réussit toujours, quand on travaille beaucoup.

8. Est-ce que vous sortez souvent?

9. Est-ce que vous comprenez cette phrase?

10. Viens vite，on t'attend depuis une demi-heure.

III. 参照例句回答问题

Ex：Comprend-il le français?　　　　Oui，il le comprend.

1. Lit-il ce roman?　　　　Oui，il le lit.

2. Voit-il souvent ses parents?　　　　Oui，il les voit souvent.

3. Ecoutez-vous le professeur?　　　　Oui，nous l'écoutons.

4. Marie a-t-elle les documents?　　　　Oui，elle les a.

5. Va-t-il voir ses amis?　　　　Oui，il va les voir.

6. Faites-vous ces exercices?　　　　Oui，nous les faisons.

7. Peux-tu finir ce travail à midi?　　　　Oui，je peux le finir à midi.

8. Apprend-elle l'anglais?　　　　Oui，elle l'apprend.

9. Voulez-vous prendre ces fleurs?　　　　Oui，je veux les prendre.

10. Doit-on écouter cet enregistrement?　　　　Oui，on doit l'écouter.

IV. 参照例句回答问题

Ex：Regardez-vous souvent la télévision?

　　Non，je ne la regarde pas souvent.

1. Voyez-vous souvent Jacques?

　　Non，je ne le vois pas souvent.

2. Voit-il souvent Paul et Pierre?

   Non, il ne les voit pas souvent.

3. Comprenez-vous cette langue?

   Non, je ne la comprends pas.

4. Voulez-vous louer cet appartement?

   Non, nous ne voulons pas le louer.

5. Entendez-vous le bruit des réparations?

   Non, je ne l'entends pas.

6. Aidez-vous souvent vos parents à faire le ménage?

   Non, je ne les aide pas souvent à faire le ménage.

V. 根据例句转换句子

Ex: Prenez ce stylo.　　　　　　　Oui, prenez-le.

　　　　　　　　　　　　　　　Non, ne le prenez pas.

1. Ecoutez cet enregistrement.　　Oui, écoutez-le.

　　　　　　　　　　　　　　　Non, ne l'écoutez pas.

2. Faites ces exercices.　　　　　Oui, faites-les.

　　　　　　　　　　　　　　　Non, ne les faites pas.

3. Suivez ce monsieur.　　　　　　Oui, suivez-le.

　　　　　　　　　　　　　　　Non, ne le suivez pas.

4. Prenez la voiture.　　　　　　　Oui, prenez-la.

　　　　　　　　　　　　　　　Non, ne la prenez pas.

5. Regardez la carte.　　　　　　　Oui, regardez-la.

　　　　　　　　　　　　　　　Non, ne la regardez pas.

6. Lisez ces textes.　　　　　　　Oui, lisez-les.

　　　　　　　　　　　　　　　Non, ne les lisez pas.

VI. 使用合适的代词回答问题

1. Qui vous enseigne le français?

   Monsieur Li nous l'enseigne.

2. Est-ce que le professeur vous aide souvent?

   Oui, il nous aide souvent.

3. Comprenez-vous l'anglais?

   Oui，je le comprends.

4. Lisez-vous souvent les textes français?

   Non，je ne les lis pas souvent.

5. Allez-vous souvent voir vos professeurs?

   Oui，je vais souvent les voir.

6. Tes parents viennent-ils souvent te voir?

   Non，ils ne viennent pas souvent me voir.

VII. 使用 on

Ex：Nous sortons ce soir.

   On sort ce soir.

1. Nous devons réussir à cet examen.

   On doit réussir à cet examen.

2. Nous allons au bureau à huit heures.

   On va au bureau à huit heures.

3. Nous allons visiter ces monuments.

   On va visiter ces monuments.

4. Tu ne fais pas tes devoirs?

   On ne fait pas ses devoirs?

5. Ils ne m'écoutent pas.

   On ne m'écoute pas.

6. Après le travail，nous rentrons à la maison.

   Après le travail，on rentre à la maison.

VIII. 补充句子

Ex：Janvier est le premier mois de l'année.

1. Juillet est le septième mois de l'année.

2. Février est le deuxième mois de l'année.

3. Septembre est le neuvième mois de l'année.

4. Mai est le cinquième mois de l'année.

5. Avril est le quatrième mois de l'année.

6. Octobre est le dixième mois de l'année.

7. Juin est le sixième mois de l'année.

8. Décembre est le douzième mois de l'année.

IX. 改正下列句子中的错误

1. Donnez-me ce stylo.

（me 应使用重读形式 moi）

2. Jacques ne me écoute pas.

（me 应使用省略形式 m'）

3. Il regarde nous.

（代词 nous 应放在动词 regarde 的前面）

4. Mes amis me viennent souvent voir.

（me 应放在 souvent 后面）

5. Attendez, je viens tout de suite pour aider vous.

（代词 vous 应放在动词 aider 前面）

6. Vous devez écrire souvent à tes parents.

（人称要一致，tes 应改为 vos）

X. 将下列句子译成法语

1. 今天我有许多作业要做。晚上我不能和你去看电影了。

Aujourd'hui, j'ai beaucoup de devoirs à faire. Je ne peux pas aller au cinéma avec toi ce soir.

2. 你什么时候去看同学？

Quand vas-tu voir ton camarade de classe?

3. 中国儿童六岁开始上小学。

Les enfants chinois entrent à l'école primaire à l'âge de six ans.

4. 除星期六下午和星期日以外，我们每天都有课。

Nous avons des cours tous les jours, sauf le samedi après-midi et le dimanche.

5. 这个女孩很懒，从来不帮助她父母做家务。

Cette fille est paresseuse, elle n'aide jamais ses parents à faire le ménage.

6. 我们七月初考试。你们什么时候考试？

Nous passons les examens début juillet. Quand les passez-vous?

7. 你兄弟(身体)好吗？我很少见到他。

Comment va ton frère? Je ne le vois pas beaucoup.

8. 他很好，谢谢。不过目前他不在北京。

Il va très bien, merci. Mais en ce moment il n'est pas à Beijing.

第 16 课

I. 根据课文内容回答问题

1. Qui est Charles?

   Charles est fils de paysan.

2. Quel âge a-t-il?

   Il a vingt-trois ans.

3. Pourquoi prend-il le train pour aller à Paris?

   Parce qu'il ne veut pas travailler la terre.

4. Est-ce qu'il a des amis à Paris?

   Non, il n'a pas d'ami à Paris.

5. Où habite-t-il?

   Il habite dans une petite chambre.

6. Où trouve-t-il un travail?

   Il trouve un travail dans une usine de voitures.

7. Pourquoi doit-il se lever tôt le matin?

   Parce que l'usine est très loin de chez lui.

8. Est-ce qu'il y a des ouvriers étrangers dans l'usine?

   Oui, il y a des ouvriers étrangers dans l'usine.

9. Quand vont-ils au café?

   Ils vont au café le soir.

10. Que font-ils le dimanche?

    Le dimanche ils vont à la campagne.

11. Est-ce que Charles est content de sa vie à Paris?

Oui, il est content de sa vie à Paris.

12. Pourquoi?

Parce qu'il a deux jours de repos par semaine et peut prendre des va-cances.

13. Qu'est-ce qu'il reçoit un jour?

Il reçoit une lettre de son père.

14. Pourquoi doit-il retourner chez lui?

Parce que son père est malade et veut le voir.

15. Laisse-t-il un message à son chef avant de partir?

Oui, il laisse un message à son chef avant de partir.

II. 使用 se lever 填空

1. Je me lève à six heures.

2. A quelle heure te lèves-tu?

3. Est-ce qu'il se lève à six heures et demie?

4. Nous nous levons tôt le matin.

5. Vous vous levez à six heures, n'est-ce pas?

6. Ils se lèvent tard le matin.

7. A quelle heure se lève-t-elle?

8. Il est six heures, lève-toi!

III. 用括号内的动词填空

1. Le train part dans dix minutes.

2. Ils reçoivent souvent des amis.

3. Ils finissent toujours leur travail à l'heure.

4. Le directeur peut-il me recevoir?

5. Est-ce que vous vous couchez tard le soir?

6. Quand partez-vous en vacances?

7. Quand veulent-ils partir?

8. On est content, quand on reçoit une lettre de ses amis.

9. Les Dupont sortent-ils souvent?

10. Prenez-vous le train pour aller à Paris?

IV. 回答问题

1. A quelle heure vous couchez-vous? A onze heures?

   Oui, nous nous couchons à onze heures.

   Non, je ne me couche pas à onze heures.

2. A quelle heure se lève-t-il? A six heures et demie?

   Oui, il se lève à six heures et demie.

   Non, il ne se lève pas à six heures et demie.

3. Est-ce qu'elles se couchent très tard?

   Oui, elles se couchent très tard.

4. Est-ce qu elle s'appelle Marie?

   Non, elle ne s'appelle pas Marie.

5. Est-ce que vous partez à midi?

   Oui, je pars à midi.

   Non, nous ne partons pas à midi.

6. Recevez-vous souvent des lettres?

   Oui, nous recevons souvent des lettres.

   Non, je ne reçois pas souvent de lettres.

V. 参照例句回答问题

Ex: Est-ce que Pierre est à New York?

   Non, mais il est aux Etats-Unis.

1. Est-ce que Sophie est à Londres?

   Non, mais elle est en Angleterre.

2. Etes-vous à Tokyo?

   Non, mais je suis au Japon.

3. Sont-ils à Beijing?

   Non, mais ils sont en Chine.

4. Son frère est-il à Genève?

   Non, mais il est en Suisse.

5. Tu es à Montréal, n'est-ce pas?

   Non, mais je suis au Canada.

6. Elles sont à Lisbonne, n'est-ce pas?

Non, mais elles sont au Portugal.

VI. 用所给的词造句

1. comprendre/leçon/nous/cette

Nous comprenons cette leçon.

2. son/aller/Pierre/aux/Etats-Unis/père/et

Pierre et son père vont aux Etats-Unis.

3. trouver/travail/un/Marie/un/magasin/dans

Marie trouve un travail dans un magasin.

4. six/à/nous/heures/se lever/chaque matin

Nous nous levons à six heures chaque matin.

5. M. Duval/cette/recevoir/ce/carte/matin

M. Duval reçoit cette carte ce matin.

6. entrer/à/11 ans/les/l'école/enfants/secondaire/l'âge/français/de/à

Les enfants français entrent à l'école secondaire à l'âge de 11 ans.

VII. 下列句子如有错,请改正

1. Nous sommes content de notre travail.

(形容词 content 应使用复数形式 contents)

2. Je ne peux pas se coucher maintenant.

(se 应使用第一人称单数形式 me)

3. Charles est un fils de paysan.

(应取消不定冠词 un)

4. Elle est obligé de retourner chez elle.

(obligé 应使用阴性单数 obligée)

5. Le père de Charles travaille toujours la terre. (正确)

6. Je ne veux plus travailler, je prends ma vacance.

(vacance 一般使用复数 vacances,即:mes vacances)

7. Nous prenons train pour aller à Shanghai.

(train 前应加定冠词 le)

8. Vous ne pouvez pas vous levez plus tôt?

（vous levez 应使用原形动词 vous lever）

VIII. 把下列句子译成汉语

1. Pascal n'est pas là, il est en vacances.

   帕斯卡尔不在，他在度假。

2. Quand partez-vous vos vacances?

   您什么时候去度假？

3. Où allez-vous en vacances?

   你们去哪儿度假？

4. Il a toujours beaucoup de travail, il ne peut pas prendre ses vacances.

   他总是很忙，没有时间度假。

5. En France, les vacances des étudiants sont très longues.

   在法国，大学生的假期很长。

6. Au mois de juin, les élèves parlent beaucoup de leurs vacances d'été.

   六月份，学生经常谈论的话题是假期。

IX. 翻译

1. 菲利普是一个工人的儿子，他在一家汽车制造厂工作。他非常喜欢自己的工作。

   Philippe est fil d'ouvrier, il travaille dans une usine de voitures. Il aime beaucoup son travail.

2. 皮埃尔今天生病了，他不得不待在家里。

   Pierre est malade aujourd'hui, il est obligé de rester à la maison.

3. 这个星期天我们到乡下去，我们将和农民一起到田里劳动。

   Ce dimanche nous allons à la campagne, nous allons travailler ensemble avec les paysans aux champs.

4. 今天下午，我们要接待几位外国学生。他们都懂汉语。

   Cet après-midi, nous allons recevoir des étudiants étrangers. Ils comprennent tous le chinois.

5. 他每天起得很早，因为他的办公室离家很远。

   Il se lève très tôt le matin, car son bureau est loin de chez lui.

6. 我不能再等他了，请您原谅。

Je ne peux plus l'attendre, je vous prie de m'excuser.

7. 我父亲病了,我不得不请几天假。

Mon père est malade, je suis obligé de prendre quelques jours de congé.

第 17 课

I. 用 connaître 造句

Ex：je/ce monsieur

　　Je connais bien ce monsieur.

1. tu/cette chanteuse

　　Tu connais bien cette chanteuse.

2. il/cet économiste

　　Il connaît bien cet économiste.

3. elle/ce journaliste

　　Elle connaît bien ce journaliste.

4. nous/Pierre et Marie

　　Nous connaissons bien Pierre et Marie.

5. vous/ce problème

　　Vous connaissez bien ce problème.

6. ils/ces difficultés

　　Ils connaissent bien ces difficultés.

II. 用 offrir 造句

Ex：je/un livre/Paul

　　J'offre un livre à Paul.

1. il/des fleurs/son amie

　　Il offre des fleurs à son amie.

2. nous/un tableau/Philippe

　　Nous offrons un tableau à Philippe.

3. vous/un parfum/Marie

　　Vous offrez un parfum à Marie.

4. ils/de l'argent/leur fils

　　Ils offrent de l'argent à leurs fils.

5. je/des cassettes/mon frère

　　J'offre des cassettes à mon frère.

6. tu/des disques/tes amis

　　Tu offres des disques à tes amis.

7. la mère/une robe/sa fille

　　La mère offre une robe à sa fille.

8. les parents/un ordinateur/leur enfant

　　Les parents offrent un ordinateur à leur enfant.

III. 参照例句回答问题

Ex：A qui dites-vous bonjour? A Jacques?

　　Oui，nous lui disons bonjour.

1. A qui donnez-vous ces revues? A Philippe?

　　Oui，nous lui donnons ces revues.

2. A qui dites-vous au revoir? Aux professeurs?

　　Oui，nous leur disons au revoir.

3. A qui offrez-vous ces fleurs? A Paul?

　　Non，je ne lui offre pas ces fleurs.

4. A qui louent-ils un appartement? A leur fils?

　　Oui，ils lui louent un appartement.

5. A qui présentons-nous ces journalistes? Aux étudiants?

　　Oui，nous leur présentons ces journalistes.

6. A qui demande-t-il l'heure? A un passant?

　　Non，il ne lui demande pas l'heure.

7. A qui offre-t-on ce livre? A Pascal?

　　Non，on ne lui offre pas ce livre.

8. A qui téléphonez-vous? A vos parents?

　　Oui，je leur téléphone.

IV. 参照例句回答问题

Ex：Est-ce que je dois vous donner ce roman?

　　Oui，donnez-moi ce roman.

　　Non，ne me donnez pas ce roman.

1. Est-ce que je dois vous présenter ce monsieur?

　　Oui，présentez-moi ce monsieur.

　　Non，ne me présentez pas ce monsieur.

2. Est-ce que je dois téléphoner à Pierre?

　　Oui，téléphonez-lui.

　　Non，ne lui téléphonez pas.

3. Est-ce que je dois donner ce stylo à Marie?

　　Oui，donnez-lui ce stylo?

　　Non，ne lui donnez pas ce stylo.

4. Est-ce que je dois parler de mes vacances au professeur?

　　Oui，parlez-lui de vos vacances.

　　Non，ne lui parlez pas de vos vacances.

5. Est-ce que je dois vous lire ce texte?

　　Oui，lisez-moi ce texte.

　　Non，ne me lisez pas ce texte.

6. Est-ce que je dois écrire une lettre au directeur?

　　Oui，érivez-lui une lettre.

　　Non，ne lui écrivez pas une lettre.

V. 用 en 回答问题

Ex：Avez-vous des frères?

　　Oui，j'en ai.

　　Non，je n'en ai pas.

1. Avez-vous des amis en France?

　　Oui，j'en ai en France.

　　Non，je n'en ai pas en France.

2. Est-ce que vous avez beaucoup de cours?

　　Oui，j'en ai beaucoup.

　　Non，je n'en ai pas beaucoup.

3. Est-ce qu'il y a des étudiants dans la classe?

　　Oui，il y en a dans la classe.

　　Non，il n'y en a pas dans la classe.

4. Est-ce que Paul a une moto?

　　Oui，il en a.

　　Non，il n'en a pas.

5. Est-ce que votre frère a des disques?

　　Oui，il en a.

　　Non，il n'en a pas.

6. Est-ce que Marie lit des journaux français?

　　Oui，elle en lit.

　　Non，elle n'en lit pas.

VI. 参照例句回答问题

　　Ex：Combien de stylos avez-vous?（trois）

　　　　J'en ai trois.

1. Combien de frères a-t-il?（deux）

　　Il en a deux.

2. Combien d'étudiants y a-t-il dans votre département?（150）

　　Il y en a cent cinquante.

3. Combien de professeurs y a-t-il dans votre département?（25）

　　Il y en a vingt-cinq.

4. Combien de fenêtres y a-t-il dans cette pièce?（3）

　　Il y en a trois.

5. Combien de cours avez-vous aujourd'hui?（4）

　　Nous en avons quatre.

6. Combien de mois y a-t-il dans une année?

　　Il y en a douze.

VII. 参照例句造句

　　Ex：je/lire/ce roman

Je viens de lire ce roman.

Je viens de le lire.

1. je/faire/ces exercices

Je viens de faire ces exercices.

Je viens de les faire.

2. Pierre/écouter/cette cassette

Pierre vient d'écouter cette cassette.

Pierre vient de l'écouter.

3. nous/recevoir/nos amis

Nous venons de recevoir nos amis.

Nous venons de les recevoir.

4. Pierre et Marie/apprendre/cette leçon

Pierre et Marie viennent d'apprendre cette leçon.

Pierre et Marie viennent de l'apprendre.

5. Paul/rencontrer/son professeur

Paul vient de rencontrer son professeur.

Paul vient de le rencontrer.

6. je/voir/ce film

Je viens de voir ce film.

Je viens de le voir.

7. il/écrire/cette lettre

Il vient d'écrire cette lettre.

Il vient de l'écrire.

8. M. Dupont/offrir/ce portable/à son fils

M. Dupont vient d'offrir ce portable à son fils.

M. Dupont vient de l'offrir à son fils.

VIII. 用合适的代词回答问题

1. Vous voyez souvent M. Renou?

Oui, je le vois souvent.

2. Vous connaissez Mme Leblanc?

Non，je ne <u>la</u> connais pas.

3. Voulez-vous téléphoner au directeur?

Oui，je veux <u>lui</u> téléphoner.

4. Allez-vous souvent au théâtre?

Non，je n'<u>y</u> vais pas souvent.

5. Voyagez-vous souvent avec vos amis?

Oui，je voyage souvent avec <u>eux.</u>

6. Quand allez-vous à la campagne?

Nous <u>y</u> allons ce dimanche.

7. Vous écrivez souvent à vos parents?

Oui，je <u>leur</u> écris souvent.

8. Est-ce que vous avez des timbres français?

Non，je n'<u>en</u> ai pas.

9. Est-ce qu'il parle souvent de son travail?

Oui，il <u>en</u> parle souvent.

10. Tu peux demander l'heure à ce monsieur?

Oui，je peux <u>lui</u> demander l'heure.

11. Vous avez un appartement?

Oui，j'<u>en</u> ai un.

12. Depuis combien de temps ton père travaille-t-il dans ce garage?

Il <u>y</u> travaille depuis une vingtaine d'années.

IX. 翻译

1. — 您认识这位先生吗?

— <u>Connaissez-vous ce monsieur?</u>

— 认识,他是我弟弟的老师。

— <u>Oui, je le connais, c'est le professeur de mon frère.</u>

2. — 我向您介绍一下我的同事:马丁先生和杜瓦先生。他们刚刚从英国来。

— <u>Je vous présente mes collègues：Monsieur Martin et Monsieur Duval,</u>

<u>ils viennent d'arriver d'Angleterre.</u>

— 我非常高兴和你们相识。我叫菲力普·莫兰,我是记者。

— Je suis très content de faire votre connaissance. Je m'appelle Philippe Morin, je suis journaliste.

3. 每个人都应该排队。

Tout le monde doit faire la queue.

4. 玛丽十八岁了。她想自立,不再向父母要钱。她经常去商店或饭馆工作。

Marie a dix-huit ans. Elle veux être indépendante et ne demande plus d'argent à ses parents. Elle va souvent travailler dans des magasins ou restaurants.

5. — 保尔能接受这项工作吗?

— Est-ce que Paul peut accepter ce travail?

— 他不会拒绝这项工作。

— Il ne le refuse pas.

第 18 课

I. 根据课文内容回答问题

1. Est-ce que David est Français?

Non, il est américain.

2. Où apprend-il le français?

Il apprend le français à Washington.

3. Où passe-t-il ses vacances cet été?

Il passe ses vacances à Toulouse cet été.

4. Que fait-il pendant le week-end?

Il va faire des excursions.

5. Qu'est-ce qu'il aime faire?

Il aime visiter les belles églises de la région.

6. Comment va-t-il à Moissac?

Il y va en voiture.

7. Où sa voiture tombe-t-elle en panne?

Sa voiture tombe en panne à quelques kilomètres de Moissac.

8. Comment prévient-il le garagiste?

   Il téléphone à un garagiste dans un café.

II. 根据个人情况回答问题（略）

III. 就下列句子提问

1. Aujourd'hui il fait du vent.

   Quel temps fait-il aujourd'hui?

2. Il est dix heures et demie.

   Quelle heure est-il?

3. Oui，il pleut beaucoup en été.

   Est-ce qu'il pleut beaucoup en été?

4. Non，il ne neige pas dans cette région en hiver.

   Est-ce qu'il neige dans cette région en hiver?

5. Oui，il fait froid dans la montagne.

   Est-ce qu'il fait froid dans la montagne?

6. Nous sommes en 2006.

   En quelle année sommes-nous?

7. Non，nous ne sommes pas en 2005. Nous sommes en 2006.

   Est-ce que nous sommes en 2005?

8. Nous sommes au mois de janvier.

   En quel mois sommes-nous?

9. Aujourd'hui, c'est le 15 janvier.

   Quelle date est-ce aujourd'hui?

10. Aujourd'hui, c'est mardi.

    Quel jour est-ce aujourd'hui?

11. Oui，je passe les vacances d'été chez moi.

    Est-ce que vous passez les vacances d'été chez vous?

12. Il y a seize étudiants dans notre classe.

    Combien d'étudiants y a-t-il dans votre classe?

IV. 用下面的动词补充句子

1. téléphoner，pouvoir，être，aller，arriver，habiter

A. Les Fabre <u>habitent</u> au Canada. Aujourd'hui, ils <u>vont</u> aux Etats-Unis.

B. Pierre <u>arrive</u> cet après-midi, je <u>téléphone</u> à son ami.

C. Ces exercices ne <u>sont</u> pas difficiles, nous <u>pouvons</u> les faire.

2. lire，écouter，pleuvoir，apprendre，sortir，regarder

A. Regarde! Il <u>pleut</u>, ne <u>sors</u> pas.

B. Nous <u>regardons</u> souvent la télévision, mais nous <u>lisons</u> aussi des romans.

C. On peut <u>apprendre</u> beaucoup de choses quand on <u>écoute</u> souvent la radio.

3. travailler，rencontrer，connaître，venir，dire，recevoir

A. Ils <u>rencontrent</u> leur professeur dans la rue, ils lui <u>disent</u> bonjour.

B. <u>Connaissez</u>-vous ce monsieur? Il <u>travaille</u> dans un magasin.

C. Ce soir je <u>reçois</u> des amis chez moi. Est-ce que vous <u>venez</u>?

4. finir，donner，devoir，demander，présenter，vouloir

A. Pierre et Jacques <u>veulent</u> louer un appartement, ils <u>doivent</u> téléphoner à une agence.

B. Quand on vous <u>demande</u> un peu d'argent, est-ce que vous en <u>donnez</u>?

C. Je vous <u>présente</u> mon ancien élève, il vient de <u>finir</u> ses études à Paris.

5. partir，aimer，voir，retourner，comprendre，prendre

A. Je ne <u>comprends</u> pas l'italien, mais j'<u>aime</u> cette langue.

B. A six heures, Nathalie <u>prend</u> l'autobus et <u>retourne</u> chez elle.

C. Si vous voulez <u>voir</u> ce film, <u>partez</u> tout de suite.

Ⅴ. 用所给的词造句

1. aimer/les monuments/Marie/la région/visiter/beaux/de

　　<u>Marie aime visiter les beaux monuments de la région.</u>

2. prendre/avec/le journaliste/une chaise/bavarder/et/les élèves

　　<u>Le journaliste prend une chaise et bavarde avec les élèves.</u>

3. il/souvent/à/avec/le café/aller/des amis/le soir

　　<u>Le soir il va souvent au café avec des amis.</u>

4. avoir/les Dubois/enfants/un appartement/grand/beaucoup de/avoir/ils/mais/ne pas

　　<u>Les Dubois ont beaucoup d'enfants, mais ils n'ont pas un grand apparte-</u>

ment.

5. patiner/faire/aimer/du ski/en hiver/les étudiants/et

Les étudiants aiment patiner et faire du ski.

6. partir/vacances/parce que/avoir/ne pas/ils/en/de/ne pas/ils/temps

Ils ne partent pas en vacances, parce qu'ils n'ont pas de temps.

VI. 用冠词、介词、缩合冠词补充课文

Aujourd'hui, le professeur d'espagnol est malade. La secrétaire de l'école, Mme Miche, téléphone aux étudiants. Il n'y a pas de cours aujourd'hui et demain. Quand les étudiants apprennent cette nouvelle, ils ne sont pas contents, car ils ont un examen à passer dans un mois. Ils veulent suivre les cours du professeur. Mais Mme Miche ne peut rien faire pour eux, parce qu'elle ne connaît pas l'espagnol.

VII. 翻译

1. 这个地区有许多漂亮的教堂。

Il y a beaucoup de belles églises dans cette région.

2. 她利用假期去调查工人的生活。

Elle profite de ses vacances pour faire une enquête sur la vie des ouvriers.

3. 他的录音机坏了，他想让人修理一下。

Son magnétophone tombe en panne, il veut le faire réparer.

4. 今天天气不错，您愿意和我们一起去郊游吗？

Aujourd'hui il fait beau, voulez-vous faire des excursions avec nous?

5. 他病得很重，是不是应该马上通知他的父母？

Il est sérieusement malade, est-ce qu'il faut prévenir ses parents tout de suite?

6. 在中国北方，冬天非常冷，经常下雪。

Dans le Nord de la Chine, il fait très froids en hiver et il neige souvent.

7. 伦敦是一座美丽的城市，但秋天天气不好。法国人不喜欢在秋季去伦敦度假。

Londres est une belle ville, mais il n'y fait pas beau en automne. Les Français n'aiment pas y aller en automne pour passer les vacances.

8. 您再等几分钟吧,经理先生马上就到。

Attendez encore quelques minutes, monsieur le directeur va arriver tout de suite.

阶段复习

(14 课—18 课)

I. 用括号内的动词填空

1. Je finis mon travail à 6 heures.

2. Quand finissez-vous votre travail?

3. Ils finissent leurs cours à 11 heures.

4. Il réussit toujours à son examen.

5. Nous réussissons toujours à nos examens.

6. On doit finir ce travail avant midi.

7. On entend toujours ce bruit.

8. Nous ne comprenons pas cette phrase.

9. Le garagiste va réparer ma voiture.

10. Nous nous levons tôt le matin.

11. On veut trouver un grand appartement.

12. Sophie ne peut pas venir, elle est malade.

13. Nous partons cet après-midi. Est-ce que vous voulez partir avec nous?

14. Si vous voulez, suivez-moi.

15. Marie ne demande pas d'argent à ses parents, elle veut être indépendante.

16. Nous voyageons beaucoup cette année.

17. Que dites-vous? Je n'entends rien.

18. Il connaît bien ses leçons. Il va réussir à son examen.

II. 写出下列动词的不定式

1. Nous lisons des journaux.   (lire)

2. Il pleut.   (pleuvoir)

3. Il ne sait pas cela.   (savoir)

4. Elles viennent du Sud. （venir）

5. Nous arrivons à l'heure. （arriver）

6. Il attend son frère. （attendre）

7. Il accepte de venir. （accepter）

8. Elles reçoivent souvent des lettres. （recevoir）

III. 用 aller＋infinitif 改变句子

1. Il écoute la radio.

   Il va écouter la radio.

2. Ils voyagent en France.

   Ils vont voyager en France.

3. Le journaliste fait un reportage sur ce problème.

   Le journaliste va faire un reportage sur ce problème.

4. Je rentre chez moi.

   Je vais rentrer chez moi.

5. Ils suivent ce cours de français.

   Ils vont suivre ce cours de français.

6. J'avance ma montre de dix minutes.

   Je vais avancer ma montre de dix minutes.

IV. 用 venir de＋infinitif 改变句子

1. Je reçois une lettre.

   Je viens de recevoir une lettre.

2. Il fait ses devoirs.

   Il vient de faire ses devoirs.

3. Nous visitons ces monuments.

   Nous venons de visiter ces monuments.

4. Le directeur entre dans son bureau.

   Le directeur vient d'entrer dans son bureau.

5. Elle se lève.

   Elle vient de se lever.

6. Je préviens le médecin.

Je viens de prévenir le médecin.

V. 用合适的代词回答问题

1. Est-ce que le camarade Wang est dans le bureau?

   Oui, il y est.

2. Est-ce que le professeur Li a des cours aujourd'hui?

   Non, il n'en a pas aujourd'hui.

3. A qui donnez-vous ces cahiers? Aux étudiants?

   Oui, je les donne aux étudiants. (或: je leur donne ces cahiers.)

4. Travaillez-vous toujours avec Philippe?

   Oui, je travaille toujours avec lui.

5. Est-ce que vous allez souvent à Shanghai?

   Non, je n'y vais pas souvent.

6. Est-ce que la voiture est encore au garage?

   Oui, elle y est toujours.

7. Les étudiants ont des vélos?

   Oui, ils en ont.

8. Lisez-vous souvent des journaux anglais?

   Non, je n'en lis pas souvent.

9. Paul aime beaucoup la Chine, n'est-ce pas?

   Oui, il l'aime beaucoup.

10. Le fils de M. Dupont va-t-il souvent au cinéma?

    Oui, il y va souvent.

11. A qui demande-t-il l'heure? A un passant?

    Oui, il lui demande l'heure.

12. Partez-vous avec Marie?

    Non, je ne pars pas avec elle.

VI. 用所给的词造句

Ex: la clé/la porte 5

Voilà la clé de la porte 5.

1. le stylo/la secrétaire

Voilà le stylo de la secrétaire.

2. la chaise/le directeur

   Voilà la chaise du directeur.

3. la porte/la maison

   Voilà la porte de la maison.

4. les lettres/les étudiants.

   Voilà les lettres des étudiants.

5. la photo/Monique

   Voilà la photo de Monique.

6. la chambre/les enfants

   Voilà la chambre des enfants.

7. les livres/l'université

   Voilà les livres de l'université.

8. les documents/les avocats

   Voilà les documents des avocats.

VII. 用 au, à la, à l', aux 补充句子

1. Elle habite à la campagne.

2. Paul et Jacques travaillent aux champs.

3. Monique va téléphoner à l'agence Martin.

4. Jacques est au chômage depuis trois mois.

5. Je trouve un travail au garage Dupont.

6. A la télévision, il y a plusieurs films par semaine.

7. René rencontre des amis au café.

8. A six ans, les enfants entrent à l'école primaire.

VIII. 将下列形容词作性数配合

1. Sa fille est paresseuse.

2. Les Dupont habitent dans une grande maison.

3. Les élèves ont des notes suffisantes.

4. Elles sont contentes de leur professeur.

5. La concierge est très gentille avec les locataires.

6. Marie est très <u>heureuse</u> de connaître Paul.

7. Nous rencontrons les <u>mêmes</u> problèmes.

8. Les pièces sont <u>petites</u> dans cet appartement.

9. Ce sont des plans <u>temporaires.</u>

10. Les montagnes deviennent <u>vertes</u> au printemps.

11. Il y a beaucoup de <u>belles</u> églises dans cette région.

12. Cette femme est <u>sourde</u>, elle ne peut rien entendre.

IX. 用所给的词填空

1. toujours，tous les jours

A. Nous avons des cours <u>tous les jours.</u>

B. Il est <u>toujours</u> en retard.

C. Elle passe <u>toujours</u> ses vacances d'été dans la montagne.

D. <u>Tous les jours</u> elle se lève à six heures et demie.

2. connaître，savoir

A. Je ne <u>connais</u> pas le Sud de la France，mais je <u>sais</u> que c'est une belle région.

B. Cet enfant ne <u>sait</u> pas lire.

C. <u>Connaissez</u>-vous le patron de ce café? Il est très gentil.

D. Je <u>connais</u> M. Durant，mais je ne <u>sais</u> pas qu'il est économiste.

X. 把下列短语译成汉语

1. être obligé de + *inf*.　　　　不得不做…

2. faire une enquête sur ...　　　对…进行调查

3. faire attention à ...　　　　　（注意）当心…

4. tomber en panne　　　　　　出故障

5. tout à fait　　　　　　　　　完全

6. présenter *qn* à *qn*　　　　　把某人介绍给某人

7. avoir *qch*. à faire　　　　　　要做某事

8. être au chômage　　　　　　失业

9. faire du ski　　　　　　　　滑雪

10. bavarder avec *qn*　　　　　与某人聊天

XI. 补充下面的短文

　　Les employés quittent leur bureau à six heures. Quelquefois, quand il y a beaucoup de travail, ils rentrent très tard à la maison. A Paris, la circulation est intense, il y a beaucoup d'autobus, de voitures et de camions. Quand il fait très mauvais, les employés arrivent en retard et ils quittent leur bureau entre quatre heures et cinq heures de l'après-midi.

XII. 翻译

1. 我们几点钟出发?

   A quelle heure nous partons?

2. 我们九点半出发,现在我要把这些练习做完。

   Nous partons à neuf heures et demie, maintenant je dois finir ces exercices.

3. 您可以星期三来,我星期三没有课。

   Vous pouvez venir mercredi, je n'ai pas de cours le mercredi.

4. 记者刚刚对失业问题进行了报道。

   Les journalistes viennent de faire un reportage sur les problèmes de chômage.

5. 您是否愿意把您的中国朋友介绍给我?

   Voulez-vous me présenter vos amis chinois?

6. 马上要下雨了,你们别去看电影了。

   Il va pleuvoir, n'allez pas au cinéma.

7. 孩子们在十一或十二岁进入中学,在那里学习六年。

   Les enfants entrent à l'école secondaire à l'âge de 11 ou 12 ans et ils y font des études pendant six ans.

8. 在中国,家长们很重视子女的学习。

   En Chine, les parents donnent une grande importance aux études de leurs enfants.

III. 初级教程

第 19 课

课文参考译文
抵达巴黎

　　托马是法国人,他在纽约当记者。他太太伊莎贝尔是美国人,但她会说法语。他们来法国度假。

(在机场)

空　　姐:女士们,先生们,我们很快就要在巴黎鲁瓦西机场降落了。请大家系好安全带,不要再使用你们的电脑。谢谢!

托　　马:就要到了。你看,已经能看到跑道了。我想,你不太累吧。

伊莎贝尔:一点儿也不(累)。

托　　马:拿上你的东西,什么也别忘在飞机上。

(飞机着陆了。乘客走下飞机…他们在机场大厅等行李。)

伊莎贝尔:我看不见咱们的行李箱啊。

托　　马:耐心一点儿。噢,行李箱在这儿。

伊莎贝尔:把你的包给我吧。

(在边境安检处)

警　　察:先生,请出示您的护照。

托　　马:这就是。

警　　察:谢谢。太太,您的护照呢?

伊莎贝尔:诺,在这儿。

警　　察:谢谢。

(在海关)

海关人员:请把行李箱放在那儿吧…你们只有两只箱子吗?

托　　马:是的,我们只有两只。

海关人员：这只箱子里有什么？

伊莎贝尔：给朋友的一些礼物和随身衣物。

海关人员：另外那只箱子呢？

托　　马：也是这些东西。

海关人员：你们没有什么要申报吗？

托　　马：有，一瓶金酒和一些香烟。我有两条香烟。

海关人员：行，你们可以过关了。

I. 就课文内容回答问题

1. Qui est Thomas?

   Thomas est Fraçais, il travaille à New York comme journaliste.

2. Comment est-ce que sa femme s'appelle?

   Elle s'appelle Isabelle.

3. Est-elle française?

   Non, elle n'est pas Française, mais elle parle français.

4. Où vont-ils faire un voyage?

   Ils vont faire un voyage en France.

5. Est-ce qu'Isabelle est fatiguée dans l'avion?

   Non, elle n'est pas fatiguée.

6. A qui montrent-ils leurs passeports?

   Ils montrent leurs passeports au policier des frontières.

7. Combien de valises ont-ils?

   Ils en ont deux.

8. Est-ce qu'ils ont quelque chose à déclarer?

   Ils ont une bouteille de gin et des cigarettes à déclarer.

II. 一般性问题(略)

III. 用 oui, non, si 回答问题

1. Prenez-vous le train?

   Non, je ne le prends pas.

2. Est-ce que Marie lit ces journaux?

   Oui, elle les lit toujours.

3. Vous ne connaissez pas ce monsieur?

   <u>Si</u>, je le connais bien. C'est mon professeur.

4. Vous ne regardez pas la télévision?

   <u>Non</u>, je ne la regarde pas.

5. Est-ce que Paul va au cinéma ce soir?

   <u>Oui</u>, il y va ce soir.

6. Il va au cinéma avec Marie?

   <u>Non</u>, il y va seul.

7. Il s'appelle Pascal, n'est-ce pas?

   <u>Non</u>, il s'appelle Charles.

8. Tu n'es pas fatigué?

   <u>Si</u>, je suis très fatigué.

9. Vous n'aimez pas ce roman?

   <u>Si</u>, je l'aime beaucoup.

10. Est-ce que Monsieur Li apprend le japonais?

    <u>Non</u>, il n'apprend pas le japonais.

11. Vous ne voulez pas sortir avec moi?

    <u>Non</u>, je ne veux pas.

12. Tu ne rentres pas chez toi?

    <u>Si</u>, je rentre tout de suite.

IV. 用 ne ... plus 回答问题

1. Est-ce qu'il fume encore?

   Non, <u>il ne fume plus.</u>

2. Travaille-t-elle encore dans cette agence?

   Non, <u>elle n'y travaille plus.</u>

3. Y a-t-il encore des cours aujourd'hui?

   Non, <u>il n'y en a plus aujourd'hui.</u>

4. Est-ce que tu fais encore du ski?

   Non, <u>je n'en fais plus.</u>

5. Tu vas souvent au théâtre?

Non，<u>je n'y vais plus.</u>

V. 用 ne ... jamais 回答问题

1. Est-il content de son travail?

   Non，<u>il n'en est jamais content.</u>

2. Es-tu fatigué?

   Non，<u>je ne suis jamais fatigué.</u>

3. Est-ce que ton frère t'écoute?

   Non，<u>il ne m'écoute jamais.</u>

4. Prenez-vous souvent des photos?

   Non，<u>je ne prends jamais de photo.</u>

5. Est-ce que vous patinez en hiver?

   Non，<u>je ne patine jamais.</u>

VI. 用 ne ... rien 回答问题

1. Tu prends quelque chose?

   Non，<u>je ne prends rien.</u>

2. Vous avez quelque chose à déclarer?

   Non，<u>je n'ai rien à déclarer.</u>

3. Vous avez quelque chose à faire en ce moment?

   Non，<u>je n'ai rien à faire en ce moment.</u>

4. Qu'est-ce que vous voyez?

   <u>Je ne vois rien.</u>

5. Qu'est-ce que vous entendez?

   <u>Je n'entends rien.</u>

VII. 用 ne ... que 翻译句子

1. 我只有五分钟时间。

   <u>Je n'ai que cinq minutes.</u>

2. 她只懂法语。

   <u>Elle ne comprend que le français.</u>

3. 早晨只有一班火车。

   <u>Il n'y a qu'un train le matin.</u>

4. 他只有 16 岁。

   Il n'a que seize ans.

5. 他们只邀请皮埃尔和玛丽。

   Ils n'invitent que Pierre et Marie.

VIII. 参照例句改变句子

Ex：Bernard est malade，je crois.

   Je crois que Bernard est malade.

1. Ce texte est difficile，je crois.

   Je crois que ce texte est difficile.

2. Il arrive à l'heure，j'espère.

   J'espère qu'il arrive à l'heure.

3. Vous n'êtes pas content，je vois.

   Je vois que vous n'êtes pas content.

4. Il aime voyager en avion，je crois.

   Je crois qu'il aime voyager en avion.

5. Elle veut être indépendante，je pense.

   Je pense qu'elle veut être indépendante.

IX. 根据所给的词造句

1. rester/prier/vous/je/de/à/la maison

   Je vous prie de rester à la maison.

2. partir/il/me/dire/à/que/il/onze heures

   Il me dit qu'il part à onze heures.

3. sortir/Paul et Monique/le dimanche/ne que

   Paul et Monique ne sortent que le dimanche.

4. atterrir/à/aller/Paris-Roissy/l'avion/l'aéroport

   L'avion va atterrir à l'aéroport de Paris-Roissy.

5. être/un aéroport/France/de/grand/Paris-Roissy

   Paris-Roissy est un grand aéroport de France.

X. 填空

1. Voulez-vous mon passeport?

Oui, montrez-moi votre passeport, s'il vous plaît.

2. Philippe et Monique sont chez eux?

Philippe n'est pas chez lui, il est à l'école; mais Monique est chez elle.

Voulez-vous lui parler?

3. Michel va au théâtre ce soir. Voulez-vous aller avec lui?

4. Où allez-vous passer vos vacances?

Je vais passer mes vacances à Nice, chez mon oncle.

5. Aujourd'hui, Marie n'a pas de cours. Elle veut profiter du temps libre pour voir ses amis, Pierre et Paul.

6. Les étudiants vont souvent à la campagne et travaillent avec les paysans aux champs.

7. La secrétaire attend le directeur. Elle veut le voir tout de suite.

8. Jacques est en retard. Je suis obligé de partir sans lui.

XI. 翻译

1. 别忘了您的旅行箱。

N'oubliez pas votre valise.

2. 夏尔和莫尼克是法国人,他们想去中国旅行。

Charles et Monique sont Français, ils veulent faire un voyage en Chine.

3. 我们请您不要在教室里吸烟。

Nous vous prions de ne pas fumer dans la classe.

4. 他希望我们能够准时到达。

Il espère que nous arrivons à l'heure.

5. 飞机将在 16 点 47 分降落。

L'avion va atterrir à seize heures quarante-sept.

6. 我能把提包放在这儿吗?

Puis-je mettre le sac ici?

7. 别等他们了,他们有许多东西要申报。

Ne les attendez plus, ils ont beaucoup de choses à déclarer.

8. 经理先生有许多工作要做,他只是在星期六和星期日才回家。

Le directeur a beaucoup de travail à faire, il ne rentre chez lui que le samedi et le dimanche.

第 20 课

课文参考译文
在旅馆

在离开纽约之前,托马在互联网上预订了一个房间。现在托马和伊莎贝尔在旅馆的前台。

职　　员:太太,您好! 先生,您好!

托　　马:您好! 我预订了一个星期的房间。

职　　员:没问题,先生。请问,用的是什么名字?

托　　马:马泰尔,托马和伊莎贝尔·马泰尔。我在网上预订了房间,上星期二又发了一份传真,您收到了吗?

职　　员:马泰尔…马泰尔…找到了! 你们在 33 号房间。

伊莎贝尔:是一个带浴室的房间吧?

职　　员:当然啦,太太。

伊莎贝尔:我想,那儿不太吵吧?

职　　员:不吵,太太。房间在临街的四层,可是这条街很安静。先生,请您填一下这张登记单,好吗?

托　　马:当然可以。姓…名…地址…护照号码…伊莎贝尔,护照是在你那儿吧?

伊莎贝尔:是啊,护照在我的手提包里…在这儿。

托　　马:号码是 06XD34271。这就填完了吗?

职　　员:好极了。先生,看,这是你们的钥匙,如果你们有什么需要,请给我们打电话。

托　　马:我们的行李箱呢?

职　　员:马上就送上去。

伊莎贝尔:谢谢。我真想冲个淋浴,换换衣服。

托　　马:你想什么时候去看尼科尔?

伊莎贝尔:大概明天吧。

I. 根据课文内容回答问题

1. Quand Thomas a-t-il réservé une chambre à Paris?

   Thomas l'a réservée avant de quitter New York.

2. Comment a-t-il réservé cette chambre?

   Il l'a réservée par internet.

3. Est-ce que l'hôtel a reçu ce fax?

   Oui, l'hôtel l'a reçu.

4. Dans quelle chambre Thomas et Isabelle vont-ils se loger?

   Ils vont se loger dans la chambre 33.

5. Est-ce qu'il y a la salle de bains dans cette chambre?

   Oui, c'est une chambre avec salle de bains.

6. La chambre donne-t-elle sur la rue?

   Oui, elle donne sur la rue.

7. Est-ce qu'il y a beaucoup de bruit dans cette rue?

   Non, la rue est très calme.

8. Qu'est-ce que Thomas a rempli?

   Thomas a rempli une fiche.

9. Qu'est-ce qu'il a écrit sur cette fiche?

   Il a écrit le nom, le prénom, l'adresse et le numéro de passeport.

10. Où Isabelle a-t-elle mis les passeports?

    Elle les a mis dans son sac à main.

11. Est-ce que Thomas et Isabelle ont monté eux-mêmes leurs valises?

    Non, garçon a monté leurs valises.

12. Quand Isabelle va-t-elle voir Nicole?

    Le lendemain, Isabelle va voir Nicole.

II. 一般性问题（略）

III. 写出下列动词的过去分词

suivre	suivi	recevoir	reçu	aller	allé
partir	parti	voir	vu	parler	parlé
finir	fini	venir	venu	faire	fait

avoir	eu	vouloir	voulu	être	été
devoir	dû	entendre	entendu	réussir	réussi

IV. 将下列句子改为复合过去时

1. Je rencontre Paul.

   Hier, j'ai rencontré Paul.

2. Nous lisons ces journaux.

   Ce matin, nous avons lu ces journaux.

3. Jacques demande l'heure à un passant.

   Ce matin, Jacques a demandé l'heure à un passant.

4. Il pleut.

   Hier, il a plu.

5. Il attend son frère devant l'école.

   Dimanche dernier, il a attendu son frère devant l'école.

6. Ils parlent de leur travail.

   Hier, ils ont parlé de leur travail.

7. Il comprend cette phrase.

   Il a compris cette phrase.

8. Nous écoutons l'enregistrement du texte.

   Nous avons écouté l'enregistrement du texte.

V. 用否定形式回答下列问题

1. Avez-vous regardé la télévision?

   Non, je n'ai pas regardé la télévision.

2. As-tu téléphoné à Robert?

   Non, Je n'ai pas téléphoné à Robert.

3. A-t-il travaillé hier?

   Non, il n'a pas travaillé hier.

4. Ont-il réussi aux examens?

   Non, ils n'ont pas réussi aux examens.

5. Ont-ils pu venir?

   Non, ils n'ont pas pu venir.

6. N'avez-vous pas vu mon frère?

Non，je n'ai pas vu votre frère.

7. N'ont-ils pas entendu ce bruit?

Non，ils n'ont pas entendu ce bruit.

8. N'avez-vous pas appris cette leçon?

Non，nous n'avons pas appris cette leçon.

VI. 根据例句提问

Ex：J'ai déjà fait mes devoirs.

Avez-vous déjà fait vos devoirs?

（As-tu déjà fait tes devoirs?）

1. J'ai dit bonjour à mon professeur.

Avez-vous dit bonjour à votre professeur?

As-tu dit bonjour à ton professeur?

2. J'ai aidé mes camarades.

Avez-vous aidé vos camarades?

As-tu aidé tes camarades?

3. Hier, j'ai vu tes parents.

As-tu vu mes parents hier?

4. Pierre a reçu une lettre de son ami.

Pierre a-t-il reçu une lettre de son ami?

5. Marie a refusé de voyager avec sa mère.

Marie a-t-elle refusé de voyager avec sa mère?

6. Ils ont invité leurs amis.

Ont-ils invité leurs amis?

VII. 翻译成法语

1. 订房间   réserver une chambre

2. 房门钥匙   la clé de la porte

3. 打电话   téléphoner à *qn* （appeler *qn*）

4. 旅馆接待处   la réception de l'hôtel

5. 护照号码   le numéro de passeport

6. 带电话的房间   une chambre avec téléphone

VIII. 使用 venir de + infinitif 回答问题

1. Avez-vous fait vos exercices?

   Oui, je viens de faire mes exercices.

2. As-tu reçu mon e-mail?

   Oui, je viens de recevoir ton e-mail.

3. Avez-vous rencontré Pascal et Nathalie?

   Oui, je viens de rencontrer Pascal et Nathalie.

4. A-t-il pris sa retraite?

   Oui, il vient de prendre sa retraite.

5. A-t-on monté tes valises?

   Oui, on vient de monter mes valises.

6. Avez-vous voyagé dans le Sud?

   Oui, je viens de voyager dans le Sud.

7. Ont-ils offert des cadeaux à leurs enfants?

   Oui, ils viennent d'offrir des cadeaux à leurs enfants.

8. Paul vous a-t-il demandé de l'aider?

   Oui, il vient de me demander de l'aider.

9. Sophie a-t-elle mis un tableau sur le mur?

   Oui, elle vient de mettre un tableau sur le mur.

10. Avez-vous suivi le cours du professeur Wang?

    Oui, nous venons de suivre le cours du professeur Wang.

IX. 用 trop de 或 trop 回答问题

1. Les passagers ont-ils beaucoup de valises?

   Oui, ils ont trop de valises.

2. Ont-ils posé beaucoup de questions?

   Oui, ils ont posé trop de questions.

3. Monsieur Dupont a-t-il beaucoup d'argent?

   Oui, il a trop d'argent. (Oui, il en a trop.)

4. Ont-ils beaucoup travaillé?

Oui, ils ont trop travaillé.

5. Y a-t-il beaucoup de bruit dans la rue?

Oui, il y a trop de bruit dans la rue.

6. Est-ce qu'il fume beaucoup?

Oui, il fume trop.

X. 将下列句子译成法语

1. 我已经三个月没有收到他的信了。

Cela fait trois mois que je n'ai pas reçu sa lettre.

2. 出发之前,他曾给保尔发去一份传真。

Avant de partir, il a envoyé un fax à Paul.

3. 你们上星期看法国电影了吗?

Avez-vous vu des films français la semaine dernière?

4. 如果你们想订机票,请填写这张单子。

Si vous voulez réserver des billets d'avion, remplissez cette fiche, s'il vous plaît.

5. 他把钥匙放在哪里了?

Où est-ce qu'il a mis la clé?

6. 我们租下一套带厨房和洗澡间的住房,房租每月 500 欧元。

Nous avons loué un appartement avec cuisine et salle de bains; le loyer est de 500 euros par mois.

7. 这是一家四星级旅馆,房间很舒适。

C'est un hôtel de quatre étoiles, les chambres sont confortables.

8. 如果您需要我们帮助,请在明天早晨给我们打电话。

Si vous avez besoin de notre aide, appelez-nous demain matin, s'il vous plaît.

XI. 将下面的阅读材料译成中文

巴黎的旅馆

巴黎的旅馆与纽约或伦敦的旅馆不一样吗? 可能是有区别。

有人说巴黎的旅馆很旧。是的,但也有许多现代化的旅馆。

有人说巴黎的旅馆不舒适。这就不对了:巴黎的旅馆十分舒适。

　　　　至于价格呢,与其他首都城市不相上下。

　　不过,巴黎的旅馆的确有所不同,比如说,与伦敦的旅馆就不一样。起居间并不大,但卧室却不小。在这一点上,法国旅馆与法国的住房比较相似。住旅馆就像住在自己家里一样,但要结识左邻右舍却不太容易。

　　然而,早晨你会获得极大的享受:美味的早餐。巴黎的早餐比英式早餐要简单,但(家常)面包非常好。不要忘了,还有牛角面包,它们更加可口。(家常)面包、牛角面包、黄油、果酱,这几样东西组成典型的巴黎早餐。

第 21 课

课文参考译文
在朋友家

　　伊莎贝尔去看望朋友尼科尔。她们是在纽约认识的。伊莎贝尔按响门铃。

尼 科 尔:好,我马上就来。(她打开门)噢,伊莎贝尔! 你是什么时候到的?

伊莎贝尔:是昨天到的。我想让你大吃一惊。

尼 科 尔:进来吧! 见到你,我太高兴了! 你好吗?

伊莎贝尔:很好。你呢?

尼 科 尔:我也很好。托马和你一起来了吗?

伊莎贝尔:来了。可是我们在巴黎只待几天,他有很多约会。你先生身体好吗?

尼 科 尔:他身体非常好。我们别待在这儿了,到客厅来。又见到你我太高兴了! 瞧,我们没见面有…

伊莎贝尔:两年半了。

尼 科 尔:是啊,是这样。坐下吧。现在跟我说说孩子们(的情况)。纳塔丽上学了没有?

伊莎贝尔:上了一年了。

尼 科 尔:克里斯托夫呢? 我想他已经九岁了吧?

伊莎贝尔:对啊。你也知道的,在他这个年龄的孩子只想着玩呀。瞧,我有照片。

尼 科 尔:让我看看! …他们两个都很漂亮。而且,纳塔丽长得很像你。

伊莎贝尔:卡特琳呢? 她不在家里吗?

尼 科 尔:不在。孩子们放假呢。她去奶奶家了。你想喝点儿什么? 来杯茶?

伊莎贝尔：好啊，非常乐意。

I. 就课文内容回答问题

1. Où Isabelle et Nicole se sont-elles connues?

   Elles se sont connues à New York.

2. Quand Isabelle sonne à la porte, qui lui ouvre la porte?

   C'est Nicole qui lui ouvre la porte.

3. Est-ce qu'Isabelle a téléphoné à Nicole avant de venir chez elle?

   Non, elle ne lui a pas téléphoné avant de venir chez Nicole.

4. Est-ce que Nicole est contente de revoir Isabelle?

   Oui, elle est très contente de revoir Isabelle.

5. Est-ce que Thomas est venu aussi chez Nicole?

   Non, Thomas n'est pas venu.

6. Depuis combien de temps Isabelle et Nicole ne se sont-elles pas vues?

   Elles ne se sont pas vues depuis deux ans et demi.

7. Combien d'enfants Isabelle a-t-elle?

   Isabelle a deux enfants: Nathalie et Christophe.

8. Quel âge son fils a-t-il?

   Son fils a neuf ans.

9. Est-ce que Nathalie ressemble à sa mère d'après la photo?

   Oui, elle lui ressemble beaucoup d'après la photo.

10. Catherine, la fille de Nicole, est-elle à la maison?

    Non, elle n'est pas à la maison, elle est chez sa grand-mère.

II. 一般性问题(略)

III. 改为复合过去时,助动词使用 être

1. J'arrive en avance.

   Ce matin, je suis arrivé en avance.

2. Il sort à 10 heures

   Hier, il est sorti à 10 heures.

3. Nous allons à la campagne.

   Dimanche dernier, nous sommes allés à la campagne.

4. Charles entre dans la classe avec Marie.

　　Ce matin, <u>Charles est entré dans la classe avec Marie.</u>

5. Elle ne va pas au bureau.

　　Ce jour-là, <u>elle n'est pas allée au bureau.</u>

6. Nous partons à 3 heures.

　　Ce jour-là, <u>nous sommes partis à 3 heures.</u>

7. Tu ne restes pas à la maison.

　　Hier, <u>tu n'es pas resté à la maison.</u>

8. Elle retourne chez elle.

　　Pendant les vacances, <u>elle est retournée chez elle.</u>

9. Je me lève à six heures.

　　Hier, <u>je me suis levé à six heures.</u>

10. Elle se couche tard.

　　Hier, <u>elle s'est couchée tard.</u>

11. Elles s'asseyent près de la fenêtre.

　　<u>Elles se sont assises près de la fenêtre.</u>

12. Nous nous connaissons à Beijing.

　　<u>Nous nous sommes connus à Beijing.</u>

IV. 回答问题

1. Est-il déjà parti?

　　Oui, <u>il est déjà parti.</u>

2. S'est-elle levée à six heures?

　　Oui, <u>elle s'est levée à six heures.</u>

3. N'êtes-vous pas allés voir vos amis hier?

　　Si, <u>nous sommes allés les voir hier.</u>

4. Vous êtes-vous levés tôt ce matin?

　　Non, <u>nous ne nous sommes pas levés tôt ce matin.</u>

5. Ne s'est-il pas assis près de vous?

　　Si, <u>il s'est assis près de nous.</u>

6. Pierre et Jacques ne sont pas arrivés?

Non，<u>ils ne sont pas arrivés</u>.

7. Marie n'est-elle pas devenue actrice?

Si，<u>elle est devenue actrice</u>.

8. Sont-ils descendus de l'avion?

Non，<u>ils ne sont pas descendus de l'avion</u>.

V. 把句子变成过去时并注意所使用的助动词

1. Hier，je <u>suis entré</u> dans un café et j'<u>ai bavardé</u> avec le patron.

2. L'année dernière，ils <u>sont allés</u> en France，et ils y <u>sont restés</u> pendant six mois.

3. Elle <u>a téléphoné</u> à Paul，puis elle <u>est sortie</u>.

4. Ce matin，ils <u>se sont levés</u> à six heures et demie，puis ils <u>sont partis</u>.

5. Elles <u>se sont connues</u> à Paris，mais elles <u>ne se sont pas revues</u> depuis trois mois.

6. J'<u>ai travaillé</u> pendant deux ans dans cette usine. Puis je <u>suis entré</u> à l'université.

7. Elle <u>a été</u> malade et elle n'<u>a pas pu</u> venir.

8. Elles <u>ont fini</u> leurs devoirs，puis elles <u>sont allées</u> chez leurs amies.

9. Elle <u>a parlé</u> de son travail，puis elle <u>s'est assise</u>.

10. Ils <u>ont eu</u> une bonne note et ils <u>ont été</u> très contents.

VI. 就划线的词提问

1. Elle cherche <u>un appartement</u>.

<u>Qu'est-ce qu'elle cherche?</u>

2. Bernard est parti <u>hier soir</u>.

<u>Quand est-ce que Bernard est parti?</u>

3. <u>M. Dupont</u> est malade.

<u>Qui est malade?</u>

4. Nous avons <u>quatre</u> heures de cours aujourd'hui.

<u>Combien de cours avez-vous aujourd'hui?</u>

5. Hier，je <u>suis allé à la campagne</u>.

<u>Qu'est-ce que vous avez fait hier?</u>

6. Oui，Philippe est dans son bureau.

   Est-ce que Philippe est dans son bureau?

7. Thomas voyage avec Isabelle.

   Avec qui Thomas voyage-t-il?

8. J'attends mon ami.

   Qui attendez-vous?

9. Ils se sont connus à New York.

   Où se sont-ils connus?

10. J'ai posé des questions aux étudiants.

    A qui avez-vous posé des questions?

VII. 把下列句子变为疑问句

   Ex：M. Leblanc/lire/les journaux   (où)

   Où M. Leblanc lit-il les journaux?

1. elle/ne pas être/contente   (pourquoi)

   Pourquoi n'est-elle pas contente?

2. ils/aller/à leur hôtel   (comment)

   Comment vont-ils à leur hôtel?

3. elle/être arrivée/à l'aéroport   (quand)

   Quand est-elle arrivée à l'aéroport?

4. vous/avoir/des valises   (combien)

   Combien de valises avez-vous?

5. ils/aller faire/un voyage/en Suisse   (avec qui)

   Avec qui vont-ils faire un voyage en Suisse?

6. les ingénieurs/aller faire/une enquête   (où)

   Où les ingénieurs vont-ils faire une enquête?

VIII. 把括号内的动词变为复合过去时

   Hier soir，M. Lacan est rentré à la maison à dix-neuf heures. Il a bavardé avec sa femme comme chaque jour. Puis leurs enfants ont regardé la télévision. Et M. Lacan a dit à sa femme：《Je sors un instant》. Il a pris son manteau et il est sorti. Il n'est pas revenu. Sa femme a attendu toute la nuit.

Elle est très inquiète.

IX. 翻译

1. 明天我去看望一位法国朋友,她是今天上午到北京的。

   Demain je vais voir une amie française, elle est arrivée à Beijing ce matin.

2. 您是什么时候认识保尔的?

   Quand avez-vous connu Paul?

3. 她长得很像她母亲。

   Elle ressemble beaucoup à sa mère.

4. 我弟弟现在在广州工作,我们已经半年没有见面了。

   Mon frère travaille à Guangzhou. Cela fait six mois que nous ne nous sommes pas revus.

5. 您在进他的办公室前,请按门铃。

   Avant d'entrer dans son bureau, sonnez à la porte, s'il vous plaît.

6. 她们在一起时,经常谈论她们的孩子。

   Quand elles sont ensemble, elles parlent souvent de leurs enfants.

7. 他只在法国待了三个月,但他结识了很多法国朋友。

   Il n'est resté que trois mois en France, mais il a connu beaucoup d'amis français.

8. 马丁夫人不在家,她去商店了。

   Madame Martin n'est pas à la maison, elle est allée au magasin.

第 22 课

课文参考译文
打电话

尼科尔的丈夫皮埃尔给托马打电话。他想邀请托马和伊莎贝尔去吃饭。

职　员:(这儿是)星星旅馆。请您讲话。

皮埃尔:我想同托马·马泰尔先生通电话。(他在)33 号房间,请(接通)。

职　员:别挂断,我给您转他的电话。

(33 号房间的电话响了,伊莎贝尔拿起电话。)

伊莎贝尔：喂！

皮 埃 尔：(我)是皮埃尔。你好，伊莎贝尔！

伊莎贝尔：啊！皮埃尔，你好！你怎么样？我昨天见到了尼科尔，非常高兴。

皮 埃 尔：我也希望见到你呀！托马在不在？

伊莎贝尔：在。可是他还在睡觉，(因为)他有点儿累了。

皮 埃 尔：那么就别叫醒他了。

伊莎贝尔：还是要叫醒他，(因为)他会非常高兴接你的电话。…托马，皮埃尔给你
　　　　　来电话了。

托　　　马：你好！皮埃尔。你好吗？

皮 埃 尔：好啊。你呢？你不太舒服？

托　　　马：噢，没什么。就是有点儿累了。你在哪儿给我打电话？

皮 埃 尔：在我的办公室。我很想见你们两位啊。你们明天晚上有空儿吗？

托　　　马：明天晚上？有啊。

皮 埃 尔：那我们一起吃晚饭吧？

托　　　马：好啊。这是一个好主意。伊莎贝尔非常喜欢法国的菜肴。

皮 埃 尔：我晚上七点半左右去接你们吧？

托　　　马：哎呀！糟糕！我忘了，我跟《世界报》的一位记者还有约呢。

皮 埃 尔：没关系…我们可以后天见面嘛。

托　　　马：后天，好吧。晚上七点半在这儿(见面)？

皮 埃 尔：一言为定。我带你们去一家挺好的小餐馆。

I. 根据课文内容回答问题

1. Qui a téléphoné à Thomas?

   C'est Pierre qui a téléphoné à Thomas.

2. Pourquoi lui a-t-il téléphoné?

   Il veut inviter Thomas et Isabelle au restaurant.

3. Qui a décroché le téléphone?

   C'est Isabelle qui a décroché le téléphone.

4. Est-ce que Pierre et Isabelle se connaissent?

   Oui，ils se connaissent.

5. Pourquoi Thomas dort-il encore?

Thomas est un peu fatigué.

6. D'où est-ce que Pierre téléphone à Thomas?

Il lui téléphone de son bureau.

7. Est-ce qu'Isabelle aime la cuisine française?

Oui, elle aime bien la cuisine française.

8. Quand Pierre vient-il chercher Thomas et Isabelle?

Il vient les chercher vers 7 heures et demie.

9. Qu'est-ce que Thomas a oublié?

Il a oublié le rendez-vous avec un journaliste du Monde.

10. Quand peuvent-ils se voir?

Ils vont se voir après-demain.

II. 一般性问题(略)

III. 使用宾语人称代词回答

1. Avez-vous vu Monsieur Dupont?

Oui, je l'ai vu.

2. Avez-vous vu Madame Dupont?

Non, je ne l'ai pas vue.

3. Avez-vous rencontré Jacques et Bernard?

Oui, je les ai rencontrés.

Non, je ne les ai pas rencontrés.

4. Est-ce que Paul a vu ce film?

Oui, il l'a vu.

Non, il ne l'a pas vu.

5. Est-ce que Marie a téléphoné à son père?

Oui, elle lui a téléphoné.

Non, elle ne lui a pas téléphoné.

6. Est-ce que vous avez parlé aux étudiants?

Oui, je leur ai parlé.

Non, je ne leur ai pas parlé.

7. Est-ce que Paul est venu vous voir hier soir?

Oui，il est venu nous voir hier soir.

Non，il n'est pas venu nous voir hier soir.

8. Est-ce que Marie a pu finir ses devoirs hier matin?

Oui，elle a pu les finir hier matin.

Non，elle n'a pas pu les finir hier matin.

IV. 用 en 或 y 回答问题

1. Est-ce que Pascal est allé au théâtre hier soir?

Oui，il y est allé.

Non，il n'y est pas allé.

2. Est-ce que vous avez reçu des cadeaux?

Oui，j'en ai reçu.

Non，je n'en ai pas reçu.

3. Est-ce que vous êtes allés en France l'an dernier?

Oui，nous y sommes allés l'an dernier.

Non，nous n'y sommes pas allés l'an dernier.

4. Est-ce que vous avez vu des films italiens?

Oui，nous en avons vu.

Non，nous n'en avons pas vu.

V. 参照例句回答问题

Ex：Tu peux me prêter ce livre?

Oui, je peux te prêter ce livre.

Oui, je peux te le prêter.

1. Est-ce que vous pouvez nous envoyer ces revues?

Oui, nous pouvons vous envoyer ces revues.

Oui, nous pouvons vous les envoyer.

2. Est-ce que vous pouvez nous prêter ce magnétophone?

Oui, je peux vous prêter ce magnétophone.

Oui, je peux vous le prêter.

3. Est-ce que tu me donnes ton numéro de téléphone?

Oui, je te donne mon numéro de téléphone.

Oui, je te le donne.

4. Est-ce que Paul nous montre ses photos?

    Oui, il nous montre ses photos.

    Oui, il nous les montre.

5. Est-ce qu'elle nous offre des cadeaux?

    Oui, elle vous offre des cadeaux.

    Oui, elle vous en offre.

VI. 参照例句回答问题

Ex：Pouvez-vous demander l'adresse à Marie?

    Oui, je peux lui demander l'adresse.

    Oui, je peux la lui demander.

1. Est-ce que tu offres ces fleurs aux étudiants?

    Oui, je leur offre ces fleurs.

    Oui, je les leur offre.

2. Est-ce qu'il envoie ce fax à son ami?

    Oui, il lui envoie ce fax.

    Oui, il le lui envoie.

3. Est-ce que tu peux demander le numéro de téléphone à Pascal?

    Oui, je peux lui demander son numéro de téléphone.

    Oui, je peux le lui demander.

4. Est-ce que vous envoyez ces cartes à vos amis?

    Oui, je leur envoie ces cartes.

    Oui, je les leur envoie.

5. Est-ce que vous avez posé ces questions à vos professeurs?

    Oui, nous leur avons posé ces questions.

    Oui, nous les leur avons posées.

VII. 参照例句回答问题

Ex：Est-ce que je dois envoyer cette lettre à Sophie?

    Oui, envoyez-la-lui.

    Non, ne la lui envoyez pas.

1. Est-ce que je peux donner cette photo à Paul?

   Oui, donnez-la-lui.

   Non, ne la lui donnez pas.

2. Est-ce que je dois dire cela aux étudiants?

   Oui, dites-le-leur.

   Non, ne le leur dites pas.

3. Est-ce que je peux offrir ces fleurs à Mme Dupont?

   Oui, offrez-les-lui.

   Non, ne les lui offrez pas.

4. Est-ce que je peux envoyer ce paquet à Monique?

   Oui, envoyez-le-lui.

   Non, ne le lui envoyez pas.

5. Est-ce que je vous montre mon passeport?

   Oui, montrez-le-moi.

   Non, ne me le montrez pas.

VIII. 用合适的代词替代黑体字部分回答问题

1. Est-ce que tu as donné **mon adresse à Charles**?

   Oui, je la lui ai donnée.

   Non, je ne la lui ai pas donnée.

2. Est-ce qu'il faut envoyer **ces livres à Jacques**?

   Oui, il faut les lui envoyer.

   Non, il ne faut pas les lui envoyer.

3. Est-ce que vous avez expliqué **ces phrases aux étudiants**?

   Oui, je les leur ai expliquées.

   Non, je ne les leur ai pas expliquées.

4. Est-ce que vous pouvez prêter **ce roman à Marie**?

   Oui, je peux le lui prêter.

   Non, je ne peux pas le lui prêter.

5. Est-ce que tu as raconté **cette histoire à Paul et Jacques**?

   Oui, je la leur ai racontée.

Non, je ne la leur ai pas racontée.

IX. 用 aller + infinitif 回答问题

Ex：Avez-vous déjà fait un voyage en France?

Non, pas encore. Je vais faire un voyage en France.

1. Avez-vous déjà écouté cet enregistrement.

Non, pas encore. Je vais écouter cet enregistrement.

2. A-t-il déjà écrit à ses parents?

Non, pas encore. Il va leur écrire.

3. Sont-ils déjà partis?

Non, pas encore. Ils vont partir.

4. Paul est-il déjà arrivé?

Non, pas encore. Il va arriver.

5. Le garagiste a-t-il déjà réparé la voiture?

Non, pas encore. Il va la réparer.

6. Avez-vous déjà lu le journal d'aujourd'hui?

Non, pas encore. Je vais le lire.

X. 翻译下列句子

1. 今天下午是谁给你打来的电话？

Qui vous a appelé cet après-midi?

2. 今天我感觉身体不太好。

Je ne me sens pas très bien aujourd'hui.

3. 她太累了，别叫醒她。

Elle est trop fatiguée, ne la réveillez pas.

4. 我需要 50 欧元，您能借给我吗？

J'ai besoin de 50 euros, pouvez-vous m'en prêter?

5. 请给我接法语系主任的电话。

Je vous prie de me passer le directeur du département de français.

6. 今晚我没空儿，不能和你们一起出去了。

Je ne suis pas libre ce soir, je ne peux pas sortir avec vous.

7. 咱们什么时候能再见面？

Quand est-ce que nous pouvons nous revoir?

8. 他们常常到中国餐馆吃饭,因为他们都非常喜欢中国的菜肴。

Ils vont souvent au restaurant chinois, parce qu'ils adorent la cuisine chinoise.

XI. 将下面的阅读材料译成中文

法国的电话

电话在法国人的日常生活中扮演着重要角色。大多数家庭都有电话,人们通信越来越少。

你如果想打电话,可以走进咖啡馆,对老板说:"请来个电话卡"。

或者你可以到邮局去,在那里买带芯片的电话卡。

拿到电话卡后怎么用呢? 好,你走进电话亭,把电话卡插入读卡缝里,拿起电话筒,拨号码。电话里开始出现响声。有人搭话了,你听到"喂"的声音。但要想通话,你必须按下键钮。一切都清清楚楚地标在电话机上,不用担心。

请注意,不要在早晨八点钟以前或晚上九点以后打电话。当然,给老朋友打电话是例外喽。

第 23 课

课文参考译文
食在法国

法国人早餐吃得非常少。他们只喝一大碗牛奶咖啡,吃一点儿面包片和牛角面包。啊! 早晨热乎乎的牛角面包! 在大街上,人们一走近面包铺,就会闻到牛角面包的香味。(它们)又好闻又好吃。人们总想买呀。

中午,很多巴黎人没有时间回家,他们宁愿在办公室附近的饭馆或咖啡馆里吃饭。对很多人来说,午餐的菜单常常就是一份三明治加一杯咖啡。

在小城市或者乡下,午餐仍很丰盛。人们吃冷盘、肉类、蔬菜、奶酪或甜品(包括水果、点心、冰淇淋)。(人们)喝葡萄酒、啤酒或水,但吃饭时从来不喝牛奶。

晚上七八点钟才吃晚饭。这顿饭很丰盛。席间常常是汤,而不是冷盘。人们吃晚饭要花很多时间。人们讲述白天所做的事情和一些见闻。

一顿讲究的饭菜往往是人们星期天最大的乐趣。人们邀请朋友,吃吃午饭,谈谈天。

I. 根据课文内容回答问题

1. Le matin, que mangent les Français?

   Ils prennent en général du café au lait, des tartines ou des croissants.

2. Est-ce que c'est un 《gros repas》?

   Non, c'est un petit déjeuner simple.

3. Pourquoi a-t-on toujours envie d'acheter des croissants?

   Parce qu'ils sentent toujours très bon et ils sont délicieux.

4. A midi, est-ce que la plupart des Parisiens rentrent manger chez eux?

   Non, ils n'ont pas le temps de rentrer chez eux.

5. Où mangent-ils alors?

   Ils déjeunent dans les restaurant ou les cafés proches de leurs bureaux.

6. Qu'est-ce qu'ils mangent au déjeuner?

   Ils prennent souvent un sandwich avec une tasse de café.

7. Est-ce que le déjeuner est un repas important à la campagne?

   Oui, c'est un repas important à la campagne.

8. Qu'est-ce qu'on mange à la campagne?

   On prend des hors-d'œuvre, de la viande, des légumes, du fromage ou un dessert.

9. A quelle heure prend-on le dîner?

   Le dîner est à sept ou huit heures.

10. Est-ce qu'on passe beaucoup de temps à table le soir?

    Oui, on passe beaucoup de temps à table le soir.

11. De quoi parle-t-on?

    On parle de ce qu'on a fait et de ce qu'on a vu dans la journée.

12. Qu'est-ce qui est le plus grand plaisir du dimanche?

    Un bon repas est souvent le plus grand plaisir du dimanche, parce qu'on invite des amis et on bavarde.

II. 一般性问题(略)

III. 用所给的动词填空

1. Nous <u>buvons</u> du thé le matin.

2. Nous <u>mangeons</u> de la viande tous le jours.

3. Ces plats <u>sentent</u> bon.

4. Elle <u>achète</u> des légumes au marché.

5. Il <u>espère</u> faire votre connaissance.

6. J'<u>envoie</u> une lettre par mois à mes parents.

7. Ils <u>emmènent</u> leurs enfants à la campagne le dimanche.

8. Ils <u>boivent</u> du café le matin.

IV. 根据例句回答问题

Ex：Vous aimez le thé?

　　Oui，le matin je prends toujours du thé.

1. Il aime le lait?

　　Oui，le matin <u>il prend toujours du lait.</u>

2. Ils aiment le café au lait?

　　Oui，le matin <u>ils prennent toujours du café au lait.</u>

3. Ils aiment le pain et le beurre?

　　Oui，le matin <u>ils prennent toujours du pain et du beurre.</u>

4. Tu aimes les fruits?

　　Oui，après le repas <u>je prends toujours des fruits.</u>

5. Vous aimez le vin?

　　Oui，au déjeuner <u>nous prenons toujours du vin.</u>

6. Vous aimez la soupe?

　　Oui，le soir <u>nous prenons toujours de la soupe.</u>

7. Ils aiment la confiture?

　　Oui，le matin <u>ils prennent toujours de la confiture.</u>

8. Elle aime les légumes?

　　Oui，à chaque repas <u>elle prend des légumes.</u>

V. 用代词 en 回答问题

1. Y a-t-il des chaises dans le bureau?

　　Oui，<u>il y en a.</u>

2. Les Martel ont-ils beaucoup de valises?

   Oui, ils en ont beaucoup.

3. Voulez-vous acheter des légumes?

   Non, nous ne voulons pas en acheter.

4. Prenez-vous du café?

   Oui, j'en prends.

5. Avez-vous du l'argent?

   Non, je n'en ai pas.

6. A-t-il posé des questions?

   Non, il n'en a pas posé.

7. Avez-vous besoin de ce dictionnaire?

   Oui, nous en avons besoin.

8. Votre fille a-t-elle envie de cette robe?

   Oui, elle en a envie.

9. Ont-ils parlé de leurs problèmes?

   Non, ils n'en ont pas parlé.

10. Sont-ils revenus du Canada?

    Oui, ils en sont revenus.

VI. 回答问题并用合适的代词代替划线的词

1. Peux-tu donner de la soupe à Jacques?

   Oui, je peux lui en donner.

2. Pouvez-vous me donner un peu de café?

   Oui, je peux vous en donner.

3. As-tu envoyé des photos à tes amis?

   Non, je ne leur en ai pas envoyé.

4. Pouvez-vous raconter des histoires à ces enfants?

   Oui, nous pouvons leur en raconter.

5. Avez-vous montré des documents au directeur?

   Non, je ne lui en ai pas montré.

6. Pouvez-vous nous parler un peu de ce monument?

Oui，je peux vous en parler.

VII. 用 avoir envie de 回答问题

Ex：Veux-tu aller au cinéma?

Oui，j'ai envie d'y aller.

1. Veut-il aller au théâtre?

Oui，il a envie d'y aller.

2. Voulez-vous aller au restaurant?

Oui，nous avons envie d'y aller.

3. Veulent-ils aller au concert?

Oui，ils ont envie d'y aller.

4. Veut-elle aller au marché?

Oui，elle a envie d'y aller.

5. Veux-tu aller au magasin avec moi?

Oui，j'ai envie d'y aller avec toi.

6. Voulez-vous aller au café ce soir?

Oui，nous avons envie d'y aller.

VIII. 根据例句转换句子

Ex：Qu'est-ce que vous avez fait aujourd'hui?

Dites-moi ce que vous avez fait aujourd'hui.

1. Qu'est-ce qu'il a fait aujourd'hui?

Dis-moi ce qu'il a fait aujourd'hui.

2. Qu'est-ce que vous lisez en ce moment?

Dites-moi ce que vous lisez en ce moment.

3. Qu'est-ce qu'ils ont vu comme film?

Dites-moi ce qu'ils ont vu comme film.

4. Qu'est-ce que vous avez dit à Paul?

Dites-moi ce que vous avez dit à Paul.

5. Qu'est-ce qu'elle a trouvé?

Dites-moi ce qu'elle a trouvé.

6. Qu'est-ce que tu as mis sur la table?

Dis-moi ce que tu as mis sur la table.

IX. 改正下列句子中的错误

1. Comment vas-tu? Je ne te ai pas vu depuis longtemps.

   (句中 te ai 应使用省音形式 t'ai；正确句子为：Je ne t'ai pas vu depuis longtemps。)

2. Est-ce que Paul et Marie sont déjà Parti?

   (过去分词要配合，parti 应用 partis)

3. Philippe et Jacques sont à Paris. Je les ai rencontré hier.

   (因直接宾语在前，过去分词 rencontré 应配合，用 recnontrés 的形式)

4. Sophie est rentré très tard hier soir.

   (Sophie 是女性名字，rentré 应配合，词尾加 e；正确句子为：Sophie est rentrée très tard hier soir。)

5. Il aime le fromage. Il le prend chaque jour.

   (framage 是不可数名词，句中代词 le 应使用 en；参见本课语法部分)

6. Voulez-vous boire le vin?

   (le 应改用部分冠词 du 的形式，因为在这里 vin 是具体名词)

7. Pascal aime beaucoup les timbres. Pouvez-vous en lui donner?

   (en lui 的位置应颠倒，正确句子为：Pouvez-vous lui en donner?)

8. J'aime la confiture. Donne-m'en un peu de confiture.

   (En 在句中代替 de confiture，应取消 de confiture；正确句子为：J'aime la confiture. Donnez-m'en un peu。)

X. 中译法

1. — 您喝一杯茶吗？

   — 不，谢谢，我晚上不喝茶。

   — Voulez-vous du thé (une tasse de thé)?

   — Non, merci, je ne prends pas de thé le soir.

2. — 您喝葡萄酒还是喝啤酒？

   — 我从来不喝葡萄酒，请给我来一点儿啤酒。

   — Voulez-vous du vin ou de la bière?

   — Je ne prends jamais de vin, donnez-moi un peu de bière, s'il vous plaît.

3. — 您早晨喝咖啡吗?

— 是的,我喝咖啡,我非常喜欢咖啡。

— <u>Vous prenez du café le matin?</u>

— <u>Oui, je prends du café, j'aime beaucoup le café.</u>

4. — 您晚上有时间看书吗?

— 没有时间,我要干家务活儿。

— <u>Avez-vous le temps de lire le soir?</u>

— <u>Non, je n'ai pas de temps, je dois faire le ménage.</u>

5. — 这个星期天您想和我们一起去乡下玩儿吗?

— 不,我不想去。

— <u>Voulez-vous aller à la campagne avec nous ce dimanche (或: dimanche prochain)?</u>

— <u>Non, je ne veux pas y aller.</u>

XI. 将下面的阅读材料译成汉语

法国的饮食

法国菜肴举世闻名。有时候,人们说法餐太复杂。其实,上好的菜肴十分简单。主要问题是要选择好,因为并非所有的餐馆都是好餐馆。

怎样选择呢?请向你的法国朋友垂询:一般说,他们知道好餐馆的地址。

有人说法餐很贵。请注意:最贵的餐馆不一定是最好的! 给您一个忠告:不要去那些游客云集的餐馆,最好是去那些只有法国人光顾的餐馆。

一份特色菜的菜单摆在你面前。吃什么呢? 还是问问老板,或服务员也行:他可以帮助你。或者,选择"当日特菜",通常它是厨师长的拿手菜。

莫里埃笔下的一个剧中人物曾说过:"吃饭是为了活着,活着不是为了吃饭"。但在巴黎,生活的艺术就是从吃饭的艺术开始的。

第 24 课

课文参考译文
一件趣事

杜朗先生有空的时候喜欢去散步,而且总是带着他的狗亚佐儿一起出门。

　　这一天是星期天上午,杜朗先生九点左右离开家门。天气晴朗,阳光明媚。鸟儿在树上鸣叫。杜朗先生和亚佐儿都很高兴,他们在树林里走了两个小时。

　　突然,开始下雨了。杜朗先生和他的朋友发愁了。因为没有雨伞,他们都被淋湿了。他们很冷,怎么办呢?

　　幸巧,杜朗先生看见一辆汽车开了过来。他招手示意。驾车的女士停了下来,并打开车门。狗第一个跳上车。杜朗先生想跟着狗一起上车。那位女士说:"对不起,车子太小了,我只能捎上您的狗。""可是,太太,您后面还有地方啊。""抱歉,这些地方是留给动物的。如果您愿意,可以到行李箱里去(坐)。"

　　杜朗先生很恼怒,他弄不明白是怎么回事。但由于离家很远,杜朗先生只好同意待在行李箱里旅行。突然,他在车门上看见了 S. P. A. 几个字母,他明白了:动物保护协会! 对这位女士来说,动物比人还重要。

I. 根据课文内容回答问题

1. Qu'est-ce que M. Durand aimait faire quand il avait du temps?

   Il aimait aller se promener quand il avait du temps.

2. Sortait-il seul?

   Non, il ne sortait pas seul, il sortait toujours avec son chien Azor.

3. A quelle heure M. Durand a-t-il quitté la maison ce jour-là?

   Ce jour-là il a quitté la maison vers neuf heures.

4. Est-ce qu'il faisait beau?

   Oui, il faisait très beau.

5. Combien de temps ont-ils marché?

   Ils ont marché pendant deux heures dans un bois.

6. Pourquoi M. Durand et son chien étaient-ils mouillés?

   Il pleuvait. M. Durand n'avait pas de parapluie et ils étaient mouillés tous les deux.

7. Qu'est-ce que M. Durand a vu plus tard?

   Il a vu une voiture qui arrivait.

8. Qui a sauté le premier dans la voiture?

   Azor a sauté le premier dans la voiture.

9. Et M. Durand, a-t-il réussi à monter dans la voiture?

Non，il n'a pas pu monter dans la voiture.

10. Pourquoi la dame ne voulait pas prendre M. Durand dans sa voiture?

La dame a dit que les places étaient réservées aux animaux et qu'elle ne pouvait pas prendre M. Durand.

11. Que voit M. Durand sur la portière?

Il a vu les lettres S. P. A. , Société Protectrice des Animaux.

12. Est-ce une histoire drôle?

Oui，l'histoire est drôle.

II. 一般性问题(略)

III. 改换为未完成过去时

1. Autrefois，il y avait très peu de voitures dans la rue.

2. A cette époque, il était vendeur et il travaillait dans un magasin près de chez moi.

3. Autrefois，nous nous levions toujours très tôt.

4. Autrefois，nous n'avions pas la télévision et nous bavardions beaucoup.

5. Beaucoup de gens ne trouvaient pas de travail et leur vie était très dure.

6. Quand il était enfant，il habitait avec ses grand-parents à la campagne.

IV. 把下列动词变成未完成过去时

écrire：j'écrivais   nous écrivions

sortir：tu sortais   vous sortiez

parler：nous parlions   ils parlaient

finir：je finissais   vous finissiez

mettre：il mettait   nous mettions

V. 填上未完成过去时或复合过去时

1. Hier，je regardais la télévision quand Paul est arrivé.

2. Quand il lui a téléphoné，il était dix heures.

3. M. Dupont a mis son manteau, car il faisait froid.

4. Hier，je suis entré dans un grand magasin, mais je suis sorti tout de suite, parce qu'il y avait trop de monde.

5. Quand il est entré dans la classe, tout le monde était assis et écoutait un

enregistrement.

6. Hier，je suis sorti du bureau à cinq heures et j'ai rencontré mon ami Pascal. Nous avons pris un café ensemble et il m'a raconté son voyage.

7. Hier，quand je suis sorti du bureau，il pleuvait. Je suis entré dans un café et mon ami Pascal était là.

8. C'était un très beau dimanche，le soleil brillait et il n'y avait pas de vent.

VI. 用所给的词造句并注意副词的位置

1. voyager/il/partout

    Il voyage partout.

2. se lever/je/en été/tôt

    Je me lève tôt en été.

3. ne pas/avoir/des cours/nous/aujourd'hui

    Nous n'avons pas de cours aujourd'hui.

4. toujours/être/en retard/tu

    Tu es toujours en retard.

5. français/je/parler/seulement

    Je parle sulement français.

6. il/ne pas/a emmené/Azor/son chien/heureusement

    Heureusement il n'a pas emmené son chien Azor.

7. vous/être/que/sympathique/!

    Que vous êtes sympathique!

8. être/ils/beaux/que/!

    Qu'ils sont beaux!

9. déjà/nous/notre travail/avons fini

    Nous avons déjà fini notre travail.

10. aller/bientôt/elle/arriver

    Elle va bientôt arriver.

VII. 将括号内的动词换成合适的时态

Texte 1

Hier，je suis allé avec mon ami à la librairie. Nous voulions acheter des livres. Nous y sommes restés une heure, car il y avait beaucoup de nouveaux livres intéressants. Mon ami a choisi quatre livres pour ses enfants et moi, j'ai trouvé un roman pour ma fille.

Texte 2

La semaine dernière, c'était la fête du printemps. Je suis allé à Tianjin chez mon oncle. Il faisait beau, mais assez froid et il y avait beaucoup de vent. Le repas était copieux. Après le dîner, j'ai fait une grande promenade dans la rue, mais je n'ai pas pu aller au Parc sur l'Eau, car c'était trop loin. Quand je suis revenu à la maison, tout le monde était là: les uns écoutaient des disques, les autres dansaient. C'était vraiment une fête!

VIII. 用介词填空

1. Je vous prie de rester dans la classe.

2. Est-ce qu'ils ont le temps de voyager un peu?

3. Pascal est monté le premier dans le train.

4. Ils ont besoin de ce dictionnaire. Ne le prends pas.

5. Le directeur demande à Jacques d'être à l'heure.

6. Vous n'avez rien à faire aujourd'hui?

IX. 翻译句子

1. 由于偷懒,保尔没有通过这次考试。

   Comme il était paresseux, Paul n'a pas réussi à cet examen.

2. 这些座位是为孩子们准备的,请您别坐在那儿。

   Ces places sont réservées aux enfants, nous vous prions de ne pas vous asseoir là.

3. 我了解农村,因为我曾在乡下住过两年。

   Je connais la campagne, parce que j'y ai habité pendant deux ans.

4. (那时候)马丁先生有空儿时,喜欢与妻子和孩子们聊天。

   (A cette époque) quand M. Martin avait du temps, il aimait bavarder avec sa femme et ses enfants.

5. 他的朋友敲门时,他正在听录音。

   Quand son ami a frappé à la porte, il était en train d'écouter un enregistrement.

6. 对我来说，时间比任何东西都重要。

Pour moi，le temps passe avant tout autre chose.

7. 老师走进教室时，学生们正在唱歌。

Quand le professeur est entré dans la classe，les étudiants étaient en train

de chanter.

8. 开车的人见我招手，便把车停下了。

Quand le conducteur a vu que je faisais signe，il s'est arrêté.

X. 将下面的阅读材料译成汉语

地铁和公共汽车

巴黎的公共交通系统很发达，许多巴黎人都乐于乘坐公共交通工具，而不自己驾车。

巴黎地铁正在逐步现代化。车厢清洁，噪音低。但巴黎的地铁比纽约的要慢一些，因为它们每站都停。

在地铁站的所有走廊里都有线路图，因此乘客很容易找到去卢浮宫、协和广场，或火车东站的路线。而且，这些线路图一般都由灯光显示，只需按一下键钮，就能一目了然。

阶段复习

(19 课—24 课)

I. 根据例句回答问题

Ex：Avez-vous fini votre travail?

Oui，j'ai déjà fini mon travail.

Oui，je l'ai déjà fini.

Non，je n'ai pas encore fini mon travail.

Non，je ne l'ai pas encore fini.

1. Ont-ils fini leur travail?

Oui，ils ont déjà fini leur travail.

Oui，ils l'ont déjà fini.

Non，ils n'ont pas encore fini leur travail.

Non，ils ne l'ont pas encore fini.

2. As-tu fini tes devoirs?

Oui，j'ai déjà fini mes devoirs.

Oui，je les ai déjà finis.

Non，je n'ai pas encore fini mes devoirs.

Non，je ne les ai pas encore finis.

3. Avez-vous fait vos valises?

Oui，nous avons déjà fait nos valises.

Oui，nous les avons déjà faites.

Non，nous n'avons pas encore fait nos valises.

Non，nous ne les avons pas encore faites.

4. Les enfants ont-ils fait leur chambre?

Oui，ils ont déjà fait leur chambre.

Oui，ils l'ont déjà faite.

Non，ils n'ont pas encore fait leur chambre.

Non，ils ne l'ont pas encore faite.

5. Avez-vous reçu mes lettres?

Oui，j'ai déjà reçu vos lettres.

Oui，je les ai déjà reçues.

Non，je n'ai pas encore reçu vos lettres.

Non，je ne les ai pas encore reçues.

6. Les passagers ont-ils montré leurs passeports?

Oui，ils ont déjà montré leurs passeports.

Oui，ils les ont déjà montrés.

Non，ils n'ont pas encore montré leurs passeports.

Non，ils ne les ont pas encore montrés.

7. Avez-vous retrouvé votre voiture?

Oui，j'ai déjà retrouvé ma voiture.

Oui，je l'ai déjà retrouvée.

Non，je n'ai pas encore retrouvé ma voiture.

Non，je ne l'ai pas encore retrouvée.

8. Sont-ils allés chercher leurs enfants?

Oui，ils sont déjà allés chercher leurs enfants.

Oui，ils sont déjà allés les chercher.

Non，ils ne sont pas encore allés chercher leurs enfants.

Non，ils ne sont pas encore allés les chercher.

II. 译成汉语

1. Qui êtes-vous?　　　　　　　您是谁?

2. Qui regardez-vous?　　　　　您在看谁?

3. A qui parlez-vous?　　　　　您在跟谁说话?

4. De qui parlez-vous?　　　　　你们在谈论谁?

5. Avec qui êtes-vous venu?　　你们跟谁一起来的?

6. A quoi pensez-vous?　　　　您在想什么?

7. De quoi ont-ils parlé?　　　他们谈了些什么?

8. Que faites-vous?　　　　　　你们做什么?

9. Que regardez-vous?　　　　你们在看什么?

10. Que voulez-vous?　　　　　你们要什么?

11. Quel travail faites-vous?　你们做什么工作?

12. De quoi ont-ils besoin?　　他们需要什么?

III. 用合适的冠词填空

1. Le matin, je bois toujours du café.

2. Non, pas de vin, je voudrais de l'eau minérale.

3. Est-ce qu'il y a de la soupe au dîner?

4. Ne conduisez pas trop vite, il y a de la neige sur la route.

5. Le champagne est un vin très connu dans le monde.

6. Les fruits sont chers cette année.

7. On doit manger des légumes tous les jours.

8. C'était un repas copieux：on a mangé de la salade, de la viande, du poisson, des œufs, du fromage, et du dessert délicieux；on a bu du vin

rouge，du vin blanc et de la bière.

9. Aujourd'hui, Lina est allée au supermarché. Elle a acheté du pain，du lait，du beurre，de l'eau minérale，des légumes，des fruits，et des gâteaux. Elle n'a pas acheté de viande，car elle ne l'aime pas.

IV. 把动词变为复合过去时或未完成过去时

1. Quand il était à la campagne，il aimait aller se promener.

2. Ce jour-là, il faisait mauvais：il neigeait et le vent était très fort.

3. Marie écrivait une lettre quand sa mère est rentrée.

4. D'habitude，il arrivait à l'heure，mais ce jour-là il n'est pas arrivé à l'heure.

5. Il pleuvait quand je suis sorti.

6. Elle avait seize ans quand elle est entrée à l'université.

V. 选择正确答案

1. Les Français ne prennent pas de fruits le matin. （B）

2. N'aimez-vous pas le café?

   Non，je ne l'aime pas. （A）

3. Il fumait beaucoup. Mais maintenant il ne fume plus. （C）

4. Voulez-vous des pommes?

   Oui，donnez-m'en trois，s'il vous plaît. （C）

5. Il y a beaucoup d'étudiants étrangers dans cet institut. （C）

6. Avez-vous vu Marie et Nathalie?

   Non，je ne les ai pas vues. （C）

7. Avez-vous parlé de ce problème à Jacques?

   Oui，je lui en ai parlé. （A）

8. Ont-elles invité leurs amies au restaurant?

   Non，elles ne les ont pas invitées. （A）

9. Elles sont très contentes de revoir leurs camarades. （B）

10. Avez-vous encore besoin de cette voiture?

    Non，je n'en ai plus besoin. （A）

VI. 阅读下文并把动词变为过去时态

C'était un lundi matin. Il était huit heures et il pleuvait. Les gens attendaient l'autobus 104 et ils avaient l'air triste.

Tout à coup, l'autobus est arrivé. Les gens sont montés précipitamment et ils étaient très serrés. Quand l'autobus allait partir, une jeune fille a voulu monter. Elle portait un violoncelle.《Faisons un peu de place!》a dit un jeune homme. Puis il s'est retourné vers la jeune fille et son violoncelle:《Mais enfin, Mademoiselle, pourquoi n'apprenez-vous pas l'harmonica?》《Il n'y en a pas au club, Monsieur.》a-t-elle répondu avec un sourire. Et tout le monde s'est mis à rire avec elle. On a oublié la tristesse du lundi matin.

VII. 把下列短语译成汉语

1. remplir une fiche　　　　　　填写一张表格
2. êre ravi de　　　　　　　　　很高兴…
3. resssemble à *qn*　　　　　　像某人
4. sonner à la porte　　　　　　按门铃
5. *qch.* fait plaisir à *qn*　　　让某人欢喜
6. ne penser qu'à+ *inf*.　　　只想做…
7. être réservé à　　　　　　　保留给…
8. avoir rendez-vous avec *qn*　与某人有约会

VIII. 把下列句子译成法语

1. —您喝咖啡，对吗？

   —是的，请给我一点儿咖啡。

   —Voulez-vous du café, n'est-ce pas?

   —Oui, donnez-m'en un peu.

2. —他是什么时候带孩子去学校的？

   —半小时以前。

   —Quand a-t-il emmené son enfant à l'école?

   —Il y a une demi-heure.

3. —您没有给玛丽打电话吗？

   —打过，但没有人接。

—Vous n'avez pas appelé Marie?

—Si, mais il n'y avait personne.

4. —她把什么东西忘在旅馆里了?

—她把雨伞忘在旅馆了。

—Qu'est-ce qu'elle a oublié à l'hôtel?

—Elle a oublié son parapluie à l'hôtel.

5. —您把新同学介绍给大家了吗?

—介绍过了。

—Avez-vous déjà présenté vos nouveaux camarades à tout le monde?

—Oui, je les ai déjà présentés.

6. —您拜访过这位女演员了吗?

—还没有,我明天去拜访她。

—Avez-vous déjà rendu visite à cette actrice?

—Pas encore, je vais lui rendre visite demain.

7. 电话铃响时,他正在睡觉。

Quand le téléphone a sonné, il était en train de dormir.

8. 那一年,他 16 岁,他和父亲在一家工厂做工。

Cette année-là, il avait seize ans, il travaillait avec son père dans une usine.

9. 已经 9 点了,玛丽还没有回来。她的父母既担心又气愤。

Il était déjà neuf heures, Marie n'est pas encore revenue. Ses parents étaient inquiets et furieux.

10. 那时候,他的法语讲得不好,因此没有被接受做驻外记者。

A cette époque, comme il ne parlait pas très bien français, il n'a pas accepté d'être envoyé à l'étranger comme journaliste.

11. 他感到有些冷,于是走进一家咖啡馆,向老板要了一杯咖啡。

Il avait un peu froid, il est alors entré dans un café et a demandé un café au patron.

12. 天开始下雨了,但鸟儿仍在树上鸣叫。

La pluie s'est mise à tomber, mais les oiseaux chantaient encore dans les arbres.

第 25 课

课文参考译文
大型超市

自上世纪八十年代以来,超级市场的生意越做越兴隆。因为人口增长很快,生活(方式)有所改变,商业(部门)应该重视这一现象。

市中心常常因交通拥挤而堵塞:街道狭窄,人们不容易找到停车的地方。许多人因而更喜欢超级市场。这些市场往往地处市郊,并为顾客备有停车场。

此外,在 25 岁至 55 岁的妇女中,60％的妇女有工作,因而她们采购物品的时间不多。然而,在超级市场里什么都可以买到,而且很快。在货架上,大多数商品都已用塑料袋包装好。人们可以安心挑选。

总之,法国人的生活水平提高了。大多数家庭有车和电冰箱,因此,可以为很长一段时间采购食品。

不过,大型超市并不能替代小商贩:人们购物的时候总会忘记一些东西。而离您家很近的食品杂货商会帮助您。再说,您还可以不慌不忙地跟他聊聊天嘛。

I. 就课文内容回答问题

1. Depuis quand les grandes surfaces connaissent-elles un grand succès?

   Les grandes surfaces connaissent un grand succès depuis les années 80 du siècle dernier.

2. Pourquoi?

   Parce que la population a augmenté, la vie a changé et le commerce doit en tenir compte.

3. Est-ce qu'on circule facilement dans le centre des villes?

   Non, la circulation bloque souvent le centre des villes.

4. Pourquoi?

   Parce qu'au centre ville, les rues sont étroites et qu'on s'y gare difficilement.

5. Où se situent les grandes surfaces en général?

En général elles se situent en dehors des villes.

6. On s'y gare facilement?

Oui, les grandes surfaces prévoient des parkings pour leurs clients.

7. Combien de femmes travaillent-elles d'après le texte?

60％ des femmes de 25 à 55 ans travaillent.

8. Qu'est-ce qu'on peut acheter dans les grandes surfaces?

On y trouve tout.

9. Pourquoi peut-on faire des provisions pour une longue durée?

Parce que le niveau de vie des Français a augmenté et la plupart des familles possèdent une voiture et un réfrigérateur.

10. Est-ce que les supermarchés peuvent-ils remplacer les petits commerçants?

Non, parce qu'on oublie toujours quelque chose quand on fait des achats
et qu'on peut faire les courses chez les petits commerçants du quartier.

II. 一般性问题(略)

III. 动词变位

infinitif	présent	passé composé	imparfait
mettre	je mets	il a mis	elle mettait
prévoir	tu prévois	tu as prévu	je prévoyais
choisir	je choisis	j'ai choisi	nous choisissions
posséder	je possède	nous avons possédé	ils possédaient
se presser	je me presse	tu t'es pressé	vous vous pressiez

IV. 参照例句改变句子

Ex：Pascal a beaucoup d'amis; il est gentil.

Pascal, qui est gentil, a beaucoup d'amis.

1. Jacques a acheté beaucoup de livres; il aime lire.

Jacques, qui aime lire, a acheté beaucoup de livres.

2. M. Dupont cherche un appartement; il est à l'hôtel.

M. Dupont, qui est à l'hôtel, cherche un appartement.

3. Ses amis retournent tous les ans à Rome; ils sont italiens.

   Ses amis, qui sont italiens, retournent tous les ans à Rome.

4. Marie aime regarder la télévision; elle ne va pas au cinéma.

   Marie, qui aime regarder la télévision, ne va pas au cinéma.

5. Mon frère ne va pas à l'école aujourd'hui; il est malade.

   Mon frère, qui est malade, ne va pas à l'école aujourd'hui.

6. Pascal a des photos de tous les pays; il voyage souvent.

   Pascal, qui voyage souvent, a des photos de tous les pays.

V. 回答问题

1. Est-ce que Marie est plus grande que Sophie?

   Oui, elle est plus grande que Sophie.

2. Est-ce que René est aussi intelligent que Pascal?

   Non, René est moins intelligent que Pascal.

3. Est-ce que vous êtes moins grand que votre frère?

   Non, je suis plus grand que mon frère.

4. Est-ce que la leçon 7 est moins difficile que la leçon 6?

   Oui, la leçon 7 est moins difficile que la leçon 6.

5. Est-ce qu'il y a plus de voitures en ville qu'à la campagne?

   Oui, il y a plus de voitures en ville qu'à la campagne.

6. Est-ce que vous travaillez autant que moi?

   Oui, je travaille autant que vous.

7. Est-ce que Pascal parle mieux chinois qu'autrefois?

   Oui, il parle mieux chinois qu'autrefois.

8. Est-ce qu'on voyage plus qu'autrefois?

   Oui, on voyage plus qu'autrefois.

VI. 参照例句造句

Ex: l'avion/aller/vite/le train

   L'avion va plus vite que le train.

   Le train va moins vite que l'avion.

1. la voiture/rouler/vite/le vélo

<u>La voiture roule plus vite que le vélo.</u>

<u>Le vélo roule moins vite que la voiture.</u>

2. le Canada/être/grand/la France

<u>Le Canada est plus grand que la France.</u>

<u>Le France est moins grande que le Canada.</u>

3. le dîner/être/copieux/le petit déjeuner

<u>Le dîner est plus copieux que le petit déjeuner.</u>

<u>Le petit déjeuner est moins copieux que le dîner.</u>

4. Marie/parler/vite/Paul

<u>Marie parle plus vite que Paul.</u>

<u>Paul parle moins vite que Marie.</u>

VII. 改正下列句子中的错误

1. Il écrit <u>plus bien</u> que ses camarades.

（plus bien 是错误用法，应使用 mieux 代替）

2. Elle est plus <u>intelligent</u> que lui.

（形容词 intelligent 要与主语配合，词尾加 e，即 intelligente）

3. Il fait <u>chaud</u> en automne qu'en hiver.

（这是一个比较级句子，形容词 chaud 前要加比较成分 plus 或 moins）

4. Ces maisons sont plus <u>ancien</u> que ces immeubles.

（形容词 ancien 要与主语配合，词尾加 nes，即 anciennes）

5. La vie était plus <u>dur</u> auparavant.

（形容词 dur 要与主语配合，词尾加 e，即 dure）

6. J'ai <u>moins</u> cours que lui.

（本句应使用句型 moins de＋名词，即：J'ai moins de cours que lui.）

VIII. 用下列比较词组填空

plus, moins, peu de, autant de, de plus en plus, mieux

Depuis les années 70, on vend <u>de plus en plus</u> de petites voitures. En effet, les petites voitures consomment <u>peu d</u>'essence; l'assurance coûte <u>moins</u> cher; elles permettent aussi de <u>mieux</u> circuler en ville et de se garer <u>plus</u> facilement. Sur la route, la vitesse est limitée, elles rendent donc <u>au-</u>

tant de services que les grandes voitures.

IX. 把下列句子译成法语

1. 我们学校今年要为 500 名新生准备电脑。

   Notre école doit prévoir des ordinateurs pour 500 nouveaux étudiants.

2. 中国人民的生活水平有了很大提高。

   Le niveau de vie du peuple chinois a beaucoup augmenté.

3. 在中国,现在许多家庭都有电冰箱,因此可以买好一星期的食物。

   En Chine, beaucoup de familles ont un réfrigérateur, on peut faire des provisions pour une semaine.

4. 由于这里街道狭窄,交通经常堵塞。有时候人们步行比乘车还快。

   Comme les rues sont étroites ici, la circulation est souvent bloquée. Parfois on va plus vite à pied qu'en voiture.

5. 您认识那位穿红裙子的姑娘吗?

   Connaissez-vous la jeune fille qui est en robe rouge?

6. 这是我的同学李东,他在学习上给了我很多帮助。

   C'est mon camarade Li Dong, qui m'a beaucoup aidé dans mes études.

7. 我弟弟并不比你弟弟笨,但他光知道贪玩儿。

   Mon frère n'est pas moins intelligent que ton frère, mais il ne pense qu'à jouer.

8. 这家超级市场地处郊外,在那儿什么东西都能买到,而且价格比其他商店便宜。

   Dans ce supermarché (cette grande surface) situé en dehors de la ville, on trouve tout et tout est moins cher que dans les autres magasins.

第 26 课

课文参考译文
法国概况

法国的面积大约为 551 000 平方公里。比西班牙稍大一点,比阿富汗稍小一点。法国距离北极和赤道一样远,在北纬 51 度和 42 度之间。

法国是西欧的一个国家,它的主要邻国按从北到南的顺序是:英国、比利时、卢森堡、德国、瑞士、意大利和西班牙。它濒临北海、拉芒什海峡、大西洋和地中海。

法国境内有许多河流。最长的几条河是:卢瓦尔河、罗讷河、塞纳河和加龙河。

地形多种多样:平原、丘陵、河谷、山脉等等。最高的山脉是比利牛斯山和阿尔卑斯山。

法国最重要的三个城市是巴黎、马赛和里昂。

法国既是一个工业国也是一个农业国。法国的经济发达,是一个盛产小麦和葡萄酒的国家。也种植土豆、甜菜和烟叶。畜牧业在乡村生活中占据比较重要的地位。在工业领域,汽车工业和建筑业占主导地位。

I. 根据课文内容回答问题

1. Quelle est la superficie de la France?

   La superficie de la France est de 551 000 kilomètres carrés environ.

2. Est-ce qu'elle est plus grande que l'Afghanistan?

   Non, elle est un peu moins grande que l'Afghanistan.

3. Où se trouve la France?

   Elle se situe entre 51° et 42° de latitude Nord.

4. Quels sont ses principaux voisins?

   Ses principaux voisins sont: la Grande-Bretagne, la Belgique, le Luxembourg, l'Allemagne, la Suisse, l'Italie et l'Espagne.

5. Quelles sont les mers qui baignent la France?

   Elle est baignée par la Mer du Nord, la Manche, l'océan Atlantique et la Méditerranée.

6. Quels sont les fleuves les plus longs de la France?

   Les fleuves les plus longs sont: la Loire, la Seine et la Garonne.

7. Quelles sont les chaînes de montagnes les plus hautes?

   Elles sont les Alpes et les Pyrénées.

8. Quelles sont les villes principales de la France?

   Elles sont Paris, Marseille et Lyon.

9. La France est-elle un pays développé?

   Oui, la France est un pays développé.

10. Qu'est-ce qu'on cultive en France?

On y cultive le blé, la vigne（葡萄）, les pommes de terre, les betteraves et le tabac.

11. Quelles sont les industries les plus importantes en France?

Les industries les plus importantes sont l'automobile et la construction.

II. 一般性问题（略）

III. 根据例句转换下列句子

Ex：Cette maison est très grande. /village

C'est la plus grande maison du village.

1. Cet immeuble est très haut. /quartier

C'est le plus haut immeuble du quartier.

2. Cette rue est très large. /ville

C'est la rue la plus large de la ville.

3. L'île de Taiwan est grande. /Chine

C'est la plus grande île de la Chine.

4. La Loire est un long fleuve. /France

C'est le plus long fleuve de la France.

5. Paris est une grande ville. /France

C'est la plus grande ville de la France.

6. Le Pacifique est un grand océan. /monde

C'est le plus grand océan du monde.

7. Paul est très intelligent/toute la classe

C'est le plus intelligent de toute la classe.

8. La plaine du Nord-Est est vaste. /Chine

C'est la plaine la plus vaste de la Chine.

IV. 参照例句回答问题

Ex：Est-ce que Paul écrit bien?

Oui, il écrit le mieux.

1. Est-ce que Pascal court vite?

Oui, il court le plus vite.

2. Est-ce que Marie court moins vite?

   Oui，elle court le moins vite.

3. Est-ce que Nathalie chante bien?

   Oui，elle chante le mieux.

4. Est-ce que tu travailles beaucoup?

   Oui，je travaille le plus.

5. Est-ce que tu sors moins souvent?

   Oui，je sors le moins souvent.

V. 将下面的句子变成被动态

Ex：Marie ouvre la porte.

   La porte est ouverte par Marie.

1. Pierre invite Thomas.

   Thomas est invité par Pierre.

2. Pierre invite Thomas et Isabelle.

   Thomas et Isabelle sont invités par Pierre.

3. De nombreux cours d'eau parcourent la France.

   La France est parcourue par de nombreux cours d'eau.

4. Quatre mers baignent la Chine.

   La Chine est baignée par quatre mers.

5. Le professeur corrige les fautes.

   Les fautes sont corrigées par le professeur.

6. Les garagistes ont réparé la voiture.

   La voiture a été réparée par les garagistes.

7. Jacques a présenté Paul au directeur.

   Paul a été présenté par Jacques au directeur.

8. Tous les lecteurs aiment cet écrivain.

   Cet écrivain est aimé de tous les lecteurs.

9. Le directeur a reçu les ingénieurs et techniciens.

   Les ingénieurs et techniciens ont été reçus par le directeur.

10. René et Charles ont réservé ces places.

Ces places ont été réservées par René et Charles.

11. Thomas remplit cette fiche.

Cette fiche est remplie par Thomas.

12. La mère a réveillé ses enfants à six heures.

Les enfants ont été réveillés par la mère à six heures.

VI. 写出下列形容词的不同形式

阳性单数	阴性单数	阳性复数
principal	principale	principaux
rural	**rurale**	ruraux
occidental	occidentale	occidentaux
beau	**belle**	beaux
délicieux	délicieuse	**délicieux**
dernier	dernière	derniers

VII. 形容词配合

1. La première rue à gauche.

2. C'est une étudiante sérieuse.

3. Ce sont des leçons difficiles.

4. Il a eu une mauvaise note.

5. Il aime l'Histoire ancienne.

6. C'est une ville internationale.

VIII. 根据所给的成分造句

Ex：parcourir/des cours d'eau/la France/nombreux

De nombreux cours d'eau parcourent la France.

1. des fenêtres/avoir/cet immeuble/grandes

Cet immeuble a de grandes fenêtres.

2. des tableaux/il y a/beaux/sur le mur

Il y a de beaux tableaux sur le mur.

3. séparer/ces deux pays/des frontières/longues

De longues frontières séparent ces deux pays.

4. des gâteaux/manger（au passé composé)/ils/excellents

Ils ont mangé d'excellents gâteaux.

5. des problèmes/elles/nombreux/rencontrer

Elles rencontrent de nombreux problèmes.

6. trouver/des plaines/on/dans ce pays/vastes

On trouve de vastes plaines dans ce pays.

IX. 用 de，du，d'，des，au，à l'aux，à,填空

1. Il a écrit de bons articles sur la Chine.

2. Je n'ai pas d'amis à Shanghai.

3. Est-ce qu'il va à l'université chaque jour?

4. Est-ce que ce sont des documents importants?

5. Est-ce que je dois téléphoner au directeur de Jacques?

6. Je n'ai pas la clé du bureau.

7. Pouvez-vous envoyer ce cadeau à Madame Dupont?

8. Est-ce que le professeur va montrer ces photos aux étudiants?

X. 把动词换成复合过去时或未完成过去时

1. — Qu'est-ce que tu faisais quand ton frère est rentré?

— Moi，je travaillais dans ma chambre.

2. — Qu'est-ce qu'il faisait à ce moment-là?

— Il cherchait du travail，parce qu'il était au chômage.

3. — Quand tu as connu Philippe，il habitait à Paris，n'est-ce pas?

— Oui, il habitait à Paris. Nous nous sommes connus dans un café.

4. — Pendant combien de temps avez-vous travaillé dans cette entreprise?

— J'y ai travaillé pendant quatre ans，puis j'ai trouvé un autre travail qui

était mieux payé.

XI. 将下面的句子译成法语

1. 中国位于亚洲东部,是亚洲最大的国家。

La Chine se trouve dans l'est de l'Asie，c'est le plus grand pays de

l'Asie.

2. 中国的面积为 960 万平方公里，比加拿大略小一些。

La superficie de la Chine est de neuf millions six cent mille kilomètres carrés, elle est un peu plus petite que le Canada.

3. 中国主要的邻国有日本、朝鲜、蒙古、俄罗斯、印度等。

Les principaux voisins de la Chine sont：le Japon, la Corée, la Mongolie, la Russie et l'Inde.

4. 中国的东部濒临太平洋。

La Chine est baignée à l'Est par l'océan Pacifique.

5. 中国最大的三座城市是北京、上海、重庆。

Les trois villes les plus grandes de la Chine sont：Beijing (Pékin), Shanghai et Chongqing.

6. 三条大河横贯中国：长江、黄河、珠江。

Trois grands fleuves parcourent la Chine. Ils sont：le fleuve Yangtsé (le fleuve Bleu), le fleuve Jaune et la rivière des Perles.

7. 中国有高大的山脉，广阔的平原和丘陵。

Il y a de hautes montagnes, de vastes plaines et collines en Chine.

8. 喜马拉雅山是世界上最高的山脉。

L'Himalaya est la chaîne la plus haute du monde.

XII. 将下面的阅读材料译成汉语

法国的移民

四百多万移民生活并工作在法国。他们在法国的存在产生了一些问题并引起众多的非议。

有些法国人说移民抢了他们的工作，夺了他们的饭碗。他们希望这些移民返回自己的家园。

实际上，移民劳工过去和现在从事的都是法国人不愿意做的工作，因为这些工作非常艰苦而且报酬菲薄。比如在建筑业和冶金业，大约有 30% 至 40% 的移民劳工。对缺少劳动力的法国而言，这些人必不可少。

至于失业问题，要知道在金钱主宰一切的社会里，总是会有失业者的，因为老板需要他们以便更好地发财致富。

第 27 课

课文参考译文

巴 黎

巴黎是法国的首都,是该国政治、经济和文化的中心。对外国人和许多巴黎人来说,巴黎就是法国,他们不知道除巴黎以外的地方。

全世界的游客都被近两千年间汇聚起来的瑰宝吸引到巴黎来。巴黎的历史可以追溯到公元前二世纪,那时候一些渔民在西岱岛上定居。

巴黎是法国的中心,而西岱岛则是巴黎的中心。该岛在塞纳河中,位于巴黎的正中心。这是游人光顾最多的街区,因为西岱岛上有壮丽的历史古迹,并能在那儿观赏塞纳河的美好景色。任何时候都有人在塞纳河畔散步,并兴致勃勃地翻阅那些旧书商提供给好奇者购买的书籍。

建于十二世纪的巴黎圣母院高高地耸立在西岱岛上。巴黎司法宫位于西岱岛的另一端。在巴黎司法宫内矗立着圣礼拜堂。该教堂的彩绘玻璃是巴黎最古老、最精美的玻璃。

I. 就课文内容回答问题

1. Pourquoi les touristes viennent-ils à Paris?

   Parce que les touristes sont attirés par les trésors de Paris.

2. Quand les pêcheurs se sont-ils installés sur l'île de la Cité?

   Ils se sont installés sur l'île de la Cité au deuxième siècle avant Jésus-Christ.

3. Où se trouve l'île de la Cité?

   L'île de la Cité se trouve au milieu de la Seine, en plein centre de Paris.

4. Quel est le quartier le plus fréquenté de Paris?

   C'est l'île de la Cité qui est le quartier le plus fréquenté de Paris.

5. Quand voit-on des promeneurs sur les quais?

   On voit des promeneurs sur les quais du matin au soir.

6. Qui vend des livres d'occasion?

   Les bouquinistes vendent des livres d'occasion.

7. Quand est-ce qu'on a construit Notre Dame de Paris?

   Notre-Dame de Paris a été construite au douzième siècle.

8. Où se trouve la Sainte-Chapelle?

   La Sainte-Chapelle se trouve dans une cour du Palais de Justice.

II. 一般性问题(略)

III. 用关系代词 que 连接句子

Ex：Prenez le stylo. Il l'a mis sur la table.

     Prenez le stylo qu'il a mis sur la table.

1. Voilà le tableau. Je le trouve très beau.

   Voilà le tableau que je trouve très beau.

2. Voilà l'ascenseur. Elles le prennent tous les jours.

   Voilà l'ascenseur qu'elles prennent tous les jours.

3. Voilà l'acteur. Je l'ai vu à la télévision.

   Voilà l'acteur que j'ai vu à la télévision.

4. Montrez-moi la revue. Vous l'avez achetée hier.

   Montrez-moi la revue que vous avez achetée hier.

5. Voulez-vous lire cet article? Je l'ai écrit.

   Voulez vous lire l'article que j'ai écrit.

6. J'aime beaucoup cette histoire. Il nous l'a racontée hier.

   J'aime beaucoup l'histoire qu'il nous a racontée hier.

7. Le garçon a perdu le portable. Son père vient de lui offrir ce portable.

   Le garçon a perdu le portable que son père vient de lui offrir.

8. Achetez ce livre. Vous le voyez dans la vitrine.

   Achetez le livre que vous voyez dans la vitrine.

IV. 用关系代词 que 连接句子

Ex：Cette leçon est difficile. Les étudiants l'ont apprise hier.

     La leçon que les étudiants ont apprise hier est difficile.

1. Je leur ai montré des photos. Elles sont très belles.

   Les photos que je leur ai montrées sont très belles.

2. Ce livre n'est pas à moi. Vous l'avez lu la semaine dernière.

Le livre que vous avez lu la semaine dernière n'est pas à moi.

3. On vient de construire un immeuble près du fleuve. Cet immeuble est très grand.

L'immeuble qu'on vient de construire près du fleuve est très grand.

4. Vous avez posé des questions. Elles sont difficiles à répondre.

Les questions que vous avez posées sont difficiles à répondre.

5. Ils ont loué une chambre. Cette chambre est au 3e étage.

La chambre qu'ils ont louée est au 3e étage.

6. Nous voulons inviter des amis français. Ils sont venus de Marseille.

Les amis français que nous voulons inviter sont venus de Marseille.

7. Hier, j'ai rencontré un journaliste. Ce journaliste travaille à l'Agence Xin Hua.

Le journaliste que j'ai rencontré hier travaille à l'Agence Xin Hua.

8. Le professeur Li a reçu une lettre. Cette lettre a été envoyée par un de ses anciens élèves.

La lettre que le professeur Li a reçue a été envoyée par un des ses anciens élèves.

V. 用 qui 或 que 填空

1. Paul mange les gâeaux que sa mère vient d'acheter.

2. Nous parlons avec des amis qui sont arrivés avant-hier.

3. Voilà un livre qui raconte l'Histoire de France.

4. Les touristes que vous avez rencontrés dans la rue sont venus de France.

5. Voilà le livre que Pascal cherche depuis longtemps.

6. La maison que vous voyez par la fenêtre est à M. Dupont.

7. Le supermarché qui se trouve là-bas a été construit il y a deux ans.

8. Le monument que nous allons visiter se trouve au centre de la ville.

VI. 用关系副词 où 转换句子

Ex：Voilà l'Université de Beijing. j'ai appris le français à l'Université de Beijing.

Voilà l'Université de Beijing où j'ai appris le français.

1. Jacques a passé ses vacances à Nice. Son oncle habite à Nice.

   Jacques a passé ses vacances à Nice où habite son oncle.

2. J'aime la campagne. Le paysage est très beau à la campagne.

   J'aime la campagne où le paysage est très beau.

3. Voilà le Quartier latin. Beaucoup d'étudiants étrangers font leurs études dans ce quartier.

   Voilà le Quartier latin où beaucoup d'étudiants étrangers font leurs études.

4. Hier, je suis allé au magasin. Il y avait beaucoup de monde au magasin.

   Hier, je suis allé au magasin où il y avait beaucoup de monde.

5. Voilà la Colline Parfumée. Nous y avons fait une excursion la semaine dernière.

   Voilà la Colline Parfumée où nous avons fait une excursion la semaine dernière.

6. Voilà le Jardin de Luxembourg. M. Dupont s'y promène souvent.

   Voilà le Jardin de Luxembourg où M. Dupont se promène souvent.

VII. 用关系副词 où 转换句子

Ex：Ce quartier est très ancien. Ma famille y habite.

　　Le quartier où ma famille habite est très ancien.

1. Cette usine a beaucoup d'ingénieurs. Mon frère y travaille.

   L'usine où travaille mon frère a beaucoup d'ingénieurs.

2. Ce village a beaucoup changé. Je suis né dans ce village.

   Le village où je suis né a beaucoup changé.

3. Cet hôtel est un hôtel quatre étoiles. Ils sont descendus dans cet hôtel.

   L'hôtel où ils sont descendus est un hôtel quatre étoiles.

4. Cette rue est très calme. Il y a beaucoup d'écoles dans cette rue.

   La rue où il y a beaucoup d'écoles est très calme.

5. Ce supermarché a fait faillite. Je faisais souvent mes courses dans ce supermarché.

   Le supermarché où je faisais souvent mes courses a fait faillite.

6. Ce restaurant fait des plats délicieux. Je vais souvent à ce restaurant avec des amis.

Le restaurant où je vais souvent avec des amis fait des plats délicieux.

VIII. 改正下列句子中的错误

1. Cet immeuble est été construit en 1985.

（应用 a 代替 est）

2. Voilà la lettre que j'ai reçu il y a trois jours.

（reçu 应与 la lettre 配合，词尾加 e，即 reçue）

3. Paul qui n'aime pas faire du ski. （qui 是多余的词）

4. Il est en train de lire le livre que je lui ai prêté ce livre.

（ce livre 在句中已由关系代词 que 代替，在句中属重复）

5. C'est l'entreprise où mon père travaille dans cette entreprise.

（划线部分应删去）

6. Je n'ai pas beaucoup de timbres français. Je ne peux pas t'en donner des timbres français. （划线部分已由 en 代替，应删去）

7. Le grand magasin où se trouve au centre de la ville est le plus fréquenté de toute la ville.

（关系代词 où 使用不当，应使用关系代词 qui）

8. La dame qui vous voyez près de la fenêtre est notre professeur de français.

（关系代词 qui 使用不当，应使用关系代词 que）

IX. 把括号内的动词改为过去时态

Dans le centre de la ville, j'attendais l'autobus quand tout à coup une jeune femme que l'on voyait au bord du trottoir s'est mise à traverser la rue sans regarder ni à droite ni à gauche. Or une voiture est arrivée à ce moment-là et n'a pas eu le temps de freiner. La femme a été renversée sous les yeux horrifiés des passants qui attendaient le feu vert. Ils se sont précipités sur la jeune femme pour l'aider. Quelqu'un a téléphoné à la police qui, à son tour, a prévenu l'ambulance qui est arrivée dix minutes plus tard. La femme évanouie a été transportée à l'hôpital où un médecin l'a examinée et a déclaré qu'elle semblait n'avoir rien cassé. Tout le monde a poussé un soupir de soulagement.

X. 把下列句子译成法语

1. 北京是中华人民共和国的首都，它是全国政治和文化的中心。

 Beijing est la capitale de la République populaire de Chine, c'est le centre politique et culturel du pays.

2. 天安门是北京的中心，在天安门广场的中央矗立着人民英雄纪念碑。

 Tian An Men est le centre de Beijing, au centre de la place Tian An Men se dresse le monument aux Héros du peuple.

3. 您看到的那座建筑是人民大会堂，它建于 1958 年。

 Le monument que vous voyez est le Palais de l'Assemblée du Peuple, il a été construit en 1958.

4. 王府井是人们去得最多的大街，那儿有许多商店。

 Want Fu Jing où il y a beaucoup de magasins est la rue la plus fréquentée.

5. 每年有许多外国游客来北京。他们参观故宫、颐和园、天坛并到长城上去散步。

 Chaque année, beaucoup de touristes étrangers viennent à Beijing pour visiter le Palais Impérial, le Palais d'Eté, le Temple du Ciel et pour se promener sur la Grande Muraille.

6. 您将要去参观的工厂位于北京南部。

 L'usine que vous allez visiter se trouve dans le sud de Beijing.

7. 昨天我看的那本小说是巴金写的。

 Le roman que j'ai lu hier a été écrit par Ba Jin.

8. 莫尼克生于 1977 年。18 岁时，她到美国学习并在那里定居。

 Monique est née en 1977. A l'âge de 18 ans, elle est allée aux Etats-Unis pour faire ses études et s'y est installée.

XI. 将下面的阅读材料译成汉语

出租车司机

　　巴黎有很多出租车。每天，出租车从协和广场到埃菲尔铁塔，从香榭丽舍大街到蒙马特尔高地，从火车站到飞机场往来穿梭。

　　一般来说，出租车司机都很热情、健谈。当出租车载着您穿越巴黎的大街小巷时,历史便一幕幕展现在您面前,因为,每一条街,每一个广场,塞纳河或巴黎圣母院都在讲述着巴黎的历史、法国的历史。您的出租车司机会把他所知道的关于某座建筑物或某个广场的一切都告诉您。他们知道的事情真不少!

　　一般情况下,出租车司机应该走最近的路线,把您送到目的地;但在交通高峰时间,最好是绕一些路,避开交通堵塞。

　　当您来到旅馆时,出租车司机会帮您搬运行李并祝您好运。如果您对他的服务感到满意,那么下车之前不要忘记给他一点儿小费啊。

第 28 课

课文参考译文

外　省

巴黎就代表全法国吗? 十九世纪时是这样的,现在就不全是这样了。

　　法国有巴黎,但还有巴黎以外的地方。这个巴黎以外的地方叫做"外省";而外省的居民则叫做"外省人"。

　　直到第二次世界大战,人们往往认为外省的生活与首都的生活迥然不同。但是这种状态已有所改变:自上世纪五六十年代以来,宣传媒介的迅速发展使外省摆脱了与外界隔绝的状态。交通的发展(火车,高速公路,飞机)使人们能够在同一天里来往穿梭于法国各大城市。

　　在政治和经济方面,"地方分权"是人们关心的大事。一些大型工业企业在外省落户,外省拥有越来越重要的自主权。

　　文化活动也在外省开展起来。夏季,各地几乎都举办艺术活动:阿维尼翁、斯特拉斯堡、第戎…有人甚至说,现在最好的戏剧在外省。

　　您有机会来法国时,不要忘记外省:诚然,蔚蓝海岸是出类拔萃的,可是还有阿尔萨斯、布列塔尼、阿尔卑斯和中央高原嘛。为了了解法国和其迥异的风景,您应该各地都去看一看。

I. 根据课文内容回答问题

1. Que veut dire le mot《la province》?

La province veut dire le reste de la France, sauf Paris.

2. Pourquoi n'oppose-t-on plus la vie de Paris à celle de la province?

   Parce que la situation a changé: le développement des médias a tiré la province de son isolement et le progrès des transports permet des liaisons aller et retour dans la même journée entre Paris et la province.

3. Qu'est-ce qui est à l'ordre du jour d'après le texte?

   D'après le texte, la décentralisation est à l'ordre du jour.

4. Est-ce que la province a des pouvoirs autonomes?

   Oui, elle a de plus en plus de pouvoirs autonomes.

5. Quand les festivals ont-ils lieu?

   Les festivals ont lieu en été.

6. Où ont-ils lieu?

   Ils ont lieu à Avignon, à Strasbourg et à Dijon.

7. Où le meilleur théâtre se fait-il d'après le texte?

   D'après le texte, le meilleur théâtre se fait en province.

8. Quand on va en France, pourquoi faut-il aller voir la province?

   Parce qu'il faut voir la province pour connaître toute la France.

9. Où se trouve la Côte d'Azur?

   La Côte d'Azur se trouve dans le sud de la France, au bord de la Mer Méditerranée.

10. Et la Bretagne, où se trouve-t-elle?

    Elle est au nord-ouest de la France.

II. 一般性问题(略)

III. 用最近将来时填空

1. La semaine prochaine nous apprendrons la leçon 29.

2. Dimanche prochain, ils iront à la campagne.

3. Nous partirons dans trois jours.

4. Je préviens qu'il fera beau demain.

5. Aujourd'hui, je n'achète pas de légumes, mais j'en achèterai demain.

6. Ils ne sont pas sortis aujourd'hui, mais ils sortiront demain.

IV. 根据例句转换句子

Ex：Elle n'a pas de passeport, elle ne va pas à l'étranger.

Quand elle aura le passeport, elle ira à l'étranger.

1. Nous n'avons pas de temps, nous ne partons pas en vacances.

   Quand nous aurons le temps, nous partirons en vacances.

2. Ils n'ont pas d'appartement, ils n'invitent pas leurs amis.

   Quand ils auront l'appartement, ils inviteront leurs amis.

3. Il ne fait pas beau, nous ne faisons pas d'excursions.

   Quand il fera beau, nous ferons des excursions.

4. Ces ouvriers n'ont pas de voitures, ils ne vont pas en province.

   Quand ils auront des voitures, ils iront en province.

5. Je n'ai pas d'argent, je n'achète pas cet ordinateur.

   Quand j'aurai de l'argent, j'achèterai cet ordinateur.

6. Il ne neige pas, nous ne faisons pas de ski.

   Quand il neigera, nous ferons du ski.

V. 用简单将来时或先将来时填空

1. Quand il nous aura écrit, nous irons le voir.
2. Quand vous aurez acheté ces disques, vous pourrez me les prêter?
3. Quand il aura fini son travail, il se promènera dans un bois.
4. Quand ils auront mangé, ils partiront.
5. Quand il aura trouvé du travail, il s'installera à Paris.
6. Quand j'aurai reçu son fax, j'irai l'accueillir à l'aéroport.
7. Nous dînerons quand ils seront venus.
8. Je leur téléphonerai dès que vous serez parti.

VI. 填空

Ex：Voilà mon stylo. Où est _____ de Pascal?

Où est celui de Pascal?

1. Voilà mon crayon. Où est celui de Marie?
2. Voilà ma moto. Où est celle de Paul?
3. Voilà mes valises. Où sont celles de Sophie?

4. Voilà ta robe. Où est celle de Nicole?

5. Voilà nos journaux. Où sont ceux de Charles?

6. Voilà le bureau de Jacques. Où est celui de son directeur?

7. Voilà la chaise de Marie. Où est celle de René?

8. Voilà les cahiers de la classe A. Où sont ceux de la classe B?

VII. 参照例句回答问题

Ex：C'est ton stylo?

　　Oui，c'est mon stylo.

　　Non，c'est celui de Pascal.

1. C'est votre radio?

Non，c'est celle de Pascal.

2. C'est votre magnétophone?

Oui，c'est mon magnétophone.

3. Ce sont vos valises?

Oui，ce sont nos valises.

4. C'est votre sœur?

Non，c'est celle de Pascal.

5. Ce sont vos enfants?

Non，ce sont ceux de Pascal.

6. C'est ton école?

Non，c'est celle de Pascal.

VIII. 参照例句回答问题

Ex：Il a acheté la voiture qu'il a vue hier?

　　Oui，il a acheté celle qu'il a vue hier.

1. Est-ce qu'il a loué l'appartement qu'il a vu hier?

Oui，il a loué celui qu'il a vu hier.

2. Ont-ils pris le train qui part à 11 heures?

Oui，ils ont pris celui qui part à 11 heures.

3. Il cherche les cassettes qu'il vient d'acheter?

Oui，il cherche celles qu'il vient d'acheter.

4. Ils ont rendu les livres qu'ils ont empruntés la semaine dernière?

   Oui，ils ont rendu ceux qu'ils ont empruntés la semaine dernière.

5. Ils vont voir le film qu'on leur a raconté hier?

   Oui, ils vont voir celui qu'on leur a raconté hier.

6. Voulez-vous lire le roman que j'ai acheté hier?

   Oui，je veux lire celui que vous avez acheté hier.

IX. 参照例句重新组句

Ex：Voilà mes deux meilleurs amis：l'un travaillè dans une université, l'autre travaille dans un hôtel.

Voilà mes deux meilleurs amis：celui-ci travaille dans une université, celui-là travaille dans un hôtel.

1. Paul et René ont fait des achats：l'un a acheté une moto，l'autre a acheté un vélo.

   Paul et René ont fait des achats：celui-ci a acheté une moto, celui-là a acheté un vélo.

2. Regardez ces deux étudiants：l'un est venu de Shanghai, l'autre est venu de Tianjin.

   Regardez ces deux étudiants：celui-ci vient de Shanghai, celui-là vient de Tianjin.

3. Tous mes camarades travaillent：les un lisent le texte，les autres font des exercices.

   Tous mes camarades travaillent：ceux-ci lisent le texte, ceux-là font des exercices.

4. Ma tante m'a offert deux robes：l'une est rouge，l'autre est verte.

   Ma tante m'a offert deux robes：celle-ci est rouge，celle-là est verte.

5. Regardez ces tableaux：les uns sont faits par Monet，les autres sont faits par Renoir.

   Regardez ces tableaux：ceux-ci sont faits par Monet，ceux-là sont faits par Renoir.

6. J'ai acheté deux stylos：l'un est de 3 euros，l'autre est de 5 euros.

   J'ai acheté deux stylos：celui-ci est de 3 euros，celui-là est de 5 euros.

X. 用 ce, cela, ce qui, ce que 填空

1. C'est un grand hôtel.

2. Cela est très important.

3. Je ne sais pas ce qu'il a fait hier.

4. Voilà ce qu'il a dit sur ce problème.

5. Nous avons visité tout le quartier，c'éait très intéressant.

6. Les enfants ne sont pas rentrés，cela m'inquiète.

7. Je ne sais pas ce qui intéresse Pascal.

8. Dites-moi ce que vous cherchez.

XI. 把下列句子译成法语

1. 近年来我们这个地区发展很快,建立起许多大型工厂。

   Ces dernières années，notre région a connu un grand développement，beaucoup de grandes usines s'y sont installées.

2. 现在厂长拥有越来越多的自主权。

   Les directeurs d'usine disposent de plus en plus de pouvoirs autonomes.

3. 你收到他的信后会马上去他家吗?

   Tu iras tout de suite chez lui quand tu auras reçu sa lettre?

4. 您刚才讲的话很有意思。

   Ce que vous venez de dire est très intéressant.

5. 您到达巴黎后请给我发一份电子邮件。

   Je vous prie de m'envoyer un e-mail dès que vous serez arrivé à Paris.

6. 这段录音是您上星期听的那一段吗?

   Cet enregistrement est-il celui que vous avez écouté la semaine dernière?

7. 如果您想到中国去旅行,别忘了去南方的省份看看。那里的风景与北方不同,气候比北方好。

   Si vous voulez faire un voyage en Chine, n'oubliez pas d'aller dans les provinces du Sud de la Chine, où les paysages sont différents de ceux du nord et le climat est meilleur que le Nord.

XII. 将下面的阅读材料译成汉语

普罗旺斯——美丽的地方

普罗旺斯地处法国东南部,(那里的)山脉一直延伸到蓝色海岸的沙滩上。古老的村庄坐落在高山之巅。

普罗旺斯是一个色彩斑斓的地区。大海和天空蔚蓝如洗,起伏的田野翠绿一片。人们在那里种植蔬菜和水果:桃子、葡萄、无花果和甜杏。鲜花遍野,当地的工厂就用这些山花制出各种香料。

普罗旺斯一向受到作家和画家的青睐。塞尚和凡高笔下的油画再现了普罗旺斯明媚灿烂的阳光和色彩绚丽的风景。

像你我这样的普通人也会喜欢普罗旺斯。许多法国人去那里度假。他们或住在蓝色海岸的旅馆里或露宿在旷野郊外。

当夜幕降临之时,人们聚集在尼姆和阿尔古老的露天剧场里聆听古典歌剧或现代音乐…这就是普罗旺斯。

第 29 课

课文参考译文

一位医生谈他的职业

(蒙热医生回答医科大学生提出的问题。)

您问我是否对自己的工作感兴趣。我毫不犹豫地回答:非常喜欢自己的工作。这工作有意思吗? 当然啦! 一位医生非常清楚自己(这份)工作的重要性。每个人都关心自己的身体健康,都谈论健康问题。随着科学的进步,总会有新的发现和更好的药物。

您想知道我为什么当医生;好吧,小的时候,我在村子里看到很多人生病,很多人受(病痛)折磨。我很钦佩罗斯大夫,他住在邻村。他是普通科医生,也就是说什么病都看。他在村子中心有一个诊所,每天接待 12 至 15 个病人。他也去病人家里看病。

是罗斯大夫对我的前途起了决定性作用。我弟弟患了严重的流行性腮腺炎。当罗斯大夫把弟弟的病治好时,我开始对他的工作感兴趣了。他给弟弟作检查的时候,是那么耐心,那么和蔼可亲。他看弟弟的嗓子和舌头,用听诊器听心脏和肺部,还为弟弟按脉…我确实被他的态度感动了。于是,我决定也当一个医生,像罗斯大夫那样帮助病人。

I. 根据课文内容回答问题

1. Est-ce que M. Monge aime son travail?

   Oui, son travail lui plaît beaucoup.

2. Est-ce qu'il est optimiste?

   Oui, il est optimiste en avenir de la médecine: il y aura toujours de nou velles découvertes, de meilleurs remèdes.

3. Quand et où a-t-il vu beaucoup de maladies?

   Quand il était petit, il a vu beaucoup de maladies dans son village.

4. Est-ce que le docteur Ross habitait dans le même village que M. Monge?

   Non, le docteur Ross habitait dans un village voisin.

5. Combien de malades le docteur Ross recevait-il par jour?

   Il recevait douze à quinze malades par jour.

6. Visitait-il aussi les malades à domicile?

   Oui, il visitait aussi les malades à domicile.

7. Quand le docteur Ross examinait les malades, est-ce qu'il était patient et aimable?

   Oui, il était très patient, très aimable.

8. Comment M. Monge est-il devenu médecin?

   Il a été touché par l'attitude du docteur Ross et il a décidé de devenir médecin comme le docteur Ross.

II. 一般性问题(略)

III. 动词变位

1. commencer

1) au présent	je commence	nous commençons
2) à l'imparfait	tu commençais	vous commenciez
3) au futur simple	je commencerai	ils commenceront
	nous commencerons	vous commencerez

2. répondre

1）au présent   je réponds   nous répondons

                 il répond   ils répondent

2）à l'imparfait   je répondais   vous répondiez

                 tu répondais   ils répondaient

3）au futur simple   tu répondras   nous répondrons

                 il répondra   vous répondrez

IV. 动词变位

不定式	未完成过去时	简单将来时	过去将来时
vouloir	je voulais	je voudrai	je voudrais
partir	tu partais	il partira	nous partirions
avoir	il avait	vous aurez	elle aurait
être	j'étais	tu seras	il serait
finir	tu finissais	nous finirons	il finirait
toucher	je touchais	vous toucherez	vous toucheriez
venir	je venais	je viendrai	je viendrais
aller	il allait	il ira	il irait
écrire	tu écrivais	il écrira	j'écrirais
mettre	tu mettais	tu mettras	tu mettrais

V. 参照例句转换句子

Ex：Jacques me dit qu'il partira pour les Etats-Unis.

      Jacques m'a dit qu'il partirait pour les Etats-Unis.

1. Paul me dit qu'il ira à Marseille.

   Paul m'a dit qu'il irait à Marseille.

2. Marie me dit qu'elle rendra visite à Mme Dupont.

   Marie m'a dit qu'elle rendrait visite à Mme Dupont.

3. Pascal me dit qu'il restera deux mois à Paris.

   Pascal m'a dit qu'il resterait deux mois à Paris.

4. Thomas et Isabelle me disent qu'ils achèteront cette voiture.

   Thomas et Isabelle m'ont dit qu'ils achèteraient cette voiture.

5. Bernard me dit qu'il ne sera plus en retard.

   Bernard m'a dit qu'il ne serait plus en retard.

6. Sophie et Nathalie me disent qu'elles verront ce film.

   Sophie et Nathalie m'ont dit qu'elles verraient ce film.

VI. 参照例句转换句子

Ex：Paul va prendre le train quand son ami arrive.

   Paul allait prendre le train quand son ami est arrivé.

1. Je vais partir quand le téléphone sonne.

   J'allais partir quand le téléphone a sonné.

2. Il va sortir de la classe quand son professeur arrive.

   Il allait sortir de la classe quand son professeur est arrivé.

3. Catherine va se coucher quand sa mère l'appelle.

   Catherine allait se coucher quand sa mère l'a appelé.

4. Je vais traverser la rue quand je vois le camarade Wang.

   J'allais traverser la rue quand j'ai vu le camarade Wang.

VII. 参照例句回答问题

Ex：Est-ce qu'il y a un film ce soir?

   Je ne sais pas s'il y a un film ce soir.

1. Est-ce qu'il y a un médecin dans le quartier?

   Je ne sais pas s'il y a un médecin dans le quartier.

2. Est-ce que Marie est malade?

   Je ne sais pas si Marie est malade.

3. Est-ce qu'ils aiment voyager?

   Je ne sais pas s'ils aiment voyager.

4. Est-ce qu'il a téléphoné à son professeur.

   Je ne sais pas s'il a téléphoné à son professeur.

5. Est-ce que Paul a fait ses devoirs?

   Je ne sais pas si Paul a fait ses devoirs.

6. Est-ce que Paul et Jacques vont partir?

Je ne sais pas si Paul et Jacques vont partir.

VIII. 根据例句转换句子

Ex：Quand Paul arrive-t-il?

Il me demande quand Paul arrive.

Il m'a demandé quand Paul arrivait.

1. Pourquoi Pascal est-il en retard?

Il me demande pourquoi Pascal est en retard.

Il m'a demandé pourquoi Pascal était en retard.

2. Comment réserve-t-on une chambre?

Il me demande comment on réserve une chambre.

Il m'a demandé comment on réservait une chambre.

3. Pourquoi M. Monge aime-t-il son travail?

Il me demande pourquoi M. Monge aime son travail.

Il m'a demandé pourquoi M. Monge aimait son travail.

4. Que font-ils dans la classe?

Il me demande ce qu'ils font dans la classe.

Il m'a demandé ce qu'ils faisaient dans la classe.

5. Qu'est-ce que Marie mange le matin?

Il me demande ce que Marie mange le matin.

Il m'a demandé ce que Marie mangeait le matin.

6. Quelle école allons-nous visiter?

Il me demande quelle école nous allons visiter.

Il m'a demandé quelle école nous allions visiter.

7. Quand Isabelle partira-t-elle pour le Canada?

Il me demande quand Isabelle partira pour le Canada.

Il m'a demandé quand Isabelle partirait pour le Canada.

8. Où verront-ils ce film?

Il me demande où ils verront ce film.

Il m'a demandé où ils verraient ce film.

9. Qui est votre professeur?

   <u>Il me demande qui est mon professeur.</u>

   <u>Il m'a demandé qui était mon professeur.</u>

10. Combien de cours avez-vous par semaine?

    <u>Il me demande combien de cours nous avons par semaine.</u>

    <u>Il m'a demandé combien de cours nous avions par semaine.</u>

IX. 把下列句子译成中文

1. Si tu nous invites, nous viendrons.

   <u>如果你邀请我们，我们就来。</u>

2. — Tu n'as pas encore fait tes devoirs?

   — Si, je les ai déjà faits.

   <u>"你还没有做作业?"</u>

   <u>"不，我已经做过了。"</u>

3. Si les élèves sont contents, les professeurs sont plus contents qu'eux.

   <u>如果说学生们很高兴，老师比他们更高兴。</u>

4. Il court si vite qu'il tombe par terre.

   <u>他跑得太快，以至于跌倒在地。</u>

5. Votre fille est si intelligente!

   <u>您的女儿真聪明!</u>

6. Si vous avez besoin de quelque chose, vous pourrez vous adresser à la concierge. Elle est si gentille.

   <u>如果你们需要什么东西，可以与看门人联系。她待人特别热情。</u>

7. Les bruits sont si forts que nous devons crier pour nous entendre.

   <u>噪音太大，我们不得不大声喊叫才能彼此听见。</u>

8. Si tu connaissais Monique, tu pourrais lui demander de t'aider. Elle est très aimable.

   <u>假如你认识莫尼克，你可以请她帮忙。她待人非常好。</u>

X. 改正下列句子中的错误

1. Ce cours <u>intéresse</u> beaucoup <u>aux</u> étudiants étrangers qui <u>s'intéressent</u> la civilisation chinoise.

（此句属动词与介词搭配错误。

表达"某事"让"某人"感兴趣使用：intéresser *qn* ；

表达"某人"对"某事"感兴趣使用：s'intéresser à *qch*.

正确的句子应为：Ce cours intéresse beaucoup les étudiants étrangers qui s'intéressent à la civilisation chinoise.)

2. Je ne sais pas quand Marie <u>est-elle</u> <u>parti</u>?

（本句是间接引语，补语从句的主语和动词不能倒装，句末不使用问号；过去分词应与主语的性、数一致。正确的句子应为：Je ne sais pas quand Marie est partie.)

3. Dites-moi <u>ce qui</u> <u>t'</u>as donné <u>ce</u> cassette.

（以 qui 构成的特殊疑问句变成间接引语时，疑问词不变，因此不能使用 ce qui 的形式；从句中的间接宾语 te 与主句 dites 不一致；cassette 是阴性名词。正确的句子为：Dites-moi qui vous a donné cette cassette.)

4. N'inquiétez vous pas, elle a <u>guéri</u>.

（主句是命令式，次序有错误；guéri 在这里作形容词用，动词应使用 être. 正确的句子应为：Ne vous inquiétez pas, elle est guérie.)

5. Il m'a demandé <u>est-ce que</u> je <u>suis</u> content de son travail?

（间接引语中 est-ce que 变为 si，句末不用问号。从句动词 suis 应与主句时态一致，变为 j'étais. 正确的句子应为：Il m'a demandé si j'étais content de son travail.)

6. Si vous <u>partirez</u> plus tôt, <u>préviendrez-moi</u>.

（以 si 引导的从句不能使用将来时；命令式也不能使用将来时形式。正确的句子应为：Si vous partez plus tôt, prévenez-moi.)

7. Savez-vous quand Pierre et Marie <u>arrivera-t-ils</u>?

（从句主语是复数，动词要作相应配合；间接引语不倒装。正确的句子应为：Savez-vous quand Pierre et Marie arriveront?）

8. Il te demande <u>que fais-tu</u> quand tu auras vingt ans.

（以 que 开头的特殊疑问句变成间接引语时，应使用 ce que 的形式；从句主语和动词不倒装。正确的句子应为：Il demande ce que tu feras quand tu auras vingt ans.)

XI. 把下列句子译成法语

1. 他刚要出门电话铃就响了。

   Le téléphone a sonné quand il allait sortir.

2. 他问雅克为什么总是迟到。

   Il demande à Jacques pourquoi il est toujours en retard.

3. 我想问你是不是也乘坐 332 路汽车。

   Je voudrais te demander si tu prends aussi l'autobus 332.

4. 我那时候不知道他什么时候去广州。

   Je ne savais pas quand il partirait pour Guangzhou.

5. 杜邦先生是一位乡村医生。他住在一个小村庄里，并在那儿开了家诊所。

   M. Dupont est médecin de campagne. Il habite dans un petit village, où il a ouvert un cabinet.

6. 他为病人看病非常耐心，并且经常出诊。

   Quand il examine les malades, il est très patient et il visite souvent les malades à domicile.

7. 一天晚上，有人从邻村打来电话：一位老年妇女病得很重。由于她不能来诊所，她问杜邦先生能否出诊。

   Un soir, on l'a appelé du village voisin: une vieille dame est gravement malade. Comme elle ne pouvait pas venir au cabinet, elle a demandé si M. Dupont pouvait se rendre à son domicile.

8. 杜邦先生回答说："我马上就到。"天已经黑了，而且还下着雨，但杜邦先生毫不犹豫地出了门。他要尽快为那位老年妇女治病。

   M. Dupont a répondu: 《J'arrive tout de suite》. Il faisait déjà nuit et il pleuvait. M. Dupont est sorti de chez lui sans hésiter (ou: sans aucune hésitation). Il voulait soigner la vieille dame le plus tôt possible.

XII. 将下面的阅读材料译成汉语

流水作业

法兰索瓦兹今年 32 岁，她在巴黎的一家服装厂工作。她每天八小时熨衣袖（每小时熨 50 件）。一天下来，她已精疲力竭，尤其是夏天，车间里的温度高达 45 度。

　　下班后,她再无精力做任何事情。有人问她是否可以换个更有意思的活儿,她回答说:

　　"不熨衣袖,我就得去缝衣领。这里根本没有一个人的工作有意思。所以我不换工作。"

　　确实,在所有的服装厂里,数千名女工每天要缝制 500 次甚至 600 次裙子或裤子的相同部位。室内照明的条件还不错,但是缝纫机的噪音足以使人身心疲惫。

　　对这些女工或所有在流水线上工作的人来说,一切都事先组织好了。他们没有一点儿自由,因而他们从事的工作难以令他们称心如意。

第 30 课

课文参考译文
美国化在法国
(伊莎贝尔的一封信)

亲爱的艾丽斯:

　　我到巴黎已经八天(一星期)了。真是太好了! 什么东西给我留下深刻印象呢? 那些名胜、大道、商店、咖啡露天座,一切都跟照片上一样!

　　但给我印象最深的,还是美国的影响。你问我为什么? 那是因为到处可以看得见,感受得到。

　　来了一个星期之后,我深信人们很难区分法国青年和美国青年。他们在哪些方面相似呢? 和我们一样,穿着褪色的牛仔裤和各式各样图案的 T 恤衫。他们喜欢我们的可口可乐、口香糖、大型招贴画,当然,还有我们的流行音乐。他们说话的时候,法语里夹杂着英语。在这儿,人们称这种法语为"英式法语"。

　　诸如采访、绑架、退房、电子邮件、互联网,这些(英文)词在报刊、书籍中屡见不鲜。法国人对这种影响是怎样想的呢? 谁反对这种混合(语言)呢? 当然,很多法国作家和学者对把优美法语的美国化感到气愤,法国政府颁布政令希望不再使用某些英语表达方式。

　　法国的美国化真是一件坏事? 难道能够抵制这些变化吗? 随着交通和交流手段的现代化,纽约与巴黎近在咫尺,人们愈加明显地感受到美国的影响。由于需要适应新的经济条件和现代生活，法国人将会继续感受这种对自己生活和词汇（产生）的影响。

我亲爱的艾丽斯，你同意我的看法吗？

顺致深情的问候。

伊莎贝尔

I. 根据课文内容回答问题

1. Depuis combien de temps Isabelle est-elle à Paris?

   Elle est à Paris depuis huit jours.

2. Qu'est-ce qui l'impressionne?

   Elle est impressionnée par les monuments, les boulevards, les magasins et les terrasses de café.

3. Qu'est-ce qui l'impressionne le plus?

   Ce qui l'impressionne le plus, c'est l'influence américaine.

4. Est-ce qu'on peut distinguer facilement les jeunes Français des jeunes Américains?

   Non, il est difficile de les distinguer.

5. Que portent les jeunes Français comme vêtements?

   Ils portent, comme les jeunes Américains, des blue-jeans délavés et des tee-shirts avec toutes sortes de dessins.

6. Qu'est-ce qu'ils adorent?

   Ils adorent le Coca-Cola, le chewing-gum, les posters et la musique pop.

7. Quand les Français parlent, est-ce qu'ils emploient des mots anglais?

   Oui, ils emploient des mots anglais.

8. Qu'est-ce que le gouvernement français a décrété?

   Le gouvernement français a décrété que certains anglicismes ne devraient plus s'employer.

9. Est-il possible de lutter contre l'américanisation?

   D'après le texte, il est difficile de lutter contre l'américanisation. Parce qu'avec la modernisation des moyens de transport et de communication, New York est tout près de Paris.

10. Pourquoi les Français vont-ils continuer à sentir l'influence américaine?

Parce qu'il faut s'adapter aux nouvelles conditions économiques et à la vie moderne.

II. 一般性问题(略)

III. 动词变位

1. continuer

1) au présent 　　　　je continue 　　　　nous continuons

tu continues 　　　　vous continuez

2) au futur dans le passé 　　il continuerait 　　　ils continueraient

tu continuerais 　　　nous continuerions

2. s'opposer

1) au présent 　　　je m'oppose 　　　　vous vous opposez

elle s'oppose 　　　　ils s'opposent

2) au passé

composé 　　　je me suis opposé 　　　il s'est opposé

elle s'est opposée 　　nous nous sommes opposés

3) à l'imparfait 　　tu t'opposais 　　　　il s'opposait

4) au futur simple 　　je m'opposerai 　　　vous vous opposerez

5) au futur dans le passé

nous nous opposerions 　　elle s'opposerait

IV. 用 c'est ... qui, c'est ... que 转换句子

Ex：Paul a acheté cette voiture.

C'est Paul qui a acheté cette voiture.

C'est cette voiture que Paul a achetée.

1. Pierre aime le vin rouge.

C'est Pierre qui aime le vin rouge.

C'est le vin rouge que Pierre aime.

2. Sophie a envoyé cette lettre.

C'est Sophie qui a envoyé cette lettre.

C'est cette lettre que Sophie a envoyée.

3. M. Dupont habite dans cet immeuble.

   C'est M. Dupont qui habite dans cet immeuble.

   C'est dans cet immeuble que M. Dupont habite.

4. Pascal a passé ses vacances chez ses grands-parents.

   C'est Pascal qui a passé ses vacances chez ses grands-parents.

   C'est chez ses grands-parents que Pascal a passé ses vacances.

5. Bernard m'a aidé à réparer cette voiture.

   C'est Bernard qui m'a aidé à réparer cette voiture.

   C'est cette voiture que Bernard m'a aidé à réparer.

6. J'ai téléphoné à la police.

   C'est moi qui ai téléphoné à la police.

   C'est à la police que j'ai téléphoné.

V. 用 ce qui ... c'est ... 或 ce que ... c'est ... 转换句子

1. Sa patience me touche beaucoup.

   Ce qui me touche，c'est sa patience.

2. Je cherche un appartement de deux pièces.

   Ce que je cherhce，c'est un appartement de deux pièces.

3. Il a oublié ses valises à l'aéroport.

   Ce qu'il a oublié à l'aéroport，ce sont ses valises.

4. La Tour Eiffel m'a beaucoup impressionné.

   Ce qui m'a impressionné, c'est la Tour Eiffel.

5. Cette phrase est difficile à comprendre.

   Ce qui est difficile à comprendre，c'est cette phrase.

6. Je n'ai pas compris cette phrase.

   Ce que je n'ai pas compris，c'est cette phrase.

VI. 参照例句转换句子

Ex：J'ai rencontré Pascal dans la rue.

    Nous nous sommes rencontrés dans la rue.

1. Jacques téléphonent souvent à Paul.

   Ils se téléphone souvent.

2. Philippe a vu Pierre dans un magasin.

Ils se sont vus dans un magasin.

3. Nicole aime Pierre, et Pierre aime Nicole.

Ils s'aiment.

4. Sophie pose des questions à Bernard; Bernard pose aussi des questions à Sophie.

Ils se posent des questions.

5. Philippe n'a pas rencontré René depuis six mois.

Ils ne se sont pas rencontrés depuis six mois.

6. Isabelle n'a pas revu Nicole depuis deux ans et demi.

Elles ne se sont pas revues depuis deux ans et demi.

VII. 把下列句子译成汉语

1. Cela fait six mois que je ne t'ai pas vu.

我已经六个月没见到你了。

2. J'apprends le français depuis un an.

我学法语已经一年了。

3. J'ai appris le français il y a trois ans, à l'école secondaire.

我三年前在中学学过法语。

4. Est-ce que Wang Lin partira pour la France dans un mois?

王林是一个月后去法国吗?

5. L'examen aura lieu début juin.

六月初考试。

6. Après trois heures de travail, nous sommes tous très fatigués.

工作三个小时后,我们都累了。

7. Avant de venir chez Pierre, ils lui ont téléphoné.

他们来皮埃尔家之前给他打过电话。

8. Je suis très occupé en ce moment, je vous inviterai chez moi plus tard.

我这一段时间很忙,过些时候再请你们来家里作客。

VIII. 用 qui, que, où 填空

1. Jacques, qui n'aime pas patiner, veut rentrer chez lui.

2. N'achète pas les fruits <u>qui</u> sont chers.

3. La lettre <u>que</u> vous m'avez envoyée me touche beaucoup.

4. L'université <u>où</u> il fait ses études se trouve dans le quartier latin.

5. Voilà la rue <u>où</u> les voitures sont trop nombreuses.

6. Le jeune homme <u>que</u> vous voyez là-bas est le fils de M. Martin.

7. La jeune fille <u>qui</u> s'assied près de la porte est l'amie de Pascal.

8. C'est la place <u>où</u> a lieu le festival chaque été.

9. Le roman <u>que</u> vous avez lu hier a été écrit par un Français.

10. Il faisait très beau le jour <u>où</u> ils sont allés faire une excursion dans la montagne.

IX. 阅读下文,然后把课文改成过去时

<u>Jean et Marie se sont rencontrés au Jardin du Luxembourg.</u>

<u>Ils se sont dit bonjour.</u>

<u>Ils se sont regardés.</u>

<u>Puis ils se sont promenés.</u>

<u>Ils se sont arrêtés et ils se sont assis dans un banc.</u>

<u>Un pigeon s'est posé sur la tête de Jean.</u>

<u>Marie s'est mise à rire.</u>

<u>Jean s'est mis en colère.</u>

<u>Ils se sont levés et ils se sont remis à marcher.</u>

<u>Ils se sont embrassés.</u>

<u>Ils se sont dit au revoir.</u>

<u>Et ils se sont promis de se revoir.</u>

X. 把下列句子译成法语

1. 我到巴黎已经一星期了,但一直没时间给你写信。

   <u>Cela fait une semaine que je suis arrivé à Paris, mais je n'ai pas eu le temps de t'écrire.</u>

2. 巴黎的确是一座漂亮的城市,凯旋门、塞纳河比照片上的更加美丽。

Paris est vraiment une belle ville, l'Arc de Triomphe, la Seine sont meilleurs que sur les photos.

3. 但给我印象最深的是小汽车。每天许多汽车在街上排着队,缓缓而行。

   Mais ce qui m'impressionne le plus, ce sont les voitures. Chaque jour beaucoup de voitures font la queue dans la rue et roulent lentement.

4. 我在北京学过一年法语,但到这儿后几乎什么也听不懂。法国人讲话速度很快。

   J'ai appris le français à Beijing pendant un an, mais quand je suis arrivé ici je ne comprenais presque rien. Les Français parlent très vite.

5. 所有我遇到的法国人对我都很热情。

   Tous les Français que j'ai rencontrés sont très gentils avec moi.

6. 昨天我在巴黎大学碰到两位法国学生,他们用汉语向我问候,并告诉我他们正在学汉语。他们邀请我有时间去他们家里玩儿。

   Hier j'ai rencontré deux étudiants français à la Sorbonne. Ils m'ont dit bonjour en chinois et ils m'ont dit qu'ils apprenaient le chinois. Ils m'ont invité à aller chez eux quand j'aurai le temps.

XI. 将下面的阅读材料译成汉语

法国的幼儿园

1959 年,法国政府决定,法国义务教育年龄为 6 至 16 岁。但是如今,许多孩子 6 岁前就入学了;80％的 4 岁儿童上幼儿园。

幼儿园在法国很受欢迎,许多家长认识到幼儿园对孩子的身心发育至关重要。的确,当一位家庭主妇工作时,是幼儿园代替她照顾孩子。

正是在幼儿园里,孩子们学习表达,丰富词汇,练习思考。而在自己家里,孩子们往往是被动的,有时候,在电视机前一坐就是几个小时。在幼儿园则相反,他们可以参加各类活动。

会话课结束后,孩子们开始做游戏,画铅笔画,画油彩画,唱歌。通过做游戏,孩子们的想象力得以最好地发挥,每个孩子可选择自己所喜爱的游戏。

教室总是布置得十分惬意。墙上装饰着大型彩画,有花草、房舍、动物等。大家尽一切努力让孩子们在幼儿园里感到舒适自在。

阶段复习

（25 课—30 课）

I. 补充下列比较句

1. Il fait <u>moins</u> chaud en automne qu'en été.

2. On mange <u>moins</u> le matin que le soir.

3. Le vélo va <u>moins</u> vite que la moto.

4. Au Sud，on mange <u>plus</u> de fruits qu'au Nord.

5. Maintenant on voyage <u>plus</u> qu'il y a dix ans.

6. La Chine est <u>moins</u> grande que le Canada.

7. En juillet，les jours sont <u>plus</u> longs qu'en décembre.

8. A cause du téléphone，on s'écrit <u>moins</u> qu'autrefois.

II. 用 qu'est-ce que ...？或 ce que ... 补充句子

1. Paul，<u>qu'est-ce que</u> tu fais?

2. Dis-moi <u>ce que</u> tu fais.

3. <u>Ce que</u> tu me dis est drôle.

4. Montre-moi <u>ce qu'</u>il t'a donné.

5. Vous savez <u>ce qu'</u>il m'a répondu?

6. <u>Qu'est-ce qu'</u>il a répondu?

III. 用 que 或 si 填空

1. On dit <u>que</u> les prix ont encore augmenté.

2. Je ne sais pas <u>si</u> je changerai de travail.

3. Vous saviez <u>qu'</u>on allait construire un·grand immeuble ici?

4. Pierre m'a demandé <u>si</u> le travail n'était pas trop dur.

5. Je crois <u>que</u> j'ai mal compris la question.

6. Je ne sais pas <u>si</u> on aura du bruit ici.

7. Je crois <u>qu'</u>on aura beaucoup de bruit ici.

8. Je pense <u>que</u> les ouvriers vont faire grève.

IV. 用 ce qui 或 ce que 填空

  1. Vous pouvez choisir ce qui vous plaît.

  2. Dites-moi ce que vous cherchez.

  3. Là on trouve tout ce qu'on cherche.

  4. Je ne sais pas encore ce que je vais faire.

  5. Ce qui vous intéresse m'intéresse aussi.

  6. Savez-vous ce qui fera plaisir à Marie?

V. 把动词变成简单将来时

  1. Qu'est-ce qu'on boira quand on n'aura plus de vin?

  2. Qu'est-ce qu'elle pensera quand elle verra cette photo?

  3. Qu'est-ce que vous ferez quand vous aurez vingt ans?

  4. Qu'est-ce que nous lirons quand nous n'aurons plus de journaux?

VI. 参照例句转换句子

  Ex：Donnez-lui ces renseignements, sinon elle ne pourra pas partir.

     Si vous ne lui donnez pas ces renseignements, elle ne pourra pas partir.

  1. Réservez-lui une place dans le train, sinon elle ne sera pas contente.

    Si vous ne lui réservez pas une place dans le train, elle ne sera pas contente.

  2. Téléphonez-lui, sinon il va s'inquiéter.

    Si vous ne lui téléphonez pas, il va s'inquiéter.

  3. Dis-moi ce que tu veux, sinon je ne pourrai pas t'aider.

    Si tu ne me dis pas ce que tu veux, je ne pourrai pas t'aider.

  4. Envoyez-lui une lettre, sinon elle restera à Paris.

    Si vous ne lui envoyez pas une lettre, elle restera à Paris.

VII. 参照例句转换句子

  Ex：J'ai réservé une chambre dans cet hôtel.

     Voilà votre chambre. C'est bien celle que vous avez réservée?

  1. J'ai demandé des journaux du soir.

    Voilà vos journaux. Ce sont bien ceux que vous avez demandés?

  2. J'ai réservé une table au restaurant.

Voilà votre table. C'est bien celle que vous avez réservée?

3. J'ai choisi un bon vin.

Voilà votre vin. C'est bien celui que vous avez choisi?

4. J'ai laissé une carte.

Voilà votre carte. C'est bien celle que vous avez laissée?

VIII. 参照例句造句

Ex：le fromage/manger/hier

Je n'aime pas ce fromage. Je préfère celui que j'ai mangé hier.

1. la bière/boire/hier

Je n'aime pas cette bière. Je préfère celle que j'ai bue hier.

2. les gâteaux/prendre/la semaine dernière

Je n'aime pas ces gâteaux. Je préfère ceux que j'ai pris la semaine dernière.

3. le café/boire/ce matin

Je n'aime pas ce café. Je préfère celui que j'ai bu ce matin.

4. la robe/acheter/l'année dernière

Je n'aime pas cette robe. Je préfère celle que j'ai achetée l'année dernière.

5. l'enregistrement/écouter/il y a trois jours

Je n'aime pas cet enregistrement. Je préfère celui que j'ai écouté il y a trois jours.

6. les romans/lire/le mois dernier

Je n'aime pas ce roman. Je préfère celui que j'ai lu le mois dernier.

IX. 把下列句子变成间接问句

1. Est-ce qu'on peut prendre des photos ici?

Il demande s'il peut prendre des photos ici.

2. Etes-vous libre mardi?

Il vous demande si vous êtes libre mardi.

3. Que font les étudiants dans la classe?

Il me demande ce que font les étudiants dans la classe.

4. Pourquoi Pascal n'est-il pas venu?

Il vous demande <u>pourquoi Pascal n'est pas venu.</u>

5. Comment avez-vous trouvé ce travail?

Il vous demande <u>comment vous avez trouvé ce travail.</u>

6. Qu'est-ce qui vous frappe le plus ici?

Il vous demande <u>ce qui vous frappe le plus ici.</u>

X. 参照例句转换句子

Ex：l'entreprise/M. Barret/travailler

　　C'est l'entreprise où M. Barret travaille.

1. le restaurant/ils/manger souvent

　　<u>C'est le restaurant où ils mangent souvent.</u>

2. le marché/Mme Barret/faire ses courses

　　<u>C'est le marché où Mme Barret fait ses courses.</u>

3. la maison/M. Martin/habiter

　　<u>C'est la maison où habite M. Martin.</u>

4. la place/Marie/se garer

　　<u>C'est la place où se gare Marie.</u>

XI. 用 qui, que, où 等词填空

1. C'est la ville <u>où</u> j'ai beaucoup d'amis.

2. Il y a des immeubles <u>qui</u> n'ont pas d'ascenseurs.

3. Monsieur, il y a une personne <u>qui</u> vous attend dans votre bureau.

4. C'est un restaurant <u>qui</u> n'est pas cher.

5. Vous connaissez l'Italie?

Oui, c'est le pays <u>que</u> je connais le mieux.

6. La musique <u>qu'</u>ils m'ont fait écouter m'intéresse beaucoup.

7. Connaissez-vous la personne <u>à qui</u> vous devez vous adresser?

8. Dans la région <u>où</u> j'habite il n'y a pas beaucoup d'usines.

9. Dans la région <u>d'où</u> je viens, il n'y a pas beaucoup d'usines.

10. Je n'aime pas beaucoup la robe <u>que</u> tu as choisie.

XII. **把下列句子变为强调形式**

Ex：La politique m'intéresse.

Ce qui m'intéresse，c'est la politique.

1. Je préfère la musique de Mozart.

Ce que je préfère，c'est la musique de Mozart.

2. J'admire l'esprit de sacrifice.

Ce que j'admire，c'est l'esprit de sacrifice.

3. En peinture，l'impressionnisme me plaît.

Ce qui me plaît en peinture，c'est l'impressionnisme.

4. Le bleu me va bien.

Ce qui me va bien，c'est le bleu.

5. Je cherche un appartement qui se trouve dans un endroit calme.

Ce que je cherche，c'est un appartement qui se trouve dans un endroit calme.

6. Aller au théâtre me fera grand plaisir.

Ce qui me fera plaisir，c'est d'aller au théâtre.

XIII. **把下列短语译成法语**

1. 对…感兴趣   s'intéresser à …

2. 议事日程   l'ordre du jour

3. 越来越多   de plus en plus nombreux

4. 患…病   être malade de …

5. 占重要位置   occuper une place importante

6. 离…非常近   être tout près de …

XIV. **把下列句子译成法语**

1. 这个房间是我弟弟的，靠楼梯的那一间是我的。

Cette chambre est celle de mon frère，celle qui se trouve près de l'escalier est à moi.

2. 他收到我的信后一定会去看你的。

Il ira certainement te voir dès qu'il aura reçu ma lettre.

3. 他问我昨天为什么没有来。

Il m'a demandé pourquoi je ne suis pas venu hier.

4. 北京的春天很短,而且经常刮风。秋天才是北京最好的季节。

Le printemps de Beijing est très court et il fait souvent du vent. L'automne est la meilleure saison à Beijing.

5. 这是北京最长的一条街,它长达 60 公里。

C'est l'avenue la plus longue de Beijing, elle s'étend sur 60 kilomètres.

6. 别让我参观这些名胜古迹,我所感兴趣的是风景。

Ne me faites pas visiter ces monuments historiques, ce qui m'intéresse c'est le paysage.

7. 您去买食品时,可以带上这个塑料袋,这个袋子很干净。

Quand vous allez faire des courses, vous pouvez emporter ce sac en plastique, qui est très propre.

8. 每年夏天的音乐节是在这个居民区举行。

Chaque été, le festival de musique a lieu dans ce quartier d'habitation.

XV. 把下文译成汉语

涌向城市

一天,人们决定在离我出生的那个村庄二十公里的地方建一家工厂。以前,那里只有田野,现在则建起全地区最现代化的工厂。在工厂四周,还为工人们盖起若干居住区。起初,只有少数年轻人去工厂做工,但那里的人口迅速增长,如今在工厂附近诞生的这座城市已拥有万余居民。

的确,农村的生活变得越来越困难。城市带来的种种乐趣吸引了年轻人。他们决定到工厂去打工。

从第一年夏天起,他们就开始享有假期。而后,他们逐步购买了电视机、小汽车。这样他们就可以时常返回家乡看一看。

简明法语教程（修订版）
练习参考答案

下　　册

第 31 课

课文参考译文

搭车的危险

很多年轻人喜欢拦车搭乘。他们没有钱,然而却想旅行。于是,他们对找到一位乐于帮忙的驾车人感到非常高兴。但有时候拦车搭乘对搭车人或驾车人都是有危险的。你看,驾车人之一的阿尔贝就遇到了这样的事情。

阿尔贝常去南方。也常停车捎上一两个拦车搭乘者。他跟他们聊聊天,(路上的)时间就显得短一点儿。

有一次,刚刚驶出里昂,阿尔贝看到两位修女向他招手致意。修女!他可不能把她们孤零零地撇在公路上。他让修女上了他的车。他试着跟她们说话,她们几乎不搭腔,而且嗓音粗粗的。很奇怪!阿尔贝曾在报纸上看到几天前两个匪徒抢劫了一家银行。他想:"这些匪徒可以穿上修女的衣服,说不定,就是坐在后面的人。"于是,他害怕了。不久,他把车子停在一家旅馆前边,告诉搭车者他不再往前走了。她们没有向阿尔贝道谢便匆匆离去。

晚饭后,电台播送了(一条新闻):"刚刚抓住了抢劫大众银行的作案者。他们穿着修女的服装,拦车搭乘。不幸的是,他们拦了一辆警车,而一位宪警识破了他们:两个修女穿着男人的大鞋!"

好哇!阿尔贝侥幸脱险。

I. 根据课文内容回答问题

1. Comment les jeunes voyagent-ils, quand ils n'ont pas d'argent?

   Quand les jeunes n'ont pas d'argent, ils font de l'auto-stop pour voyager.

2. Est-ce que l'auto-stop est quelquefois dangereux pour les auto-stoppeurs? Et pour les automobilistes?

   Oui, l'auto-stop présente quelquefois des dangers pour les auto-stoppeurs. Il est également dangereux pour les automobilistes.

3. Albert prend-il souvent des auto-stoppeurs?

   Oui, il prend souvent des auto-stoppeurs.

4. Qu'est-ce qu'il aime faire avec les auto-stoppeurs qu'il a pris?

   Il aime bavarder avec eux.

5. Quand a-t-il vu deux religieuses?

   Il a vu deux religieuses à la sortie de Lyon.

6. Qu'est-ce qu'il a remarqué quand il voulait bavarder avec elles?

   Il a remarqué que ces deux religieuses parlaient très peu et qu'elles avaient une grosse voix.

7. Qu'est-ce qu'il avait lu dans un journal?

   Il avait lu dan un journal qu'une banque avait été attaquée par deux bandits.

8. Comment s'est-il débarrassé d'eux?

   Pour se débarrasser d'eux, il s'est arrêté devant un hôtel et a dit aux bandits qu'il n'allait pas plus loin.

9. Comment les deux bandits ont-ils été arrêtés?

   Ils ont stoppé une voiture de la police et un gendarme les a reconnus.

II. 动词变位

1. être

   A. à l'imparfait

elle était	nous étions	ils étaient
tu étais	j'étais	vous étiez

   B. au passé composé

j'ai été	vous avez été	ils ont été
nous avons été	elle a été	tu as été

2. avoir

   A. au futur simple

j'aurai	tu auras	il aura
nous aurons	vous aurez	ils auront

   B. au plus-que-parfait

nous avions eu	ils avaient eu
j'avais eu	elle avait eu

3. partir

   A. au passé composé

      je <u>suis parti</u>　　　　　vous <u>êtes partis</u>

      nous <u>sommes partis</u>　　　elle <u>est partie</u>

   B. au plus-que-parfait

      elle <u>était partie</u>　　　　tu <u>étais parti(e)</u>

      elles <u>étaient parties</u>　　　nous <u>étions partis</u>

III. 参照例句改变句子

Ex：J'arrive à la gare, mais le train est parti.

    Je suis arrivé à la gare, mais le train était parti.

1. Je commence à travailler, puisque j'ai terminé mes études.

    <u>Puisque j'avais terminé mes études, j'ai commencé à travailler.</u>

2. Elle est contente, parce qu'elle a reçu une lettre de son amie.

    <u>Elle était contente, parce qu'elle avait reçu une lettre de son amie.</u>

3. Mon petit frère pleure, parce qu'il n'a pas pu aller au cinéma.

    <u>Mon petit frère pleurait, parce qu'il n'avait pas pu aller au cinéma.</u>

4. Quand il vient, je me suis déjà couché.

    <u>Quand il est venu, je m'étais déjà couché.</u>

IV. 参照例句改变句子

Ex：J'ai déjà fini mon travail.

    Il a dit qu'il avait déjà fini son travail.

1. J'ai acheté une nouvelle voiture.

    Il a dit <u>qu'il avait acheté une nouvelle voiture.</u>

2. J'ai rencontré Paul dans le métro.

    Il a dit <u>qu'il avait rencontré Paul dans le métro.</u>

3. Je n'ai pas reçu l'e-mail de mon directeur.

    Il a dit <u>qu'il n'avait pas reçu l'e-mail de son directeur.</u>

4. Nous avons déjà obtenu notre visa.

    Ils ont dit <u>qu'ils avaient déjà obtenu leur visa.</u>

5. Nous n'avons pas encore reçu cette invitation.

Ils disaient qu'ils n'avaient pas encore reçu cette invitation.

V. 参照例句改变句子

Ex：Avez-vous réservé la chambre?

Il m'a demandé si j'avais réservé la chambre.

1. Où avez-vous mis la clé?

Il m'a demandé où j'avais mis la clé.

2. Quand avez-vous appris cette nouvelle?

Il nous a demandé quand nous avions appris cette nouvelle.

3. Est-ce que Marie est déjà partie?

Il a demandé à Pierre si Marie était déjà partie.

4. Avez-vous vu le professeur d'espagnol?

Il vous a demandé si vous aviez vu le professeur d'espagnol.

5. Quels livres ont-ils achetés?

Il m'a demandé quels livres ils avaient achetés.

VI. 把下列句子译成汉语

1. Il a dit que la veille, il avait vu un très bon film.

他说,前一天他看了一场很好的电影。

2. Il m'a demandé si j'étais libre ce soir-là.

他问我那天晚上是不是有时间。

3. Pierre est venu me voir le 15 septembre et il m'a dit qu'il partirait pour les Etats-Unis le lendemain.

皮埃尔九月十五日来看我,告诉我第二天他去美国。

4. Ce jour-là, mon enfant n'est pas allé à l'école, car il était malade.

那天我的孩子没有去上学,他生病了。

5. Il a dit que le directeur pouvait me recevoir deux ou trois heures plus tard.

他说,经理可以在两三个小时后接待我。

VII. 把下列短语译成法语

1. 奇怪的声音　　　　　un bruit bizarre

2. 从事体育活动　　　　faire du sport

3. 穿着律师的服装   habiller en avocat

4. 试一辆汽车   essayer une voiture

5. 抢劫银行   attaquer une banque

6. 认出某人   reconnaître quelqu'un

VIII. 中译法

1. 他没有做这些练习,因为他什么也没有懂。

Il n'a pas pu faire ces exercices, car il n'avait rien compris.

2. 昨天她问我警察是不是已经逮住了小偷。

Hier elle m'a demandé si la police avait déjà arrêté le voleur.

3. 那一天,他问我是什么时候见到杜邦先生的。

Ce jour-là il m'a demandé quand j'avais vu M. Dupont.

4. 孩子们不在家时,她觉得时间过得很慢。

Quand les enfants ne sont pas là, elle a l'impresssion que le temps passe très lentement.

5. (那时候)晚饭后,大学生们在校园里散步,并用法语交谈。然后,他们回到各自的教室里。一些人开始做作业,另一些人复习以前学过的课程。大家都很忙,从来不在 11 点钟以前就寝。

Après le dîner, les étudiants se promenaient dans l'école, et bavardaient en français. Puis, ils rentraient dans leur classe. Certains commençaient à faire leurs devoirs, d'autres révisaient les leçons qu'ils avaient apprises auparavant. On était très occupé et ne se couchait jamais avant 11 heures.

6. 几个外国学生想和法国青年那样,搭车去旅行。他们在公路旁等了很长时间,但没有车辆停下让他们上去。原来,他们不知道怎样向司机示意。

Comme les jeunes Français, des étudiants étrangers voulaient faire de l'auto-stop pour voyager. Ils ont attendu longtemps près de la route, mais aucune voiture ne s'arrêtait pour les prendre. Car ils ne savaient pas comment faire signe aux automobilistes.

IX. 把下面的短文译成汉语

小偷与巴尔扎克

我一直记得童年时祖父给我讲述的那些有关大文豪们的轶事。下面是其

中的一件:

一天夜里,小偷走进巴尔扎克的家。巴尔扎克总是睡得很晚,而且不关门。

这天夜里,巴尔扎克躺在床上,好像已经熟睡。小偷试图打开他的写字台。突然,他的动作被一阵大笑声打断。小偷感到惊恐不安,便转过身去看个究竟。他看到巴尔扎克在开怀大笑。小偷惊惧之下,禁不住问道:

"你笑什么?"

"我在笑",巴尔扎克回答说,"你夜里进来,又没有灯光,居然想在写字台里找到钱,而我,在大白天也从来没在里面找到过钱。"

第 32 课

课文参考译文
拿破仑的午餐

拿破仑当上法国皇帝后,仍喜欢私访巴黎。某一天,他决定去旺多姆广场看看圆柱建造工程的进展情况。(在那里)他让人用奥斯特利茨战役中缴获的大炮的青铜铸成(旺多姆)圆柱。

参观完以后,拿破仑饿了,想吃午饭。在迪罗克元帅的陪同下,他走进一家餐馆,点了羊排、炒鸡蛋、葡萄酒和咖啡。饭菜很美味。可是当侍者拿来账单时,迪罗克元帅发现他忘记带皮夹了,身上没有钱。至于拿破仑,他是从来不带钱的。迪罗克元帅向老板娘解释情况。他说:"我们是禁卫军的军官。我们有钱,可是今天忘记带钱包了。"可惜,老板娘不相信他的话,非要立刻付款。(他们的)处境变得很尴尬。这时候,侍者向老板娘提出,由他代两位军官付款。他并不富裕,但他认为迪罗克的话可信。后者谢过侍者,与皇帝一起回宫。

两个小时以后,一位军官来到餐馆,对老板娘说:"皇帝陛下和迪罗克元帅要感谢为他们付款的侍者。"他叫人找来那位侍者,当着羞愧得满脸通红的老板娘的面交给他五十块金币,并告诉他皇帝让他做随身侍从。

I. 根据课文内容回答问题

1. Qu'est-ce que Napoléon aimait faire?

Napoléon aimait visiter Paris incognito.

2. Qu'est-ce qu'il a décidé de faire un jour?

Il a décidé d'aller voir la construction de la Colonne Vendôme.

3. Avec quoi est forgée la colonne Vendôme?

Elle a été forgée avec le bronze des canons que Napoléon avait pris à l'ennemi à Austerlitz.

4. Qu'est-ce que Napoléon a commandé pour son déjeuner?

Il a commandé des côtelettes de mouton, une omelette, du vin et du café.

5. Est-ce que Napoléon et Duroc avaient de l'argent sur eux?

Non, ils n'ont pas d'argent sur eux.

6. Alors, qu'est-ce que Duroc a expliqué à la patronne?

Il a dit à la patronne qu'ils étaient officiers de la Garde et qu'ils avaient oublié leurs portefeuilles ce jour-là.

7. Est-ce que la patronne a cru aux explications de Duroc?

Non, malheureusement, la patronne ne l'a pas cru et a exigé son argent.

8. Finalement, qui a payé pour eux?

C'est le garçon du restaurant qui a payé pour Napoléon et Duroc.

9. Comment Napoléon a-t-il remercié le garçon?

Napoléon a donné cinquante pièces d'or au garçon et l'a pris à son service comme valet de chambre.

10. Pourquoi la patronne était-elle rouge de confusion?

Parce qu'elle n'avait pas cru aux explications de Duroc.

II. 写出下列句中划线动词的不定式

1. être   5. se mettre   9. faire

2. s'installer   6. croire   10. avoir

3. mourir   7. naître   11. savoir

4. prendre, sortir   8. venir   12. être

III. 把下列句子改换成过去时

1. Il pense que son fils est paresseux.

Il pensait que son fils était paresseux.

2. Elle croit qu'elle obtiendra un poste intéressant.

Elle croyait qu'elle obtiendrait un poste intéressant.

3. Nous savons qu'elle n'aime pas aller au cinéma.

Nous savions qu'elle n'aimait pas aller au cinéma.

4. Je suis sûr que vous avez reçu cette invitation.

J'étais sûr que vous aviez reçu cette invitation.

5. Il ne sait pas que vous partirez demain.

Il ne savait pas que vous partiraient le lendemain.

6. Je pense qu'il n'y a pas de cours aujourd'hui.

Je pensais qu'il n'y avait pas de cours ce jour-là.

7. Il espère que son ami pourra venir l'aider ce soir.

Il espérait que son ami pourrait venir l'aider ce soir-là.

8. Je ne sais pas que ses parents viendront dans 3 jours.

Je ne savais pas que ses parents viendraient trois jours plus tard.

IV. 把下列句子改换成间接引语

1. Partirez-vous le 17 décembre?

Il m'a demandé si je partirais le 17 décembre.

2. Serez-vous à Paris au mois de juin?

Il a demandé à Marie si elle serait à Paris au mois de juin.

3. Prenez-vous l'avion?

Il vous a demandé si vous prendriez l'avion.

4. Aurez-vous un peu de temps libre demain?

Il a demandé à Pascal s'il aurait un peu de temps libre le lendemain.

5. Pourrez-vous réserver une place pour moi?

Il nous a demandé si nous pourrions réserver une place pour lui.

V. 把下列句子改换成间接引语

1. Où avez-vous mis la clé de notre apparte-ment?

Le père a demandé à ses fils où ils avaient mis la clé de leur appartement.

2. Qu'est-ce que vous avez fait aujourd'hui?

La mère a demandé à ses enfants ce qu'ils avaient fait ce jour-là.

3. Pourquoi Marie a-t-elle refusé ces cadeaux?

J'ai demandé à Pierre pourquoi Marie avait refusé ces cadeaux.

4. Quel film avez-vous vu hier?

Le professeur a demandé aux élèves quel film ils avaient vu la veille.

5. Quand avez-vous appris cette nouvelle?

Le directeur m'a demandé quand j'avais appris cette nouvelle.

VI. 将下面的短句译成法语

1. 把账单拿来　　　　apporter l'addition
2. 有钱　　　　　　　avoir de l'argent
3. 把某人当作…　　　prendre quelqu'un comme
4. 羞愧得满面通红　　être rouge de confusion
5. 意识到某事　　　　se rendre compte que …
6. 相信某人的话　　　croire à la parole de quelqu'un

VII. 把下列短文的复合过去时换成简单过去时

1. sortit	7. s'approcha	13. arriva
2. se dirigea	8. appela	14. vit
3. glissa	9. accompagna	15. crut
4. tomba	10. mit	16. appelèrentt
5. coururent	11. donna	17. conduisit
6. essayèrent	12. put	

VIII. 中译法

1. 拿破仑 1769 年出生在科西嘉岛，1804 年他当上了法国皇帝，但 10 年后被迫退位。

Napoléon naquit en 1769 en Corse et en 1804 il devint l'empereur des Français, mais il fut obligé de se retirer dix ans plus tard.

2. 他对我说这些菜都是他女儿做的，他什么也没有干。

Il m'a dit que tous ces plats avaient été préparés par sa fille et qu'il n'avait rien fait.

3. 有人和我说，您正在写一本小说。进展得怎么样了？

On m'a dit que vous étiez en train d'écrire un roman. Où en êtes-vous?

4. 在课堂上老师建议我们用法语提问；但对我们来说，这是相当困难的。

En classe, le professeur nous propose de poser des questions en français, mais pour nous cela est assez difficile.

5. 一天，阿尔贝和妻子一同去商店。他妻子看见一条漂亮的裙子，于是，决定买这条裙子。但她的皮夹里只有 30 欧元，而裙子的价格是 35 欧元。至于阿尔贝，他同妻子出门时，身上从来不带钱。

Un jour, Albert est allé au magasin avec sa femme. Sa femme a vu une belle robe et a décidé de l'acheter. Mais elle n'avait que trente euros dans son portefeuille, alors que la robe coûtait 35 euros. Quant à Albert, il n'emportait jamais d'argent sur lui quand il sortait avec sa femme.

IX. 将下面的阅读材料的以下段落译成汉语

Quand on invitait ... Mais que pensera-t-on de notre temps.

莫泊桑与埃菲尔铁塔

当人们邀请朋友用餐时，只有到埃菲尔铁塔用餐朋友才会接受；这样才更快活！于是，一周里，每天都有人请你去那儿午餐或晚餐！

对(埃菲尔铁塔)这样一架庞大的铁梯，怎么所有的报刊居然把它称为新型建筑艺术呢？它又高又瘦，活像一座工厂的大烟囱；看来，当今的建筑是最令人费解和随心所欲的艺术。

一些古老的教堂、宫殿在我们眼里展现了昔日无尽的优雅和壮观。可后人将会怎样评论我们今天这个时代(的艺术)呢？

第 33 课

课文参考译文
挂钥匙的孩子们

不知是什么原因，11 岁的让-雅克已经三天没来上学了。教师很担心，于是这次决定下课后去他家看看。是让-雅克来为她开的门。他一个人在家，身穿睡衣。孩子看上去身体健康，事实也是如此。只不过，三天以来，他一直在逃学。他的家长呢？他们早上很早就走，晚上很晚才回来。由于他们太累了，很少跟孩子说话，所以他们什么也没有察觉。

故事很平常,但是这种现象就没那么平常了。法国有多少像让-雅克这样的孩子呢? 也许有成千上万。就这样,父母是双职工的孩子中有三分之一要自己照顾自己。当然,他们并不是各个都逃学,但是都学会了从早到晚独立生活,设法应付各种事情。

在美国,他们被称为"挂钥匙的孩子"。因为他们的兜里或脖子上总有那形影不离的钥匙,那就是他们的家门钥匙。法国小学的女教师们解释说:"我们把他们称作'开门(就见到)的孩子'。学校刚一开门,他们就到校。一直待到晚上六点自修管理班结束,然后才回到空空荡荡的家。"

这些被"遗弃"的孩子几乎总是把他们的感情转移到女教师身上。里加尔女士说:"我们这些女教师,以前我们'出售'法语、算术,(现在)我们'出售'感情,我们的学生非常需要这种感情。"

I. 根据课文内容回答问题

1. Pourquoi l'institutrice a-t-elle décidé d'aller voir Jean-Jacques chez lui?

   Parce que Jean-Jacques était absent depuis trois jours et l'institutrice en était inquiète.

2. Comment Jean-Jacques s'habillait-il?

   Il s'habillait en pyjama.

3. Etait-il malade?

   Non, il n'est pas malade.

4. Est-ce que les parents de Jean-Jacques parlent beaucoup avec lui? Pourquoi?

   Non, ses parents ne parlent pas beaucoup avec lui, parce qu'ils partent tôt le matin et rentrent tard le soir, ils sont très fatigués.

5. Aux Etats-Unis, comment appelle-t-on les enfants dont les parents ne sont pas à la maison du matin au soir?

   On les appelle 《key children》.

6. Et en France, pourquoi les appelle-t-on les enfants de l'ouverture?

   Parce qu'ils arrivent dès l'ouverture de l'école.

7. Est-ce qu'ils rentrent tout de suite à la maison après les cours?

   Non, ils restent à l'école jusqu'à six heures après l'étude.

8. Pourquoi l'institutrice dit-elle qu'elle 《vend》 de l'affection?

D'après l'institutrice, les connaissances (françaisis, arithmétique) ne suffisent pas à ces enfants 《abandonnés》 et ils ont besoin d'affection.

9. Est-ce qu'il y a aussi des 《key children》 en Chine?

Oui, il y en a aussi.

II. 参照例句回答

Ex：Avez-vous besoin de ce dictionnaire?

Oui, c'est le dictionnaire dont j'ai besoin.

1. Ont-ils besoin de cette salle?

Oui, c'est la salle dont ils ont besoin.

2. Avez-vous peur de cette personne?

Oui, c'est la personne dont j'ai peur.

3. A-t-elle envie de ces fleurs?

Oui, ce sont les fleurs dont elle a envie.

4. Parlez-vous de cette visite?

Oui, c'est la visite dont je parle.

5. Avez-vous besoin de ces disques?

Oui, ce sont les disques dont j'ai besoin.

III. 用关系代词 dont 转换句子

Ex：C'est une journaliste très connue. On parle beaucoup d'elle.

C'est une journaliste dont on parle beaucoup.

1. C'est un livre intéressant.　On en parle beaucoup.

C'est un livre intéressant dont on parle beaucoup.

2. C'est une Française.　Ses parents vivent en Italie.

C'est une Française dont les parents vivent en Italie.

3. J'ai reçu des nouvelles.　Je suis content de ces nouvelles.

J'ai reçu des nouvelles dont je suis content.

4. C'est un grand chanteur.　Sa voix est excellente.

C'est un grand chanteur dont la voix est excellente.

5. Le peintre a montré un tableau. Il était fier de ce tableau.

   Le peintre a montré le tableau dont il était fier.

6. C'est Notre-Dame de Paris; vous avez déjà vu des photos de ce monument.

   C'est Notre-Dame de Paris dont vous avez déjà vu les photos.

7. Pierre et Jacques connaissent bien la Chine; ils ont visité beaucoup de villes de Chine.

   Pierre et Jacques connaissent bien la Chine dont ils ont visité beaucoup de villes.

8. Nous avons passé des vacances en montagne. Je garderai longtemps le souvenir de ces vacances.

   Nous avons passé des vacances en montagne dont je garderai longtemps le souvenir.

IV. 用合适的关系代词连接句子

1. C'est une étudiante qui travaille avec moi.

2. Il n'aime pas la voiture que tu as choisie.

3. C'est un quartier où il y a beaucoup de magasins.

4. Ils n'ont pas les livres dont j'ai besoin.

5. La maison que Paul a fait construire l'an dernier est très belle.

6. C'est un musicien dont j'oublie toujours le nom.

7. C'est une région où ils ont beaucoup d'amis.

8. C'est la personne dont je vous ai parlé hier.

9. L'automne est une saison où il pleut beaucoup.

10. Ne prenez pas le sac qui est sur la table.

11. La robe que Nicole a achetée coûte cher.

12. C'est un endroit où il arrive souvent des accidents.

V. 用中性代词 le 回答

1. Mademoiselle, êtes-vous Chinoise?

   Oui, je le suis.

2. Ce professeur, est-il gentil?

Oui，il l'est.

3. Savez-vous que l'examen aura lieu bientôt?

Oui，nous le savons.

4. Pensez-vous que Charles réussira à son examen?

Non，je ne le pense pas.

5. Etes-vous Japonaises?

Non，nous ne le sommes pas.

6. Votre ami désire devenir journaliste，n'est-ce pas?

Oui，il le désire.

7. Savez-vous qu'il est difficile de conduire à Paris?

Non，nous ne le savons pas.

8. Vous pensiez qu'il s'était trompé，n'est-ce pas?

Oui，je le pensais.

VI. 改正下列句子中的错误

1. C'est un travail que je suis satisfait.

（"对…满意"句型为"être satisfait de … "，因此，关系代词要用 dont，而不是 que）

2. Voilà la salle de lecture qu'il y a beaucoup de revues étrangères.

（应使用关系代词 où）

3. Les enfants dont leurs parents travaillent sont obligés de porter une clé au cou.

（leurs 应改为定冠词 les）

4. Jean-Jacques a l'air en bonne santé. Il le est.

（le est 要变成省音形式 l'est）

5. Ne lui racontez pas ce qui vous avez fait.

（应使用 ce que）

6. La ville qu'il a parlé se trouve au Sud de la France.

（"谈论某事"用"parler de qch. "句中应使用关系代词 dont）

VII. 把下列句子译成法语

1. 那时候她看上去身体健康，其实却不然。

Elle avait l'air en bonne santé, en fait elle ne l'était pas.

2. 我下午可以把电脑还你。

Je peux te rendre l'ordinateur cet après-midi.

3. 会议推迟到下星期举行。

La réunion a été reportée à la semaine prochaine.

4. 不知什么原因，他常常迟到。

Sans explication, il est souvent en retard.

5. 这是目前大家经常谈论的一种奇怪现象。

C'est un phénomène étrange dont on parle beaucoup en ce moment.

6. 能告诉我您需要什么吗？

Pouvez-vous me dire ce dont vous avez besoin?

VIII. 把下列句子译成汉语

1. Il a réservé une chambre pour deux semaines.

他预订了两个星期的房间。

2. Nous voyageons pour mieux connaître les différentes régions de notre pays.

我们旅行的目的是更好地了解我国不同的地区。

3. C'est un film pour enfants.

这是一部儿童片。

4. Il va partir pour le Canada.

他即将去加拿大。

5. Pour les Chinois, le français est difficile à apprendre.

对中国人来说，法语很难学。

6. Nous avons Wang Lin pour chef de classe.

我们的班长是王林。

7. Nous avons acheté ces disques pour 20 euros.

我们买这些唱片花了 20 欧元。

8. Pour le moment je n'ai rien à dire.

现在我没有什么可说的。

第 34 课

课文参考译文
协和飞机

11 点 58 分。香榭丽舍大街,小汽车和公交车缓慢地行驶着。人们正准备走出办公室、银行和商店。咖啡馆和餐馆马上将顾客盈门。

12 点。这些人都仰面朝天干什么?为什么他们不吃牛排炸薯条或三明治而只顾朝天上看?大街上,所有的车辆都停止不动了,连警察也忘记了自己的工作。到底发生了什么事儿? 一阵轰鸣声告诉我们:协和飞机的 001 号样机首次飞越巴黎上空。

协和飞机是大型的超音速商用客机,它长 62.10 米,宽 25.56 米,高 11.58 米。协和飞机可以连续飞行 6 500 公里而不用着陆,而且由于它的喷气式发动机每个为 23 000 马力,它能够以 2.2 马赫,即超过音速两倍的速度运载乘客。这样,纽约距巴黎只有 3 小时 15 分钟的路程。

协和飞机同时还以位于驾驶舱前部的活动机头而著称。起飞时,机头和遮阳板抬起。飞机降落时,遮阳板下降,机头也向下倾斜,使驾驶员能更清楚地看清跑道。

上千名工程师和上万名工人、技术员在法国和英国为协和飞机的制造整整努力了十多年。它的重量本应该是 90 吨,实际上达 170 吨。它的运载能力原为 118 名乘客,实际上可以运载 135 名乘客,甚至更多。

它(的造价)也比预计昂贵得多。有些人说过于昂贵了:从造价上看,这可能是一个失误。另一些人回答说:也许是这样。不过,从技术角度看,这无疑是一次成功。

I. 根据课文内容回答问题

1. Pourquoi tout le monde regarde le ciel ce jour-là?

   Parce que le Concorde survole Paris pour la première fois.

2. Combien de mètres le Concorde mesure-t-il?

   Il mesure 62,10 m de long et 25,56 m de large.

3. Combien de kilomètres peut-il couvrir sans escale?

   Il peut couvrir 6 500 kilomètres sans escale.

4. Quelle vitesse peut-il atteindre?

Il peut atteindre la vitesse de 2,2 Mach: deux fois la vitesse du son.

5. A quoi son 《nez articulé》 sert-il?

A l'atterrissage, le nez bascule vers le bas pour donner au pilote une meilleure vue de la piste.

6. Est-ce que le Concorde est un avion militaire?

Non, c'est un avion commercial.

7. Combien de passagers peut-il emporter?

Il peut emporter 135 passagers.

8. Combien pèse-t-il?

Il pèse 170 tonnes.

9. Pendant combien de temps a-t-on travaillé à sa réalisation?

On a travaillé à sa réalisation pendant 10 ans.

10. Combien de personnes ont-elles participé à sa fabrication?

Mille ingénieurs et plus de dix mille ouvriers et techniciens ont participé à sa fabrication.

11. Est-ce que ce sont uniquement des Français?

Non, il y a aussi des Anglais.

12. Pourquoi a-t-on dit que financièrement c'était une erreur?

Parce que l'avion a coûté beaucoup plus cher qu'on ne l'avait prévu.

II. 根据例句转换句子

Ex: Michel Mercier est très connu: il réalise des émissions de télévision.

Michel Mercier est connu pour ses émissions de télévision.

1. Danielle Fabre est très connue: elle fait des émissions de radio.

Danielle Fabre est connue pour ses émissions de radio.

2. Alain Gautier est très connu: il réalise des films policiers.

Alain Gautier est connu pour ses films policiers.

3. Cette journaliste est très connue: elle a publié un livre sur la Chine.

Cette journaliste est connue pour son livre sur la Chine.

4. Ces scientifiques sont très connus: ils ont accompli un voyage au Pôle Sud.

Ces scientifiques sont connus pour leur voyage au Pôle Sud.

III. 写出下列动词的现在分词

mettre	mettant	faire	faisant
partir	partant	savoir	sachant
parler	parlant	venir	venant
être	étant	choisir	choisissant
avoir	ayant	se lever	se levant

IV. 用现在分词改变句子

Ex：J'ai rencontré Mme Dupont qui faisait ses courses.

　　J'ai rencontré Mme Dupont faisant ses courses.

1. On forme dans cet institut des étudiants qui connaissent à la fois le français et l'anglais.

   On forme dans cet institut des étudiants connaissant à la fois le français et l'anglais.

2. Les élèves qui ont beaucoup de devoirs à faire ne peuvent pas se coucher avant 11 heures du soir.

   Les élèves ayant beaucoup de devoirs à faire ne peuvent pas se coucher avant 11 heures du soir.

3. Les personnes qui travaillent dans ce laboratoire sont toutes très jeunes.

   Les personnes travaillant dans ce laboratoire sont toutes très jeunes.

4. Les amis étrangers qui chantant la Marseillaise travaillent dans notre entreprise.

   Les amis étrangers chantant la Marseillaise travaillent dans notre entreprise.

5. J'ai lu un article qui expose de grands problèmes internationaux.

   J'ai lu un article exposant de grands problèmes internationaux.

V. 用现在分词改变句子

1. Comme ma fille était malade，elle n'est pas allée à l'école la semaine dernière.

   Etant malade，ma fille n'est pas allée à l'école la semaine dernière.

2. Comme il a des lettres à écrire, il ne va pas au cinéma.

Ayant des lettres à écrire, il ne va pas au cinéma.

3. Quand je vais faire mes courses, je rencontre toujours Mme Dupont.

Allant faire mes courses, je rencontre toujours Mme Dupont.

4. Il a peur d'être en retard et il se met à courir.

Ayant peur d'être en retard, il se met à courir.

5. Comme elle ne pouvait pas venir à notre soirée, Monique nous a téléphoné pour s'excuser.

Ne pouvant pas venir à notre soirée, Monique nous a téléphoné pour s'excuser.

VI. 根据例句转换句子

Ex: Cet hôtel a 80 chambres, chaque chambre a une salle de bains.

Chacune de ces chambres a une salle de bains.

1. Dans ce cinéma, il y a trois salles; chaque salle a 150 places.

Chacune de ces salles a 150 places.

2. Voilà trois usines; chaque usine emploie environs 200 ouvriers.

Chacune de ces usines emploie environs 200 ouvriers.

3. Le Concorde a quatre moteurs; chaque moteur est de 23 000 C. V.

Chacun de ces moteurs est de 23 000 C. V.

4. Nous avons trois valises; chaque valise pèse 25 kilos.

Chacune de ces valises pèse 25 kilos.

VII. 中译法

L'Airbus, qui est un gros avion commercial, a été réalisé par des entreprises françaises, allemandes, anglaises et espagnoles. Il mesure 53,62 m de long, 44,84 m de large et pèse 142 tonnes. Sa vitesse est de 950 km à l'heure. Il peut emporter 345 passagers. Le premier vol prototype d'Airbus a été réalisé le 28 octobre 1972. Actuellement, l'Airbus fait une grande concurrence à Boeing, avion fabriqué aux Etats-Unis.

VIII. 说出黑体词的词性

1. On trouve **tout** dans les supermarchés.　　　　　　（代词）

2. Ils possèdent **tous** une voiture. （代词）

3. C'est **tout**. （代词）

4. Elle est **tout** heureuse. （副词）

5. Il a passé **toute** la semaine à écrire son article. （形容词）

6. **Tout** va bien. （代词）

IX. 在黑体词前加 tout, toute, tous 或 toutes

Ex: Les leçons sont difficiles.

Toutes les leçons sont difficiles.

1. J'aime **les langues.**

J'aime <u>toutes</u> **les langues.**

2. **Les étudiants** travaillent sérieusement.

<u>Tous</u> **les étudiants** travaillent sérieusement.

3. Est-ce que vous avez compris **le discours**?

Est-ce que vous avez compris <u>tout</u> **le discours**?

4. Est-ce que **les professeurs** partent à 6 heures?

Est-ce que <u>tous</u> **les professeurs** partent à 6 heures?

5. Je lis des journaux **le matin.**

Je lis des journaux <u>tous</u> **les matins.**

6. Nous avons dansé pendant **la soirée.**

Nous avons dansé pendant <u>toute</u> **la soirée.**

X. 将下面的句子译成汉语

1. Il travaille toujours avec Charles.

<u>他总是和夏尔一起工作。</u>

2. Avec ce passeport vous pouvez voyager en Angleterre.

<u>有了这本护照,你们可以到英国去旅行了。</u>

3. Avec de la patience vous finirez par résoudre ce problème.

<u>只要有耐心,你们总会解决这个问题的。</u>

4. C'est un manuel avec cassettes et corrigés des exercices.

<u>这是一套带录音和练习答案的教材。</u>

5. Avec qui fera-t-il ces recherches? Avec vous?

他将和谁一起搞这项研究？是和您吗？

6. J'ai rencontré votre père. j'ai parlé avec lui.
我遇到您父亲了，我和他聊了聊。

第 35 课

课文参考译文
普鲁姆与外科医生

普鲁姆的手指有点儿疼。

他妻子说："恐怕最好是去看看病。只要抹点儿药膏（就会好的）…"

于是，普鲁姆就去了。

外科医生微笑着说："要截掉一个手指头，太好了。打上麻醉剂，最多只需要六分钟（就能做完手术）。因为您很有钱，所以不需要那么多手指头。我很荣幸能为您做这个手术。过一会儿，我会让您看一下人工手指的样品。有一些做得非常精美的人工手指。可能有点儿贵，但是，这件事是不能计较花多少钱的。"

普鲁姆忧郁地举起手指，以辩解的口吻说："大夫，这是食指，您知道的，是一个有用的手指啊。我恰好要给我母亲写信，我总是使用食指写字。如果我迟迟不给母亲写信，她会挂念我的。我过几天再来。她是一位多愁善感的女人，非常容易激动。"

外科医生说："这不要紧。这儿有纸，白纸，当然是无笺头的纸。只要你说几句通情达理的话，就会让她喜欢的。在此期间，我给诊所打电话，让人们把一切都准备好。我一会儿就回来…"

外科医生很快就返回来：

"一切准备就绪，就等我们了。"

普鲁姆说："很抱歉，大夫。您看见了吧，我的手在颤抖，这是不由自主的。而且…"

外科医生说："是啊，您说得对。最好别写信了。女人们精细得不得了，特别是做母亲的。只要是关系到他们的儿子，她们就觉得处处有事瞒着她们。在她们眼里，我们只不过是些小孩子。这是您的大衣和帽子。车子等着我们呢。"

于是，他们来到手术室。

"大夫,听我说,真的…"

外科医生说:"噢,您别担心。您的顾虑还真不少。我们一会儿一起来写这封信吧,我一边给您做手术,一边考虑怎么措词。"

选自米绍著《普鲁姆》

I. 根据课文内容回答问题

1. Pourquoi la femme de Plume lui conseille-t-elle d'aller voir le médecin?

   Elle lui conseille d'aller voir le médecin, parce qu'il a un peu mal au doigt.

2. Qu'est-ce que le chirurgien dit à Plume?

   Le chirurgien lui dit qu'il faut couper un doigt.

3. Est-ce que Plume accepte cette opération?

   Il ne veut pas accepter cette opération.

4. Comment s'excuse-t-il alors?

   Il s'excuse en disant qu'il s'agit de l'index et qu'il doit s'en servir pour écrire à sa mère.

5. Qu'est-ce que le chirurgien lui propose?

   Le chirurgien lui propose d'écrire cette lettre avant l'opération.

6. Quand le chirurgien est revenu, qu'est-ce que Plume a dit?

   Il dit que sa main tremble et que c'est plus fort que lui.

7. Pourquoi le chirurgien dit-il qu'il vaut mieux ne pas écrire?

   Il dit que les mères sont terriblement fines. Si Plume écrit à sa mère, elle sera inquiète.

8. Quand va-t-il aider Plume à écrire cette lettre?

   Il propose de l'aider à écrire cette lettre après l'opération et il va réfléhir à cette lettre pendant l'opération.

II. 把不定式动词改为条件式现在时

1. Je voudrais deux kilos de pommes.

2. Nous voudrions parler au directeur.

3. Il reviendrait dans trois jours, s'il le pouvait.

4. Vous réussiriez à ces examens, si vous travailliez plus.

5. Pourriez-vous m'aider?

6. Nous ferions de l'auto-stop, si nous voyagions en Europe.

III. 把不定式动词改为未完成过去时和条件式现在时

1. Si tout le monde était là, on partirait tout de suite.

2. Si nous étions à Paris, nous visiterions le Palais du Louvre.

3. Si vos amis venaient vous voir, vous seriez heureuse?

4. S'il y avait de la neige, nous ferions du ski.

5. Si vous répétiez ces mots, nous les saurions.

6. S'ils écoutaient la radio française, ils comprendraient mieux les actualités en France.

7. Si nous étions pressés, nous prendrions l'avion.

8. S'il avait beaucoup d'argent, il voyagerait au Pôle Sud.

9. Si nous proposions cette solution, les autres ne seraient pas d'accord.

10. Si on les faisait travailler plus, ils demanderaient une augmentation de salaire.

IV. 设想对以下问题的回答

Que feriez-vous,

1. si vous aviez plus de temps libre?

Si nous avions plus de temps libre, nous ferions plus d'exercices de français.

2. si vous étiez malade?

Si j'étais malade, j'irais voir tout de suite un médecin.

3. si vous aviez beaucoup d'argent?

Si nous avions beaucoup d'argent, nous voyagerions dans toute la Chine.

4. si vous étiez en France?

Si j'étais en France, je parlerais mieux français.

5. si vous ne vouliez pas accepter une invitation?

Si je ne voulais pas accepter une invitation, je téléphonerais pour m'excuser.

V. 完成下列句子，注意时态

1. S'il pleuvait, nous ferions une promenade sous la pluie.

2. Si le professeur ne vient pas, <u>nous écouterons l'enregistrement en</u> <u>français.</u>

3. Si un Martien arrivait, <u>nous essayerions de nous faire comprendre par des</u> <u>gestes.</u>

4. Elle arrêtera de travailler, si <u>elle ne trouve personne pour garder son en-</u> <u>fant.</u>

5. Paul partirait à l'étranger, si <u>son ami l'invitait.</u>

6. Nous irons au cinéma, <u>s'il y a un bon film.</u>

VI. 改正下列句子中的错误

1. Si je <u>verrais</u> Pierre, je lui dirais cela.

(Si 引导的从句不能使用将来时态；根据主句的时态，从句应用未完成过去时：si je voyais ...)

2. S'il pleut demain, nous <u>sommes restés</u> à la maison.

(主句应用简单将来时：nous resterons ...)

3. Si Marie était malade, elle n'<u>ira</u> pas au cinéma.

(主句应用条件式，即：elle n'irait pas ...)

4. Si vous avez <u>besoin</u> quelque chose, vous me téléphonerez.

("需要…"应使用 avoir besoin de,即：si vous avez besoin de qch.)

5. Je <u>réfléchirais</u> davantage ce problème, si j'avais beaucoup de temps.

("考虑、思考"用 réfléchir à qch. ,即：je réfléchirais davantage à ...)

VII. 用副动词转换句子

Ex：Vous lisez le texte et vous réfléchissez.

　　Vous lisez le texte en réfléchissant.

1. Nous travaillons et nous chantons.

Nous travaillons <u>en chantant.</u>

2. La mère répondait et elle souriait.

La mère répondait <u>en souriant.</u>

3. Ils racontent leur histoire et ils mangent.

Ils racontent leur histoire <u>en mangeant.</u>

4. Le chef explique le problème et il fait des gestes.

Le chef explique le problème <u>en faisant</u> des gestes.

5. J'ai dit au revoir et je suis sorti.

J'ai dit au revoir <u>en sortant.</u>

6. L'enfant est entré et il pleurait.

L'enfant est entré <u>en pleurant.</u>

VIII. 参照例句回答

Ex：Comment as-tu perdu ton portefeuille? (aller à la gare)

J'ai perdu mon portefeuille en allant à la gare.

1. Comment les étudiants apprennent-ils cette chanson?

<u>Ils apprennent cette chanson en écoutant un enregistrement.</u>

2. Comment êtes-vous sorti de la classe?

<u>Je suis sorti de la classe en fermant la porte et les fenêtres.</u>

3. Comment a-t-elle appris ces nouvelles?

<u>Elle a appris ces nouvelles en regardant la télévison.</u>

4. Comment a-t-il pris froid?

<u>Il a pris froid en marchant sous la pluie.</u>

5. Comment rentrent-ils à la maison?

<u>Ils rentrent à la maison en prenant l'autobus.</u>

6. Comment s'est-il coupé le doigt?

<u>Il s'est coupé le doigt en faisant la cuisine.</u>

IX. 把括号内的动词换成副动词或现在分词

1. Ils déjeunent <u>en attendant</u> leurs amis.

2. <u>N'ayant pas</u> assez d'argent, ils n'ont pas pu acheter ce poste de télévision.

3. <u>En discutant</u>, nous avons pu prendre rapidement une décision.

4. Quand je suis arrivé, j'ai vu le directeur <u>entrant</u> dans son bureau.

5. On n'arrivera à l'heure <u>qu'en prenant</u> un taxi.

6. <u>Habitant</u> loin de son usine, il arrive quelquefois en retard.

7. <u>En lisant</u> plusieurs romans de cet auteur, on le connaîtra mieux.

8. Vous obtiendrez de meilleurs résultats, <u>en faisant</u> plus d'effort.

X. 把下列句子译成法语

1. 皮埃尔有点儿头痛,他母亲建议他去找莫兰医生看看。

   Pierre avait un peu mal à la tête, sa mère lui a proposé d'aller voir le docteur Morin.

2. 他是个敏感的孩子,非常容易激动。

   C'est un garçon sensible et il s'émeut facilement.

3. 您再看一遍这篇文章,最多只需 10 分钟。

   Relisez cet article, vous en aurez pour dix minutes tout au plus.

4. 假如我不给她发个短信,她会担心的。

   Si je ne lui envoyais pas un message, elle serait inquiète.

5. 如果你们明天不能去看这场足球赛,我们就把这几张票给别的同学。

   Si vous ne pouvez pas voir ce match de football demain, nous donnerons ces billets à d'autres camarades.

6. 如果您迟迟不做答复,我们就只好去咨询其他律师。

   Si vous retardiez de nous répondre, nous serions obligés de consulter d'autres avocats.

7. 不要一边看书,一边听广播。

   Ne lisez pas en écoutant la radio.

8. 教师解释语法,并给了几个例句。

   Le professeur explique la grammaire en donnant des exemples.

XI. 将下面的阅读材料译成汉语

噪音污染

大家都开汽车,乘地铁,在或多或少有些噪音的车间或办公室里工作。而热闹的十字路口、地铁和数部打字机带来的噪音往往达到人们难以忍耐的程度。

但令人最难以忍受的莫过于生活在高速公路旁或机场附近。

塞维尼的居民在这方面可是怨言颇多。塞维尼过去曾是个令人非常惬意的地方。直到有一天,装备部为了满足汽车驾驶人的需要,决定让 6 号高速公路从那里经过。

"这足以使人发疯!"居民们说,"从早到晚,要提高嗓门说话才能彼此听见。打开电视或收音机时,要把音量调到最大"。孩子们睡不安稳,一有卡车经过他们就会从睡梦中惊醒。而当地的药剂师们靠卖镇静糖浆和安定药片发了横财…

噪音给人们带来的后果往往十分严重:它不仅致人耳聋,而且破坏神经系统。不少医生认为,52%的神经性疾病的起因恐怕就是噪音。

第 36 课

课文参考译文
图书生意

鲁先生的父亲是一个书商,鲁先生也是书商。他的儿子还会当书商吗?

话说三年前,在他们家附近建"理想"超市时,鲁先生还是比较高兴的。"我不是大型超市的敌人。相反,我倒觉得这是一件好事。他们的销售量大,而正是靠着大量销售的货物,他们才能降低价格。"

附近的食品杂货商、面包商、乳品商却对此快快不乐:"理想"超市的商品价格比他们的要低 10% 到 20%。这家超市很快就大获成功。这种成功不断地为它带来新客源,与小商贩形成可怕的竞争。由于生意萧条,两家食品杂货店和一家面包店不得不关门停业;甚至连酒馆老板也顶不住了,最后关了门。

后来,"理想"超市三个月以前开始卖(简装)袖珍书了。鲁先生很担心:"谁还会买我们这些昂贵的加缪、萨特、左拉的书籍?因为几乎在我们书店的对面,人们花十分之一的钱就能买到这些作家的袖珍版。当然啦,他们的书不如我们的精美,甚至没有任何可比性。可是价格终归是价格啊!"

鲁太太总去那家超市买食品杂货,而且每次都打量一下买书的顾客。有一天,对她丈夫说:"情况比你所想象的要复杂得多。是呀,相信我,事情远非那么简单。超市与食品杂货商之间的竞争同超市与我们之间的竞争不是一回事。他们的顾客终归是不会来我们这儿(买书的)。都是一些年轻人和工人,看得出来他们不太习惯买书。让人吃惊的是:他们事先并不清楚要买什么书,而且还不敢问询。"

年底,鲁先生发现:他的销售量不但没有下降,反而上升了。总之,这些到处可以买到、并提高了某些法国人阅读兴趣的袖珍书籍,最终可能(对鲁先生售书)起了积极的作用。

I. 根据课文内容回答问题

1. Pourquoi M. Roux était-il assez content, quand on a construit un supermarché près de chez eux?

   Il pensait qu'il pouvait en profiter, car le supermarché vendait beaucoup et pouvait baisser les prix.

2. Et les autres commerçants, étaient-ils aussi contents?

   Non, ils n'étaient pas contents, parce que l'Idéal vendait 10 à 20% moins cher qu'eux.

3. Pourquoi certains petits commerçants ont-ils fermé leur magasin?

   Ils ont fermé leur magasin à cause de la mévente.

4. Pourquoi M. Roux était-il inquiet, quand l'Idéal s'est mis à vendre des livres de poche?

   Parce que ses livres coûaient plus cher que les livres de poche du supermarché.

5. Que veut dire 《le prix c'est le prix》?

   L'expression signifie que le prix joue un grand rôle dans la vente: le client cherche souvent à acheter des choses moins chères.

6. Qu'est-ce que Mme Roux a remarqué dans le supermarché?

   Elle a remarqué que les clients du supermarché étaient des jeunes et des ouvriers qui n'avaient pas l'habitude de lire. De toutes façons ces gens ne viendraient pas chez eux pour acheter des livres.

7. Quelle constatation M. Roux a-t-il faite à la fin de l'année?

   Il a constaté que sa vente n'avait pas baissée.

8. Pourquoi sa vente n'a-t-elle pas baissé?

   Parce que les livres de poche ont poussé les gens à lire et les ont poussés aussi à acheter des livres.

II. 用主有代词改换下列句子

Ex: Mon sac est plus grand que votre sac.

　　Mon sac est plus grand que le vôtre.

1. Votre fille est devenue plus intelligente que ma fille.

   Votre fille est devenue plus intelligente que la mienne.

2. Ma maison paraît plus ancienne que votre maison.

   Ma maison paraît plus ancienne que la vôtre.

3. Leur appartement semble plus propre que votre appartement.

   Leur appartement semble plus propre que le vôtre.

4. Notre travail n'est pas plus important que le travail de Pierre et de Charles.

   Notre travail n'est pas plus important que le leur.

5. Ma place est meilleure que ta place.

   Ma place est meilleure que la tienne.

6. Mon chien a l'air plus calme que le chien de Pascal.

   Mon chien a l'air plus calme que le sien.

7. Votre voiture paraît plus petite que la voiture de Pascal.

   Votre voiture paraît plus petite que la sienne.

8. Ta mère est-elle plus âgée que ma mère?

   Ta mère est-elle plus âgée que la mienne?

III. 用主有代词提问

Ex：J'ai fait mes devoirs. （tu）

　　As-tu fait les tiens?

1. J'ai trouvé ma place. （tu）

   J'ai trouvé ma place. As-tu trouvé la tienne?

2. Paul a pris son parapluie. （Marie）

   Paul a pris son parapluie. Marie a-t-elle pris le tien?

3. Le marchand de vin a fermé son magasin. （Le boulanger）

   Le marchand de vin a fermé son magasin. Le boulanger a-t-il fermé le sien?

4. Il parle souvent de son travail. （sa femme）

   Il parle souvent de son travail. Sa femme parle-t-elle souvent du sien?

5. M. Morin a besoin de sa voiture. （vous）

M. Morin a besoin de sa voiture. Avez-vous besoin de <u>la vôtre</u>?

6. Je suis content de mes élèves. （M. Dupont et M. Renou）

Je suis content de mes élèves. M. Dupont et M. Renou sont-ils contents <u>des leurs</u>?

IV. 用主有形容词或主有代词填空

1. Je fais <u>mes</u> exercices, tu fais <u>les tiens</u>?

2. Je parle de <u>mon</u> travail, tu parles <u>du tien</u>?

3. Pierre lit <u>son</u> journal, Marie lit <u>le sien</u>?

4. Nous lisons <u>nos</u> journaux, vous lisez <u>les vôtres</u>?

5. Je te donne <u>mon</u> adresse, peux-tu me donner <u>la tienne</u>?

6. Elle pense souvent à <u>ses</u> parents, et vous, est-ce que vous pensez souvent <u>aux vôtres</u>?

V. 用主有代词和指示代词重新组织句子

Ex: Il y a un livre sur le bureau, il est à toi.

    a. Il y a un livre sur le bureau, c'est le tien.

    b. Celui qui est sur le bureau, c'est le tien.

1. Il y a deux livres sur la table, ils sont à moi.

    a. Il y a deux livres sur la table, ce sont <u>les miens</u>.

    b. Ceux qui sont sur la table, ce sont <u>les miens</u>.

2. Il y a une voiture devant la maison, elle est à eux.

    a. Il y a une voiture devant la maison, c'est <u>la leur</u>.

    b. Celle qui est devant la maison, c'est <u>la leur</u>.

3. Il y a des lettres sur le bureau, elles sont à vous.

    a. Il y a des lettres sur le bureau, ce sont <u>les vôtres</u>.

    b. Celles qui sont sur le bureau, ce sont <u>les vôtres</u>.

4. Il y a un vélo dans la cour, il est à elle.

    a. Il y a un vélo dans la cour, c'est <u>le sien</u>.

    b. Celui qui est dans la cour, c'est <u>le sien</u>.

VI. 用合适的代词填空

1. Nous faisons nos exercices, <u>vous</u> faites <u>les vôtres</u>.

2. Voilà deux billets，celui-ci est à moi，celui-là est à toi.

3. Les livres de poche qu'on trouve partout et qui ne sont pas chers poussent les Français à la lecture.

4. Ce livre est très intéressant，pouvez-vous me le prêter?

5. Cette jolie robe est à Marie. Sa mère vient de la lui offrir pour son anniversaire.

VII. 把下列句子译成法语

1. 你弟弟学习真努力,可我弟弟光知道贪玩儿。

Ton frère travaille beaucoup, mais le mien ne pense qu'à jouer.

2. 玛丽把我的录音机拿走了,她的录音机坏了。

Marie a pris mon magnétophone, le sien est en panne.

3. 过去,夏尔的父亲是农民,现在夏尔也是农民,夏尔的儿子将来还会当农民吗?

Autrefois, le père de Charles était paysan, maintenant Charles est paysan, le fils de Charles le sera-t-il?

4. 这些蔬菜太贵,别在这儿买,因为在我们家对面花一半的钱就能买到。

Ces légumes sont trop chers, n'en achetez pas ici, car en face de chez moi, on peut en acheter à 50% moins cher.

5. 敌人被打败后,最终投降。

Vaincus, les ennemis ont fini par se rendre.

VIII. 把下列句子译成汉语

1. L'examen aura lieu dans deux semaines.

两星期以后考试。

2. J'ai vu Marie il y a une semaine.

我一星期前见过玛丽。

3. Cela fait deux mois que je n'ai pas de nouvelles de lui.

我已经两个月没有他的消息了。

4. Depuis combien de temps êtes-vous ici?

您到这儿多长时间了?

5. Elle a repris le travail après trois jours de congé.

她休息了三天后又上班了。

6. Il est toujours en retard. Il n'arrive jamais avant 9 heures.

他总是迟到。他从来没有九点钟以前到过。

7. Je n'ai pas vu Pierre depuis huit jours.

我已经八天没有看见皮埃尔了。

8. Dans combien de temps partirez-vous pour la France?

你们多久以后去法国?

IX. 把下列句子译成汉语

1. Comme la voiture est en panne, il faut prendre un taxi.

小汽车坏了,得坐出租车。

2. Comme il a changé!

他变化真大!

3. Comme elle a de la fièvre, elle est obligée de rester à la maison.

她有些发烧,只好待在家里。

4. Comme journaliste, il doit écrire des articles qui reflètent la réalité.

作为记者,他应写反映真实情况的文章。

5. La compagne comme la ville et la mer a ses plaisirs.

乡村和城市、大海一样,也有它吸引人的地方。

6. Comme vous, je ne crois pas qu'il puisse réussir à ce concours.

像你一样,我也不相信他能够在这场竞赛中获胜。

X. 将下面的短文译成汉语

事实上,每个大学生每天都有几个小时的自由支配时间。确实没有人能够整天待在书本前,老师对这一点是清楚的。

有些学生定期去电影院或剧场;有些学生喜欢坐在咖啡店里,高谈阔论;也有些学生进行体育活动,组织比赛…最后,还有一些我们可以称之为安静的学生,即那些喜欢阅读的人。

为什么喜欢阅读的学生还为数不少呢?因为他们知道,开卷有益:打开一本书就是迎接一位朋友,就是忘我,就是学会了解他人。

多亏了书本,我们才可以从思想上逃离毫无生气的大都市,在那里,我们处于灰暗墙壁的包围中,过着平淡沉闷的日子。

阶段复习

(31 课—36 课)

I. 动词变位

infinitif	futur simple	conditionnel	plus-que-parfait
parler	je parlerai	je parlerais	il avait parlé
dire	il dira	nous dirions	vous aviez dit
partir	elle partira	tu partirais	ils étaient partis
finir	je finirai	il finirait	nous avions fini
prendre	il prendra	nous prendrions	vous aviez pris
venir	tu viendras	tu viendrais	elle était venue
aller	il ira	il irait	elle était allée
oser	tu oseras	j'oserais	il avait osé
se lever	il se lèvera	elle se lèverait	nous nous étions levés

II. 补充下面的图表

infinitif	participe passé	participe présent
faire	fait	faisant
venir	venu	venant
savoir	**su**	sachant
voir	vu	**voyant**
partir	parti	**partant**
avoir	**eu**	ayant
devoir	**dû**	devant
pouvoir	pu	pouvant

III. 把不定式动词换成合适的时态

1. Qu'est-ce qu'il a fait hier?

2. Si nous étions en France, il nous serait plus facile d'apprendre le français.

3. Il m'a demandé si j'allais le voir le lendemain.

4. Il m'a demandé si j'avais vu son fils la veille.

5. Il m'a dit qu'il était à la campagne ce jour-là.

6. Si nous prenions le Concorde, nous arriverions plus tôt à New York.

7. Il pensait à la soirée qu'il avait passée la veille.

8. Elle était inquiète, parce qu'elle n'avait pas reçu de nouvelles de son père.

IV. 用合适的关系代词填空

1. C'est un garage qui se trouve près de chez moi.

2. Je ne connais pas le livre dont vous avez parlé.

3. Je n'ai pas lu les articles que vous avez écrits.

4. Je connais bien le médecin qu'il a consulté l'autre jour.

5. Dans la région où j'habite on cultive du blé.

6. Dans la région d'où je viens la culture principale est le riz.

7. On cherche la personne dont la voiture s'est arrêtée devant la porte du magasin.

8. Les plats que votre femme a préparés sont excellents.

9. La robe qu'elle a essayée est trop longue.

10. Un livre est un cadeau qui fait toujours plaisir.

V. 改换下列句子

Ex: Quand on est seul, on travaille mieux.

Etant seul, on travaille mieux.

1. Quand on est nombreux, on s'amuse mieux.

Etant nombreux, on s'amuse mieux.

2. Quand on est gentil, on se fait des amis.

Etant gentil, on se fait des amis.

3. Quand on est imprudent, on cause des accidents.

Etant imprudent, on cause des accidents.

4. Quand on est sportif, on reste jeune.

   Etant sportif, on reste jeune.

5. Quand on est bavard, on gêne les autres.

   Etant bavard, on gêne les autres.

VI. 参照例句转换句子

Ex: Si j'avais de l'argent, je pourrais sortir.

   N'ayant pas d'argent, je ne peux pas sortir.

1. Si j'avais faim, je mangerais.

   N'ayant pas faim, je ne mange pas.

2. Si j'avais soif, je boirais.

   N'ayant pas soif, je ne bois pas.

3. Si j'avais des lunettes, je pourrais lire.

   N'ayant de lunettes, je ne peux pas lire.

4. Si j'avais le temps, je pourrais attendre.

   N'ayant pas de temps, je ne peux pas attendre.

5. Si j'avais un billet, je pourrais entrer.

   N'ayant pas de billet, je ne peux pas entrer.

VII. 参照例句转换句子

Ex: Nous ne sommes pas riches, nous ne pouvons pas nous offrir ce voyage.

   Si nous étions riches, nous pourrions nous offrir ce voyage.

1. Il ne connaît pas l'espagnol, il ne peut donc pas vous traduire cet article.

   S'il connaissait l'espagnol, il pourrait vous traduire cet article.

2. Je n'ai pas son numéro de téléphone, je ne peux donc pas lui passer un coup de fil.

   Si j'avais son numéro de téléphone, je pourrais lui passer un coup de fil.

3. Il n'y a pas de neige dans les montagnes, nous ne pouvons donc pas faire du ski.

   S'il y avait de la neige dans les montagnes, nous pourrions faire du ski.

4. Vous n'êtes pas sportif, vous ne pouvez donc pas faire une si longue course.

Si vous étiez sportif, vous pourriez faire cette longue course.

5. Je n'ai pas de temps, je ne peux donc pas vous accompagner à l'aréoport.

Si j'avais du temps, je pourrais vous accompagner à l'aéroport.

6. Nous n'avons pas un grand appartement, nous ne pouvons donc pas vous recevoir tous.

Si nous avions un grand appartement, nous pourrions vous recevoir tous.

VIII. 用关系代词 dont 连接句子

1. C'est un beau jardin; M. Legrand en est le propriétaire.

C'est un beau jardin dont M. Legrand est le propriétaire.

2. La concierge s'appelle Duroc; les locataires sont mécontents d'elle.

La concierge, dont les locataires sont mécontents, s'appelle Duroc.

3. Nous avons vu une pièce de théâtre; je connais l'auteur de cette pièce de théâtre.

Nous avons vu une pièce de théâtre dont je connais l'auteur.

4. Nous avons traversé une forêt; nous ne connaissons pas le nom de cette forêt.

Nous avons traversé une forêt dont nous ne connaissons pas le nom.

5. Ce sont des plantes médicinales; on a parfois besoin de ces plantes médicinales.

Ce sont des plantes médicinales dont on a parfois besoin.

6. Il sortit de l'appartement; il ferma à clé la porte de l'appartement.

Il sortit de l'appartement dont il ferma à clé la porte.

IX. 选择正确的词

1. Je n'y étais pas, parce qu'on ne m'avait pas invité.　　　　（A）

2. Le ministre de l'Education a publié un décret modifiant
les dates des vacances scolaires.　　　　（C）

3. J'ai déjà remis mes devoirs au chef de classe. As-tu remis les tiens? (B)

4. Mon frère étant malade, il n'est pas allé à l'école ce jour-là.　　（A）

5. Il m'a dit qu'il avait déjà su cette nouvelle la veille. 　　　(C)

6. Si j'étais riche, je vous prêterais de l'argent. 　　　(C)

7. Nathalie, sachant que ses parents rentrent tard, reste dans la classe et y fait ses devoirs. 　　　(B)

8. Mon ordinateur ne marche plus. Pouvez-vous me prêter le vôtre? 　　(C)

X.把下列句子译成汉语

1. Quand je fais de la traduction, je me sers toujours de ce dictionnaire.
   我翻译时总用这本词典。

2. Si Pascal n'arrivait pas avant 7 heures, je ne lui réserverais plus cette place.
   如果帕斯卡尔七点钟以前没到,我就不给他保留这个座位了。

3. Pour ce genre de problèmes, il vaut mieux consulter un avocat.
   此类问题最好请教律师。

4. Qu'à cela ne tienne, il suffit de lui téléphoner.
   这有什么关系,给他打个电话就行了。

5. —Ne me couper pas le doigt, fit Plume, ma mère serait triste.
   "不要切掉我的手指,"普鲁姆言道,"否则我母亲会伤心的。"

6. Elle avait l'air heureuse. Elle ne l'était pas en réalité.
   她看上去很幸福,其实不然。

7. Il n'était pas riche, mais il achetait tout sans regarder à la dépense.
   他并不富有,可是他什么都买,从不考虑开销多少。

8. Si je savais conduire, je m'achèterais une voiture et deviendrais chauffeur de taxi.
   假如我会开车,我就会买一辆车并去当出租车司机。

第 37 课

课文参考译文
居里夫妇的决定

某个周日上午,邮差送来一封来自美国的信。皮埃尔·居里认真地阅读了来信,并把它放在办公桌上。

他以温和的口气对妻子说:"我们得谈谈我们的镭了。这就是美国工程师写来的一封信:他们要我们告诉他们提炼纯镭的秘诀呢。"

"是吗?"玛丽对谈话并不太在意。

"我们可以在两个方案中进行选择。(要么)毫无保留地讲述我们的研究成果,包括净化方法…"

玛丽做了个赞同的手势,并轻声说:"那当然。"

皮埃尔继续说:"要么,我们可以把自己看作镭的主人,镭的"发明者"。如此一来,就需申请技术专利保护,谋得世界范围内制造镭的专利权。"

玛丽思索了几秒钟后才说:"不行,这样做是违背科学精神的。"

皮埃尔加重语气说:"我也这样想。可是不应该草率地做出这个决定。我们的生活很艰苦,可能永远是艰苦的。这项专利代表着很多钱,一笔财富。"

玛丽沉稳地考虑了收入和物质奖励的想法,并很快就否定了这种想法。

"物理学家总是完整地发表自己的研究成果。即使我们的发明有商业前景,这不过是一种偶然性,我们不该加以利用。而且镭将用于治病救人,我觉得不该从中牟利。"

皮埃尔重复着玛的那句话,就像寂静中的回声:

"不行,这是违背科学精神的。"

皮埃尔如释重负,又接着说:"那么,我今天晚上就给美国工程师写信,把他们打听的情况告诉他们。"

I. 根据课文内容回答问题

1. Qu'est-ce que les Curie ont reçu un dimanche matin?

   Ils ont reçu une lettre venant des Etats-Unis.

2. Qui leur a envoyé cette lettre?

   Ce sont des ingénieurs américains qui leur ont envoyé cette lettre.

3. Qu'est-ce que les ingénieurs américains veulent savoir?

   Ils veulent savoir le secret de la préparation du radium pur.

4. Qu'est-ce que Pierre Curie a dit à sa femme à propos de cette lettre?

   Il a dit qu'ils ont le choix entre deux solutions: donner le secret de la préparation ou breveter la technique de la préparation du radium pur.

5. Quelle est la réponse de Mme Curie?

Elle a dit que la deuxième solution serait contraire à l'esprit scientifique.

6. Pourquoi Pierre dit-il qu'il ne faut pas prendre cette décision à la légère?

Parce que leur vie est dure et que le brevet représente la richesse pour eux.

7. Et Mme Curie, quel est son point de vue?

D'après elle, les physiciens publient toujours intégralement leurs recherches. Comme le radium va servir à soigner des malades, il ne faut pas tirer un avantage de leur invention.

8. Quelle est la décision qu'ils ont prise finalement?

Finalement ils ont décidé de donner les renseignements demandés par les ingénieurs américains.

II. 把括号内的动词改为虚拟式

1. Il faut que vous fassiez ces exercices.

2. Il est inutile qu'ils apportent cette carte.

3. Il est temps que tu ailles à l'école.

4. Il est nécessaire que vous preniez ces médicaments.

5. Il est important que nous connaissions ces nouveaux mots.

6. Je doute qu'il revienne.

7. Je veux que vous réfléchissiez avant de répondre à ces questions.

8. Ils regrettent que nous ne puissions pas y aller avec eux.

9. Je suis désolé qu'ils n'aient pas assez de temps.

10. Je suis heureux que vous soyez en bonne santé.

III. 参照例句改变句子

Ex：Les étudiants vont voir des films français.

Le professeur voudrait que ...

Le professeur voudrait que les édudiants aillent voir des films français.

1. Vous dites bonjour à tous ceux que vous rencontrerez dans ce bâtiment.

Je désire que vous disiez bonjour à tous ceux que vous rencontrerez dans ce bâtiment.

2. Nous sommes à l'heure.

Le chef exige que <u>nous soyons à l'heure.</u>

3. Les étudiants savent employer le subjonctif.

Le professeur voudrait que <u>les étudiants sachent employer le subjonctif.</u>

4. Elle obtiendra ce diplôme.

Ses parents souhaitent qu'<u>elle obtienne ce diplôme.</u>

5. Marie fera un voyage en Chine.

Nous aimerions que <u>Marie fasse un voyage en Chine.</u>

IV. 参照例句改变句子

Ex：Je peux m'inscrire à l'université.

　　Mon père est heureux que …

　　Mon père est heureux que je puisse m'inscrire à l'université.

1. Il pleut.

Pierre a peur qu'<u>il pleuve.</u>

2. Ils ne finissent pas ce travail avant 6 heures.

Le directeur craint qu'<u>ils ne finissent pas ce travail avant 6 heures.</u>

3. Ils ont de longues vacances.

Nous sommes contents qu'<u>ils aient de longues vacances.</u>

4. Les exercices sont trop difficiles.

Nous regrettons que <u>les exercices soient trop difficiles.</u>

5. Les magasins sont fermés à 18 heures.

Les touristes étrangers sont surpris que <u>les magasins soient fermés à 18 heures.</u>

V. 参照例句改变句子

Ex：Nous prenons l'avion.

　　Il vaut mieux que …

　　Il vaut mieux que nous prenions l'avion.

1. Nous viendrons demain.

Il est possible que <u>nous venions demain.</u>

2. Vous apportez vos diplômes.

Il est indispensable que <u>vous apportiez vos diplômes</u>.

3. Vous ne parlez pas anglais.

Il est regrettable que <u>vous ne parliez pas anglais</u>.

4. Vous allez le voir tout de suite.

Il vaudrait mieux que <u>vous alliez le voir tout de suite</u>.

5. Les touristes posent des questions au guide.

Il est normal que <u>les touristes posent des questions au guide</u>.

VI. 用 de 或 que 连接句子

1. Je suis content：je prendrai des vacances.

<u>Je suis content de prendre des vacances.</u>

2. Il est content：vous viendrez demain.

<u>Il est content que vous veniez demain.</u>

3. Je suis contente：elle est d'accord avec vous.

<u>Je suis contente qu'elle soit d'accord avec vous.</u>

4. Elle a peur：elle sort seule.

<u>Elle a peur de sortir seule.</u>

5. Nous sommes heureux：vous pourvez nous aider.

<u>Nous sommes heureux que vous puissiez nous aider.</u>

VII. 把下列句子译成法语

1. 她收到一封寄自法国的信。

<u>Elle a reçu une lettre venant de France.</u>

2. 你们最好保守这一秘密。

<u>Il vaudrait mieux que vous gardiez ce secret.</u>

3. 不要轻率地接受他的邀请。

<u>N'accepptez son invitation à la légère.</u>

4. "我要在旅馆前面停车了"，他以平静的口气对两个搭车人说。

<u>《Je vais m'arrêter devant l'hôtel.》dit-il d'un ton calme aux deux auto-stoppeurs.</u>

5. 你应该自己去和老师讲这件事。

<u>Tu dois en parler au professeur toi-même.</u>

6. 玛丽·居里是世界上伟大的物理学家之一。1867 年她出生在波兰。后来她到巴黎求学,并结识了皮埃尔·居里。由于镭的发现,玛丽在 1903 年获得诺贝尔物理学奖。1906 年皮埃尔在一次车祸中丧生,玛丽继续进行他们关于放射性的研究,并成为巴黎大学的第一位女教师。

Marie Curie est l'un des plus grands physiciens du monde. Elle est née en Pologne en 1867. Plus tard elle est allée à Paris pour faire ses études et y a connu Pierre Curie. Grâce à la découverte du radium, elle a obtenu en 1903 le Prix Nobel de physique. En 1906 Pierre Curie est mort dans un accident de voiture. Marie Curie a continué leurs recherches sur la radioactivité et elle est devenue la première enseignante à la Sorbonne.

VIII. 把下列句子译成法语

1. 王小姐没有在教室里,她在图书馆。

   Mademoiselle Wang n'est pas dans la classe, elle est à la bibliothèque.

2. 钥匙放在门下。

   La clé est sous la porte.

3. 钢笔在桌子上,您拿吧。

   Le stylo est sur la table, prenez-le.

4. 在超级市场和停车场中间是什么?

   Qu'est-ce qu'il y a entre le supermarché et le parking?

5. 超级市场不在市中心,在市区外。

   Les supermarchés ne se trouvent pas en ville, ils se situent en dehors de la ville.

6. 玛丽没有在汽车后面,她在汽车前面。

   Marie n'est pas derrière la voiture, elle est devant la voiture.

7. 面包店在邮局对面。

   La boulangerie est en face de la poste.

8. 工业化始于 19 世纪中叶。

   L'industrialisation a commencé au milieu du dix-neuvième siècle.

IX. 把下文译成汉语

在全世界,每天晚上都有几亿人安安静静地坐在电视机前。然而,电视机是一个相对年轻的事物。它 1926 年在伦敦问世。第一次电视转播于 1926 年 1 月 27 日由约翰－柏德在伦敦进行。各国的科学家在此之前曾做过大量试验和尝试,但是这一天被看作是电视的正式诞生日而载入史册。

电视是一种走进家庭的信息传播和娱乐形式,它深深地改变了我们的生活方式。

第 38 课

课文参考译文
实习教育

人们常常对大学生阶层与职业界隔绝的现象表示遗憾。为了对这种情况加以补救,国家权力机构现在格外强调双重教育(学习＋实习)的必要性,即把学习与在企业内的实习紧密结合起来。

尽管在法国人们总是对雇主多少有些不信任,怀疑他们想控制大学。目前人们意识到大学生适应职业界是多么重要。不管实习采用什么形式,都无可争议地在教学、就业和物质方面给青年人一次充实自己的机会。

不过实习在法国还没有普及。首先是重点名牌大学开始采用这种实习方式,然后是高等技术学院。普通大学则刚刚开始效仿它们的做法。

实习可以是强制性的:在很多重点大学里,实习属于教学的内容,在假期以外的时间内进行。大学生在实习结束时要写一份实习报告,并就此在评审委员会进行答辩。评审委员会由校方的一名代表和实习生所在企业的一名代表组成。

学年末的文凭根据学生所获得的实习成绩颁发。在这些学校里,实习负责人自己寻找能够接待大学生的企业。

而在普通大学,情况却相反。尽管从原则上讲在这方面有专人负责与工业界联系,大学生们往往还是要自己想办法。

I. 根据课文内容回答问题

1. Pourquoi les pouvoirs publics insistent-ils sur la formation alternée?

   Parce que les étudiants sont souvent coupés du milieu professionnel.

2. Que veut dire《une formation alternée》?

C'est une formation où les études dans les universités et les stages dans les entreprises sont étroitement liés. Les étudiants sont formés à la fois à l'université et dans l'entreprise.

3. Pourquoi se méfie-t-on du patronat en France?

Parce que certains pensent que le patronat voulait contrôler l'université.

4. Est-ce que les stages sont une source d'enrichissement? Sur quel plan?

Oui, c'est une source d'enrichissement sur plusieurs plans: pédagogique, professionnel et matériel (car le stage permet aux étudiants de gagner un peu d'argent de poche).

5. Les étudiants font-ils tous des stages dans les entreprises?

Non, c'est encore un usage peu répandu en France. Les grandes écoles ont commencé ce genre de stage en premier, puis le stage est suivi par les IUT. Mais dans les universités ce n'est qu'un commencement.

6. Est-ce que les stages se déroulent pendant les vacances?

Dans de nombreuses écoles, le stage fait partie de la scolarité et se déroule en dehors des périodes de vacances.

7. Quand les stagiaires doivent-ils écrire un rapport?

A la fin de leur stage, les stagiaires doivent écrire un rapport.

8. Qui s'occupe du stage dans les grandes écoles et dans les universités?

Dans les grandes écoles il y a des responsables qui s'occupent spécialement des stages, mais dans les universités, souvent ce sont les étudiants qui se débrouillent eux-mêmes pour trouver un stage.

II. 把括号内的动词改为虚拟式并译成汉语

1. Téléphonez-moi avant que vous ne partiez.

你们出发前要给我来个电话。

2. Aidez-la pour qu'elle finisse ce travail.

帮她一下,把这个工作做完。

3. Lisez lentement afin que nous puissions prendre des notes.

请读得慢一些,让我们能够做笔记。

4. Le temps passe sans qu'on s'en aperçoive.

时间在不知不觉中过去。

5. Nous ne finirons pas les travaux à moins que vous veniez nous aider.

你们不过来帮忙,我们就完成不了工程。

6. Je terminerai la traduction pourvu que personne ne vienne me déranger.

只要没有人来打扰,我就能把翻译搞完。

7. Il ne perd pas courage bien qu'il ait des difficultés dans ses études.

尽管他学习上有困难,但他没有失去勇气。

8. Quoique nous ayons peu de temps, nous répondrons à toutes les lettes.

尽管我们没有多少时间,但我们还是每信必复。

9. Vous pouvez faire du sport à condition que le médecin le permette.

只要医生允许,您就可以参加体育锻炼。

10. J'accepte de venir à condition que vous invitiez Pierre et Marie.

只要你们邀请皮埃尔和玛丽,我就来。

11. J'attendrai ici jusqu'à ce qu'il revienne.

我在这儿等,一直到他回来。

12. Le professeur lui explique ce texte jusqu'à ce qu'elle le comprenne.

老师给她讲解课文,直到她弄明白为止。

III. **用下列词填空** bien que, avant que, à moins que, sans que, afin que

1. Rentrons vite avant qu'il ne pleuve.

2. Vous pourvez partir à moins que vous vouliez rester ici.

3. Ne partez pas sans que nous le sachions.

4. Bien que le professeur parle fort, nous ne l'entendons pas bien à cause de ce bruit terrible.

5. On va acheter des machines modernes afin que la production puisse aug-menter.

IV. **用下列词填空** depuis que, après que, parce que, pendant que, dès que

1. Dès que tu auras lu ce roman, tu le passeras à Nicole.

2. Tu n'es jamais allé au Temple du Ciel, depuis que tu es à Beijing?

3. Après qu'ils ont fait ce stage, les étudiants rentrent à l'université.

4. Pendant que le garagiste réparait notre voiture, nous en avons profité

pour visiter la ville à pied.

5. Ils ne sont pas venus, <u>parce qu'ils n'ont pas reçu l'invitation.</u>

V. 用 bien que 转换句子

1. Le garçon n'est pas riche, mais il veut payer pour les deux officiers.

<u>Bien que le garçon ne soit pas riche, il veut payer pour les deux officiers.</u>

2. Elle a le temps de faire la cuisine, cependant elle achète des plats tout préparés.

<u>Bien qu'elle ait le temps de faire la cuisine, elle achète des plats tout préparés.</u>

3. En France, on est méfiant à l'égard du patronat, et pourtant on se rend compte de l'importance des stages professionnels.

<u>En France, bien qu'on soit méfiant à l'égard du patronat, on se rend compte de l'importance des stages professionnels.</u>

4. Les touristes font vivre ce village, mais les habitants se méfient toujours d'eux.

<u>Bien que les touristes fassent vivre ce village, les habitants se méfient toujours d'eux.</u>

5. Il ne connaît que très peu de mots en fraçais, et pourtant il a l'intention de traduire cet article.

<u>Bien qu'il ne connaisse que très peu de mots en français, il a l'intention de traduire cet article.</u>

VI. 用下列词填空 qui que, quoi que, où que, quel que

1. <u>Qui que</u> tu sois, tu ne peux pas entrer.
2. Je ne vous crois pas, <u>quoi que</u> vous disiez.
3. Il reste toujours calme, <u>quelle que</u> soit la situation.
4. <u>Où que</u> vous habitiez, vous avez besoin d'une voiture.
5. <u>Quoi qu'</u>on dise dans les journaux, je trouve ce film très mauvais.
6. <u>Quel que</u> soit le moment où vous viendrez, vous serez toujours la bienvenue.

VII. 把括号内的动词改为虚拟式

1. Je cherche un endroit où je <u>sois</u> tranquille.

2. Il y a peu de gens qui <u>sachent</u> son adresse.

3. Il voudrait un appartement qui <u>soit</u> grand et clair.

4. Pouvez-vous m'indiquer une librairie où on <u>vende</u> des livres russes?

5. Il n'y a personne qui <u>veuille</u> l'aider.

VIII. 把下列句子译成法语

1. 在您见到负责人之前，我先向您介绍一下我们这个企业。

Avant que vous rencontriez le responsable, je voudrais vous présenter en quelques mots notre entreprise.

2. 这里没有人懂得这种语言。

Il n'y personne ici qui comprenne cette langue.

3. 不需要我们邀请，他们也会来参加晚会的。

Sans que nous les invitions, ils viendront à la soirée.

4. 除非您能在他走之前去看他，否则就给他打个电话吧。

Téléphonez-lui, à moins que vous puissiez aller le voir avant son départ.

5. 老师给我们解释了一些难词，以便我们更好地理解这篇课文。

Le professeur nous explique des mots difficiles afin que nous puissions mieux comprendre ce texte.

6. 只要摩托车不太贵，你就去买一辆吧。

Tu peux acheter une moto à condition qu'elle ne soit pas trop chère.

7. 无论他做出什么样的努力，他都不会成功。

Quels que soient ses efforts, il ne réussira pas.

8. 不管您是谁，您都得自己去想办法。

Qui que vous soyez, vous devez vous débrouiller seul.

IX. 把下列句子译成汉语

1. Ils ont pris le train qui passe <u>par</u> Lyon.

他们乘坐的是途经里昂的火车。

2. Ils ont fini <u>par</u> comprendre ce texte.

他们最终理解了这篇课文。

3. Le professeur Zhang vient trois fois <u>par</u> semaine.

张老师每星期来三次。

4. M. Dupont commence son cours par se présenter.

杜邦先生上课时先作了自我介绍。

5. Cet article est écrit par un journaliste espagnol.

这篇文章是一位西班牙记者写的。

6. Par la fenêtre on voit les voitures qui font la queue dans la rue.

透过窗户,我们看到汽车在大街上排起长龙。

7. Par où doit-on commencer?

我们应该从哪儿开始呢?

8. J'ai appris cette nouvelle par la radio.

我是从广播中得到这一消息的。

X. 法译中

学业与学位

　　法国的大学负责文科、理科、法律和经济的教学。这些课程的设置经常出现变动。文科和理科均分为三个阶级:第一阶段需三年时间,学业结束后可获学士学位;第二阶段时间为两年,学业结束后可获硕士学位;第三阶段为三年,用于研究,最终可获得博士学位。法律学和经济学也同样分为三个阶段。博士学位一般要经过论文答辩才能获得。

第 39 课

课文参考译文
法国的节日

　　法国是一个传统的天主教国家。宗教仪式在其社会生活中具有重要的作用。大多数节日起源于基督教。

　　尽管参加宗教仪式的人少了,洗礼、初次领圣体和婚礼仍标志着人生的各个阶段。在市政厅办理的世俗婚礼是唯一合法的(手续)。如果举行宗教婚礼,那么世俗婚礼应在此前办理。很多法国人仍然认为宗教婚礼是必要的,以便使这一事件(结婚)显得隆重,并具有节日特点。宗教葬礼也很常见。

　　每个仪式之后都有节日大餐,在乡下尤其如此。

　　某些起源于天主教的节日,尽管在很大程度上已经失去其宗教特色,却成为法定节假日。这些法定节假日就像其他一些节日一样,可以使大多数法国人"延长"周末。一旦法定节假日碰上星期二或星期四,还可以"搭桥"(连休)呢!因为碰上这种情况,通常很少有人星期一或星期五还工作的。这些宗教节日如下:

复活节、耶稣升天节、圣灵降临节、圣母升天节、诸神瞻礼节(11 月 1 日)及 12 月 25 日的圣诞节。

圣诞节确实是法国人最喜爱的合家团聚的节日。这是给亲朋好友赠送礼物的机会。由于"消费社会"(的出现),这些礼品的数量越来越多,价格也越来越贵。在广告的鼓动下,商店里挤满了人,促使这一季节的销售量居全年首位。

I. 根据课文内容回答问题

1. Est-ce qu'il y a beaucoup de fêtes d'origine chrétienne en France?

   Oui, la France est un pays de tradition catholique, il y a beaucoup de fêtes qui sont d'origine chrétienne.

2. Et citez-en quelques-unes.

   Parmi ces fêtes on peut citer Noël, Pâques, la Pentecôte, la Toussaint.

3. Ces fêtes sont-elles devenues des congés légaux?

   Oui, certaines de ces fêtes sont devenues des congés légaux.

4. Expliquez l'expression《faire le pont》en français.

   Quand une fête tombe un jeudi, on ne travaille pas vendredi, cela s'appelle《faire le pont》.

5. Pourquoi certains Français préfèfrent-ils le mariage à l'église?

   Parce que le mariage à l'église permet de donner un caractère solennel et une ambiance de fête.

6. Quelle est la fête la plus importante en France et en Occident?

   C'est Noël.

7. Pourquoi les magasins font-ils les plus grandes ventes de l'année à Noël?

   Parce qu'il y a beaucoup de gens qui s'offrent beaucoup de cadeaux coûteux.

8. Est-ce que le 14 juillet est une fête religieuse?

Non，le 14 juillet n'est pas une fête religieuse，c'est la fête nationale des Français.

II. 把括号内的动词改为虚拟式过去时

1. Je suis très content qu'elle ait troué du travail.

2. Le professeur a été étonné que nous ayons fait une excellente traduction.

3. Je n'ai reçu aucune réponse bien que je lui aie écrit il y a trois semaines.

4. Il est possible que vous vous soyez trompé.

5. Il a pris des vacances bien qu'il ait eu beaucoup de travail.

6. C'est la seule personne que nous ayons rencontrée.

7. C'est l'une des plus graves erreurs qu'il ait faite.

8. Il n'y a personne qui ait visité autant de pays que vous.

9. C'est la seule résolution qui ait été adoptée.

III. 参照例句转换句子

Ex：Vous vous êtes trompé. C'est regrettable.

　　Il est regrettable que vous vous soyez trompé.

1. Nous nous sommes compris. C'est important.

　　Il est important que nous nous soyons compris.

2. Il s'est aperçu de son erreur trop tard. C'est dommage.

　　Il est dommage qu'il se soit apperçu de son erreur trop tard.

3. Ce discours a duré trop longtemps. C'est regrettable.

　　Il est regrettable que ce discours ait duré trop longtemps.

4. Ils ont abandonné leur projet. C'est normal.

　　Il est normal qu'ils aient abandonné leur projet.

5. Leur mariage a eu lieu dans une église. C'est nécessaire.

　　Il est nécessaire que leur mariage ait eu lieu dans une église.

IV. 参照例句回答问题

Ex：Vous croyez que c'est possible?

　　Non，je ne crois pas que ce soit possible.

1. Croyez-vous que Pierre et Jacques sont déjà là?

　　Non，je ne crois pas qu'ils soient déjà là.

2. Tu crois que le magasin est encore ouvert?

Non, je ne crois pas que le magasin soit encore ouvert.

3. Tu penses que nous sommes en retard?

Non, je ne pense pas que nous soyons en retard.

4. Vous croyez qu'ils vont souvent au cinéma?

Non, je ne crois pas qu'ils aillent souvent au cinéma.

5. Vous croyez que nous aurons le temps de visiter cette entreprise?

Non, je ne crois pas que vous ayez le temps de visiter cette entreprise.

V. 参照例句转换句子

Ex：Il a trouvé du travail. (Nous ne pensons pas)

Nous ne pensons pas qu'il ait trouvé du travail.

1. Les étudiants de la classe B ont appris la leçon 40. (Je ne crois pas)

Je ne crois pas que les étudiants de la classe B aient déjà appris la leçon 40.

2. Ils ont réussi au concours. (Il n'est pas sûr)

Il n'est pas sûr qu'ils aient réussi au concours.

3. Marie a pu suivre des cours d'anglais. (Nous ne pensons pas)

Nous ne pensons pas que Marie ait pu suivre des cours d'anglais.

4. Paul est parti. (Je ne pense pas)

Je ne pense pas que Paul soit parti.

5. Ils ont été très courageux. (Il n'est pas certain)

Il n'est pas certain qu'ils aient été courageux.

VI. 参照例句转换句子

Ex：Il souhaite faire ce travail.

Qu'il le fasse, s'il le souhaite!

1. Ils veulent apprendre une autre langue étrangère.

Qu'ils l'apprennent, s'ils le veulent!

2. Elle désire partir tout de suite.

Qu'elle parte, si elle le désire!

3. Il veut y aller.

Qu'il y aille, s'il le veut!

4. Il souhaite acheter une moto.

   Qu'il l'achète, s'il le souhaite!

5. Elle veut prendre un taxi.

   Qu'elle le prenne, si elle le veut!

VII. 参照例句转换句子

Ex: Je suis monté sur ce bateau.

   Voilà le bateau sur lequel je suis monté.

1. J'ai passé mes vacances dans ce village.

   Voilà le village dans lequel j'ai passé mes vacances.

2. Ils ont gravé leur nom sur cet arbre.

   Voilà l'arbre sur lequel ils ont gravé leur nom.

3. Nous avons voyagé avec ces étudiants.

   Voilà les étudiants avec lesquels nous avons voyagé.

4. Elles sont venues par cet avion.

   Voilà l'avion par lequel elles sont venues.

5. Je m'intéresse beaucoup à ces recherches.

   Voilà les recherches auxquelles je m'intéresse beaucoup.

6. Je ne peux pas travailler sans ce dictionnaire.

   Voilà le dictionnaire sans lequel je ne peux pas travailler.

VIII. 用复合关系代词填空

1. J'aimerais vous présenter à l'une de mes collègues avec laquelle j'ai travaillé pendant deux ans.

2. Je voudrais vous parler d'un des voyages au cours duquel j'ai pris toutes ces photos.

3. La police a découvert le nom d'une des personnes chez laquelle le bandit s'est caché.

4. La police a découvert l'un des clubs dans lesquels les terroristes se réunissent souvent.

5. Je voudrais vous montrer l'une des agences de voyage à laquelle je me

IX. 参照例句连接句子

Ex：Je dois assister à une réunion. Elle commence à 10 heures.

    A. Je dois assister à la réunion, qui commence à 10 heures.

    B. La réunion à laquelle je dois assister commence à 10 heures.

1. Nous sommes invités à un festival. Il aura lieu au mois de juillet.

    A. Nous sommes invités à un festival, qui aura lieu au mois de juillet.

    B. Le festival auquel nous sommes invités aura lieu au mois de juillet.

2. Elle a assisté à des spectacles. Ils lui ont beaucoup plu.

    A. Elle a assisté à des spectacles, qui lui ont beaucoup plu.

    B. Les spectacles auxquels elle a assisté lui ont beaucoup plu.

3. Nous répondions à des questions. Elles ont été posées par des journalistes étrangers.

    A. Nous répondions à des questions, qui ont été posées par des journalistes étrangers.

    B. Les questions auxquelles nous répondions ont été posées par des journalistes étrangers.

4. Ils ont participé à une manifestation. Elle a eu lieu hier.

    A. Ils ont participé à une manifestation, qui a eu lieu hier.

    B. La manifestation à laquelle ils ont participé a eu lieu hier.

X. 把下列句子译成法语

1. 这是我收到的礼物中最贵重的一件。

C'est le cadeau le plus cher que j'aie jamais reçu.

2. 他愿意看电影就让他去看吧。

Qu'il aille au cinéma, s'il le veut.

3. 我不相信他们已经找到了住房。

Je ne crois pas qu'ils aient déjà trouvé un appartement.

4. 您没有记下他的电话号码，我很遗憾。

Je regrette que vous n'ayez pas noté son numéro de téléphone.

5. 春节是中国人民最喜爱的传统节日。

La Fête du Printemps est la fête traditionnelle à laquelle les Chinois restent le plus attachés.

第 40 课

课文参考译文
查理·卓别林

冬天一个凄凉的夜晚,一个流浪汉独自走在伦敦的街头。狂风劲吹,把他从马路的这一侧推到另一侧。这个可怜的人像一个饮酒过量、走路东摇西晃的醉鬼。

下雪了,雪染白了他头上用一只手捂着的圆顶礼帽;肥大的衣服难以御寒,还有磨坏了鞋跟的鞋子也都落满了雪花。

显而易见,这个可怜的穷人无家可归。突然,一阵呜咽声引起了他的注意。他停住脚步寻找着,发现一个弃儿在阴暗的角落里悲泣。流浪汉的脸上容光焕发:尽管他既没有住房也没有家庭,他仍可以给孩子爱抚和体贴。他抱起孩子,在大雪中走远了。

题为《男孩》的影片就是以这一情节开头的。这部影片使公众熟悉了扮演滑稽角色夏尔洛的卓别林。

卓别林于 1889 年 4 月 16 日在伦敦出生。他的童年很不幸:他年幼时就失去了父亲。他是由母亲——一位出色的舞蹈演员——抚养大的。他和兄弟在伦敦一个肮脏的阁楼上饱尝了人间辛酸,常常吃不上饭,穿不上鞋子。不过,他却在各种各样的剧团和马戏团里学会了唱歌、跳舞、耍杂技。除了饥饿和劳累外,卓别林还饱尝了孤独和无人体谅之苦。成年之后,卓别林感到有必要让公众了解穷人的苦难和弱者的忧愁。在《男孩》这部影片中,卓别林通过收养弃儿这一举动,把过去自己没有得到的爱抚全部奉献给这个孩子。当他有能力独立创作电影时,他塑造出一个无与伦比的滑稽角色,就是具有一个真正的人的全部情感的夏尔洛。

I. 根据课文内容回答问题

1. Est-ce que Chaplin a eu une enfance heureuse?

   Non, Il n'a pas eu une enfance heureuse, car il a perdu son père quand il était tout jeune.

2. Que faisait sa mère?

Sa mère était danseuse.

3. Où Chaplin habitait-il avec son frère?

Il habitait avec son frère dans une sale mansarde de Londres.

4. Où a-t-il appris le chant et la danse?

Il a appris le chant et la danse dans diverses troupes de théâtre et de cirque.

5. De quoi souffrait-il, quand il était jeune?

Quand il était jeune, il souffrait de la faim, de la fatigue, de la solitude et du manque de compréhension.

6. Avez-vous vu des films de Chaplin?

Oui, nous avons vu des films de Chaplin, par exemple 《le Temps Moderne》, 《le Dictateur》,《la Lumière de la Ville》.

7. Est-ce que vous les aimez? Pourquoi?

Oui, nous aimons beaucoup ses films, parce que ses films apprennent au public à comprendre la souffrance des pauvres et l'angoisse des faibles.

8. Pouvez-vous nous racontez en quelques mots le début du film 《le Gosse》?

Un pauvre homme marche dans la rue de Londres un jour d'hiver. Il neige et il fait du vent. Il a l'air d'un ivrogne et il a froid. On voit bien que c'est un vagabond sans logement.

Tout à coup il entend un gémissement, et il aperçoit dans un recoin un enfant abandonné. Bien qu'il n'ait ni maison ni foyer, il pourra offrir son affection à l'enfant. Il prend l'enfant dans son bras et s'éloigne sous les flocons de neige.

II. 把括号内的动词换成合适的时态

1. Il faut que nous préparions les documents pour la conférence.

2. Il est possible qu'il y ait beaucoup de monde.

3. Nous espérons que vous arriverez à temps.

4. Ils demandent que nous partions tout de suite.

5. Je crois qu'elle prend l'autobus pour venir.

6. Je ne crois pas que tu aies raison.

7. Il m'a demandé si je connaissais l'adresse de Mme Dupont.

8. Je ne sais pas comment aller au Louvre.

9. Nous souhaitons qu'ils puissent réussir au concours universitaire.

10. Je serai libre dès que j'aurai fini cette lettre.

11. Bien que nous soyons restés 5 semaines à Paris, nous n'avons pas pu tout voir.

12. Quoi qu'elle dise, elle n'arrivera pas à convaincre son père.

13. Quoiqu'il pleuve, le médecin sortira pour voir ses malades.

14. Je ferai avec plaisir ce que vous proposerez, pourvu que vous puissiez me convaincre.

15. Je vais lire les journaux en attendant que ton père revienne.

III. 用下列词填空 en, dans, pendant, depuis

1. Que ferez-vous dans deux ans?

2. J'ai lu ce texte en cinq minutes, et vous?

3. Il a travaillé au Japon pendant deux ans.

4. Je n'ai pas vu mes parents depuis deux ans.

5. On peut aller de New York à Washington en trois heures et demie.

6. Comment le monde sera-t-il dans 50 ans?

7. Les étudiants ont fait un stage pendant les vacances.

8. Tu vas revenir dans combien de temps?

IV. 把括号内的动词变成不定式过去时

1. Excusez-moi de ne pas vous avoir écrit plus tôt.

2. Il était heureux d'avoir fini son travail.

3. Je suis désolé de vous avoir dérangé.

4. Je vous remercie d'être venu.

5. Etes-vous certain de m'avoir laissé la clé?

6. Jacques est parti sans avoir passé son examen.

V. 参照例句转换句子

Ex: Il a bu un café, puis il est parti.

Après avoir bu un café, il est parti.

1. Les enfants ont bien joué, puis ils vont se coucher.

   Après avoir bien joué, les enfants vont se coucher.

2. Elle est allée à la banque, puis elle a fait des achats.

   Après être allée à la banque, elle a fait des achats.

3. Nous avons assisté à la réunion, puis nous sommes allés au bar.

   Après avoir assisté à la réunion, nous sommes allés au bar.

4. Elle a lu la lettre, puis elle a pleuré.

   Après avoir lu la lettre, elle a pleuré.

5. Il est arrivé à Paris, puis il s'est mis à chercher un appartement.

   Après être arrivé à Paris, il s'est mis à chercher un appartement.

6. J'ai lu ce roman, puis je le lui ai rendu.

   Après avoir lu ce roman, je le lui ai rendu.

7. J'ai réfléchi, puis j'ai pu résoudre mes problèmes.

   Après avoir réfléchi, j'ai pu résoudre mes problèmes.

8. Nous nous sommes bien amusés, puis nous sommes rentrés chez nous.

   Après nous être bien amusés, nous sommes rentrés chez nous.

VI. 用不定式过去时转换句子

Ex: Avant de partir au bureau, il déjeune.

　　Après avoir déjeuner, il part au bureau.

1. Avant de monter dans le train, il prend son billet.

   Après avoir pris le billet, il monte dans le train.

2. Avant d'envoyer la lettre, il l'a relue.

   Après avoir relu la lettre, il l'a envoyée.

3. Avant de répondre aux questions, elle a réfléchi.

   Après avoir réfléchi, elle a répondu aux questions.

4. Avant de choisir une profession, il a hésité pendant deux ans.

   Après avoir hésité pendant deux ans, il a choisi une profession.

5. Avant d'écrire un livre sur le Marché Commun, il est resté six mois à Bruxelles.

Après être resté six mois à Bruxelles, il a écrit un livre sur le Marché Commun.

VII. 把下列句子译成法语

1. 步行了三个小时后,大家都很累了。

    Après avoir marché trois heures, nous sommes tous très fatigués.

2. 我没有和他们道别就走了。

    Je suis parti sans leur avoir dit au revoir.

3. 感谢您帮助我们解决了这个难题。

    Nous vous remercions de nous avoir aidés à résoudre ce problème difficile.

4. 我很高兴自己成了一名医生。

    Je suis très content d'être devenu médecin.

5. 他独自一人在大街上行走,突然一种奇怪的声音引起他的注意。

    Il marchait tout seul dans la rue, soudain un bruit bizarre a attitré son attention.

6. 这部电影使公众了解到非洲人民的苦难生活。

    Ce film a permis au public d'avoir connu la vie misérable des peuples africains.

7. 她成为一名大学教师,我们感到很高兴。

    Nous sommes très contents qu'elle soit devenue professeur à l'université.

8. 和这些人在一起工作,您就会发现他们是多么热爱自己的工作。

    Travaillant avec ces gens-là, vous vous apercevrez combien ils aiment leur travail.

VIII. 参照例句转换句子

EX: Tu as parlé à un pêcheur que je connais.

    Je connais le pêcheur à qui tu as parlé.

    Je connais le pêcheur auquel tu as parlé.

1. Elle a parlé à des personnes que vous connaissez.

    Vous connaissez les personnes à qui elle a parlé.

Vous connaissez les personnes auxquelles elle a parlé.

2. Je me suis adressé à une vendeuse que tu connais.

Tu connais la vendeuse à qui je me suis adressé.

Tu connais la vendeuse à laquelle je me suis adressé.

3. Ils ont parlé à des policiers que vous connaissez.

Vous connaissez les policiers à qui ils ont parlé.

Vous connaissez les policiers auxquels ils ont parlé.

4. Vous vous êtes adressé à une concierge que je connais.

Je connais la concierge à qui vous vous êtes adressé.

Je connais la concierge à laquelle vous vous êtes adressé.

IX. 用合适的介词填空

1. Il va en ville à vélo.

2. Nous partons pour le Canada.

3. La banque est à 50 mètres d'ici.

4. C'est une machine à laver.

5. Il travaille de 8 heures à 16 heures.

6. Les enfants de 6 à 16 ans doivent aller à l'école.

7. Il demande souvent à sa sœur de l'aider.

8. Il a acheté un kilo de pommes.

9. Cette rivière est large de 15 mètres.

10. Ils sont heureux de faire ce voyage.

X. 将下文中从 les jours passent 至 qui a remplacé son modeste étalage 译成汉语

　　时光在流逝。夏尔洛拼命地工作。只要能够挣到足够的钱，达到他的目的，他什么活儿都干。他先是做清洁工，然后又当拳击手。夏尔洛在拳击台上，藏在裁判身后躲闪对手猛烈攻击的场面是影片中最令人捧腹大笑的一幕。经过千辛万苦之后，他终于攒足了他所许诺的钱数。当他心满意足地把钱交到那位姑娘手里时，姑娘兴奋而激动地流下了热泪。

　　随后，夏尔洛又重新开始了他的流浪生活，而卖花姑娘已重见光明，幸福地生活和工作着，旧日的简陋货架已由装饰一新的花店所代替。

第 41 课

课文参考译文
植物的蒸腾作用

太阳灼热；在开阔地长久行走之后，当你走进一片树林时顿时会感到极为轻松。你的好心情一下子就回来了，你更加充满活力地继续赶路。难道是因为有阴影才让你产生如此惬意的凉爽感觉？这样的阴凉，本可以随便在哪个屋顶下或在一堵墙的遮蔽下找到。但它不会像树阴那样使您感到格外凉爽。为什么呢？因为树木保有一种湿度，这种湿度使树阴更加爽人。

植物可以使空气保湿吗？当然。我们可以用一个简单的试验加以检验。

用一个钟形玻璃罩将一棵植物罩好后，我们把它保持在低温的环境中。过了一段时间后，我们看到钟罩的内壁上渐渐地布满了小水珠。另一方面，植物很快枯萎了。

在秤盘上做试验，就可以发现新鲜植物和枯萎的植物在重量上的差别。钟罩内壁聚积的水珠与重量的损失相抵消。用这种方法可以轻而易举地测量出不同的植物在一定的时间内排出水分的重量。

为什么植物会蒸腾呢？

为了吸收养料，植物通过根须吸取水分。水分里含有植物需要的矿物质。可是水中的养分并非很丰富；一升(水)中所含植物必需的成分仅有一至二克。因此，植物必须吸收大量的水分。不断上升到茎干、再到枝叶的水分变成了什么？蒸腾作用正是在这时出现的。蒸腾作用可以使植物摆脱所吸收的水分，只保留它所需要的东西。

I. 根据课文内容回答问题

1. Pourquoi les ombres des arbres peuvent-elles nous donner une sensation de fraîcheur agréable?

   Parce que les arbres retiennent une humidité qui rend leur ombre vivifiante pour notre organisme.

2. Quand on a recouvert une plante d'une cloche de verre, qu'est-ce qu'on voit au bout d'un certain temps?

Au bout d'un certain temps nous verrons la surface interne de la cloche se recouvrir lentement de petites gouttes d'eau.

3. Pourquoi est-il préférable de maintenir cette plante à une basse température?

Parce que le froid produit la condensation des vapeurs humides de l'air.

4. Comment les plantes se nourrissent-elles?

Les plantes se nourrissent en absorbant par leurs racines l'eau qui renferme les matières minérales dont elles ont besoin.

5. Pourquoi les plantes ont-elles besoin d'absorber une grande quantité de liquide?

Parce que l'eau que les racines des plantes absorbent n'est pas très riche en matières minérales, les plantes doivent absorber une grande quantité d'eau pour se nourrir.

6. Comment se libèrent-elles du liquide absorbé?

Les plantes se libèrent du liquide absorbé par la transpiration.

II. 用 à 或 de 填空

1. Est-il facile d'apprendre cette langue?

2. Nous commençons à travailler dès demain?

3. Je vous demande de ne plus fumer.

4. Le patron est en train de discuter avec lui.

5. Essayez-vous toujours de parler en français?

6. Avez-vous envie de faire ce stage?

7. Pourriez-vous remettre cette lettre à Michel?

8. Il avait mal à la tête.

9. Avez-vous le temps de préparer ce texte?

10. Est-ce qu'il s'adapte bien à son travail?

11. Ils se réjouissent de ces congés payés.

12. Ils ont appris à se débrouiller seuls.

III. 把不定式动词改为条件式过去时

1. Les bandits auraient stoppé une voiture de la police.

2. Le président se serait rendu au Canada.

3. Il aurait mis un autre nom sur son passeport.

4. Un magasin aurait été détruit par la bombe.

5. Elle serait venue par un Boeing 747.

IV. 用条件式过去时和愈过去时转换句子

Ex：J'irais avec eux, si je pouvais.

Je serais allé avec eux, si j'avais pu.

1. S'il restait sous la pluie, il prendrait froid.

S'il était resté sous la pluie, il aurait pris froid.

2. Si nous obtenions ces postes, nous irions en Amérique.

Si nous avions obtenu ces postes, nous serions allés en Amérique.

3. Si vous m'envoyiez un e-mail, je viendrais.

Si vous m'aviez envoyé un e-mail, je serais venu.

4. S'il faisait beau, nous ferions une excursion.

S'il avait fait beau, nous aurions fait une excursion.

5. Si j'étais libre, je vous accompagnerais.

Si j'avais été libre, je vous aurais accompagné.

6. Je ne viendrais pas, si je savais cela.

Je ne serais pas venu, si j'avais su cela.

V. 参照例句转换句子

Ex：Nous ne sommes pas venus en voiture.

Si nous avions su, nous serions venus en voiture.

1. Vous n'êtes pas allés en vacances.

Si vous aviez su, vous seriez allés en vacances.

2. Ils n'ont pas apporté de fleurs.

S'ils avaient su, ils auraient apporté des fleurs.

3. Ils ne sont pas restés à Beijing.

S'ils avaient su, ils seraient restés à Beijing.

4. Nous n'avons pas assisté au festival.

Si nous avions su, nous aurions assisté au festival.

5. Nous ne sommes pas restés à la maison.

   Si nous avions su, nous serions restés à la maison.

6. Vous n'avez pas vu ce film.

   Si vous aviez su, vous auriez vu ce film.

VI. 参照例句转换句子

Ex：Nous ne sommes pas partis, à cause de cette pluie.

　　Sans cette pluie, nous serions partis.

1. Nous ne sommes pas arrivés avant 8 heures, à cause de cette panne de voiture.

   Sans cette panne de voiture, nous serions arrivés avant 8 heures.

2. Je n'ai pas réussi aux concours, à cause de cette erreur.

   Sans cette erreur, j'aurais réussi aux concours.

3. Les paysans n'ont pas eu une bonne récolte, à cause du gel.

   Sans ce gel, les paysans auraient eu une bonne récolte.

4. Elle n'a pas pu obtenir son permis de conduire, à cause de l'imprudence.

   Sans cette imprudence, elle aurait obtenu son permis de conduire.

VII. 把下列句子译成法语

1. 如果没有这位电影编导,她也许不会成为著名的电影演员。

   S'il n'y avait pas eu ce cinéaste, elle ne serait pas devenue une actrice célèbre de cinéma.

2. 没有您的帮助,我就不会找到20年没有见面的兄弟。

   Sans votre aide, je n'aurais pas pu retrouver mon frère que je n'avais pas vu depuis 20 ans.

3. 要把这些食品置于低温中。

   Il faut maintenir ces nourritures à une basse température.

4. 植物需要吸收大量的水分才能生长。

   Les plantes ont besoin d'absorber une grande quantité d'eau pour se grandir.

5. 这些是进行试验必不可少的条件。

   Ce sont des conditions indispensables à l'essai.

6. 用这种办法,我们很容易测出海洋的深度。

Par cette méthode, il nous est facile de mesurer la profondeur de l'océan.

VIII. 把下列句子译成汉语

1. Est-ce qu'il y a un téléviseur en couleurs chez vous?

您家里有彩色电视机吗?

2. Les ouvriers en grève demandent qu'on augmente leur salaire.

罢工的工人要求增加工资。

3. Voilà deux grandes maisons traditionnelles: celle-ci est en bois, celle-là est en pierre.

这儿是两座传统建筑,这一座是木结构的,那一座是石砌的。

4. Est-ce que tu peux terminer ce travail en une demi-heure?

你用半小时能做完这个工作吗?

5. Ce roman est en quelle langue?

这本小说是用哪种语言写的?

6. C'est une région qui est riche en pétrole.

这是一个石油储量丰富的地区。

XI. 把下文译成汉语

在破坏森林的同时,人们也在毁坏土地。在没有树木的土地上,水土流失更快。

人们本想用化学制剂杀死危害树木的害虫,而这种杀虫剂对邻近的树木也是有害的。油船所载的石油泄入大海,几天之后,就有成千上万的死鱼飘浮在水面。

我们所赖以生存的空气与水同样不洁净。工厂把废料粉尘像倒入水源那样抛向空中。这些粉尘往往形成危及生命的尘雾。1952 年 12 月 5 日,4 000人在伦敦死亡,原因就是吸入了此类有害的尘雾。

第 42 课

课文参考译文

百万美元的赃物

加倍小心,万无一失。诡谲的盗贼好像知道雷诺兹夫妇周二晚上离开了他们位于威尔逊总统大街 8 号的住宅。他想打个电话证实此事。

晚上 8 点 30 分,神秘的通话人打电话给女佣马蒂内兹女士:先生和太太在吗？…不在？…那我明天再打过来吧。得到这一情报后,他匆忙挂断电话。

两个小时之后,马蒂内兹女士房间的门被猛地打开了。

"有个男人进来了,他脸上的方围巾盖到鼻梁中部。他揪住我的头发,把我从床上拖下来,问道:'你老板娘的首饰在哪儿?'我拒绝回答,他就粗暴地打我。"

随后,盗贼强迫少妇一直陪他走进主人的房间。细密的搜寻让他所获甚丰:价值 80 万美元的首饰和 12 500 美元的现金。相当于近百万美元的赃物。

三个小时之后,雷诺兹夫妇才发现被捆绑的女佣,报了警。

由于没有发现任何撬门的痕迹,人们认为盗贼是从屋顶进入摩根·雷诺兹先生的住宅的。

雷诺兹先生今年 66 岁,已于去年退休。他曾任美国好几家银行、企业及保险公司的董事。他平时住在佛罗里达,通常夏天在巴黎的住所度假。

节选自《法兰西晚报》

I. 根据课文内容回答问题

1. Où les Reynolds habitent-ils à Paris?

   Les Reynolds habitent avenue du Président Wilson, dans le seizième arrondissement de Paris.

2. Quand ont-ils quitté leur appartement ce jour-là?

   Ils ont quitté leur appartement le soir, avant 8 heures 30.

3. Quand la porte de la chambre de Mme Martinez s'est-elle ouverte brutalement?

   La porte de la chambre de Mme Martinez s'est ouverte brutalement à 10 heures 30.

4. Comment le cambrioleur a-t-il sorti Mme Martinez du lit?

   Il l'a tirée par les cheveux pour la sortir du lit.

5. Qu'est-ce qu'il l'a obligé à faire ensuite?

   Le cambrioleur l'a obligée à l'accompagner jusqu'à la chambre des Reynolds.

6. Qu'est-ce que le cambrioleur a trouvé dans la chambre de Reynolds?

   Il y a trouvé un véritable trésor: 800 000 dollars en bijoux et 12 500 dollars en billets.

7. Quand les Reynolds ont-ils alerté la police?

   Ils ont alerté la police vers une heure 30 du matin.

8. Par où le cambrioleur s'est-il introduit dans l'appartement de Reynolds?

   Il s'est introduit dans l'appartement de Reynolds par les toits.

9. Qu'est-ce que vous savez sur M. Reynolds?

   M. Reynolds est Américain, il a 66 ans. Il est retraité. C'est un ancien administrateur de plusieurs sociétés bancaires et industrielles américaines et de quelques compagnies d'assurance.

10. Est-ce qu'il habite souvent à Paris?

   Non, il habite le plus souvent en Floride, mais passe généralement ses vacances d'été à Paris.

II. 把括号内的过去分词进行必要的配合

1. Voilà les photos que nous avons prises pendant le voyage.

2. La maison qu'il a fait construire est très grande.

3. Combien de textes avez-vous lus?

4. La porte a été ouverte par le cambrioleur.

5. Elle espère être reçue.

6. Nous allons rendre visite à des amis étrangers arrivés hier à Beijing.

7. Née dans une famille pauvre, elle ne pouvait pas aller à l'école.

8. Ils sont partis sans nous avoir dit au revoir.

III. 把括号内的动词改为复合过去时并注意必要的性数配合

1. Ils se sont rencontrés dans la rue et ils se sont dit bonjour.

2. Elles se sont téléphoné.

3. Je pense qu'elle s'est intéressée à cette exposition.

4. Marie s'est souvenue d'avoir lu ce texte.

5. Comme ils ne se sont pas vus depuis longtemps, ils se sont posé beaucoup de questions.

IV. 把括号内的动词改为现在分词或过去分词

1. <u>Etant</u> malade, le professeur n'est pas venu aujourd'hui.

2. Le ministre a répondu aux questions <u>posées</u> par les journalistes étrangers.

3. Mme Reynolds a retrouvé ses bijoux <u>vendus</u> par le cambrioleur.

4. Elle se sert d'une machine à laver <u>fabriquée</u> à Hangzhou.

5. Il a acheté un livre <u>racontant</u> la vie de Marie Curie.

6. Nathalie, <u>baissant</u> la tête, ne répond pas tout de suite.

7. Le spectacle <u>terminé</u>, les spectateurs sont sortis du théâtre.

8. La voiture <u>étant</u> en panne, nous avons dû descendre et prendre un taxi.

V. 用复合过去分词重新组织句子

Ex：Après avoir visité le Temple du Ciel, les touristes vont au Palais d'Eté.

Ayant visité le Temple du Ciel, les touristes vont au Palais d'Eté.

1. Après avoir regardé la télévison, nous avons fait une promenade dans la rue.

<u>Ayant regardé la télévision, nous avons fait une promenade dans la rue.</u>

2. Après avoir consulté un avocat, elle a changé d'avis.

<u>Ayant consulté un avocat, elle a changé d'avis.</u>

3. Après avoir relu la lettre, elle l'a envoyée.

<u>Ayant relu la lettre, elle l'a envoyée.</u>

4. Après avoir réfléchi, il a pris la décision.

<u>Ayant réfléchi, il a pris la décision.</u>

5. Après avoir pris ce médicament, elle s'est endormie.

<u>Ayant pris ce médicament, elle s'est endormie.</u>

VI. 参照例句转换句子

Ex：Comme il avait obtenu une bourse, il est parti pour les Etats-Unis.

Ayant obtenu une bourse, il est parti pour les Etats-Unis.

1. Comme il avait payé l'addition, Duroc a quitté le restaurant.

<u>Ayant payé l'addition, Duroc a quitté le restaurant.</u>

2. Comme elle avait paris froid, Marie est obligée de rester au lit.

<u>Ayant pris froid, Marie est obligée de rester au lit.</u>

3. Comme il s'était bien reposé, Pierre s'est remis à travailler.

S'étant bien reposé, Pierre s'est remis à travailler.

4. Comme elle s'était trompée de route, Mme Li est arrivée en retard.

S'étant trompée de route, Mme Li est arrivée en retard.

5. Comme ils ne s'étaient pas vus depuis longtemps, ils étaient très contents de se retrouver.

Ne s'étant pas vus depuis longtemps, ils étaient très contents de se retrouver.

VII. 把下列句子译成法语

1. 战争迫使她放弃了学习。

La guerre l'a obligée à abandonner ses études.

2. 他抓住我的胳膊对我说:"别一个人出去,这太危险了。"

Il m'a pris par le bras et m'a dit:《Ne sortez pas seul, c'est trop dangereux》.

3. 由于没有得到任何答复,她只好重新写了一封信,并直接寄给公司总经理。

N'ayant reçu aucune réponse, elle était obligée d'écrire de nouveau une autre lettre et l'a envoyée directement au directeur général de la société.

4. 如果我要报警,应该拨哪个号码?

Si je dois alerter la police, quel numéro devrai-je faire?

5. 只是在一星期之后,他才得知他父亲去世的消息。

Ce n'est qu'une semaine plus tard qu'il a appris la nouvelle de la mort de son père.

6. 由于在北京工作了多年,玛丽回国后很想写一本描述北京人生活的书。

Ayant travaillé longtemps à Beijing, Marie a très envie d'écrire un livre sur la vie des gens de Beijing après le retour dans son pays.

VIII. 把下文译成汉语

雷诺兹先生 66 岁,去年已退休。他曾经是多家美国金融公司和工业企业及数家保险机构的董事。他常年居住在迈阿密(佛罗里达),但习惯于夏季来巴黎十六区的住宅度假。那天凌晨两点钟左右,他出席了一个大型招待会后,偕妻子回家,等待他的竟是意想不到的遭遇:他一进家门,便发现门厅旁的小客厅被弄得乱七八糟,家具的抽屉已不在原位,而且里面的东西被倒空。

待他走进卧室时,发现 32 岁的女佣马蒂内兹太太被捆在床上,嘴里塞着东西，害怕得浑身颤抖着。

阶段复习

(37 课—42 课)

I. 把括号内的动词变为虚拟式现在时

1. Je veux que vous <u>preniez</u> seul votre décision.

2. Il faut que vous <u>étudiiez</u> tous ces documents pour mieux saisir l'affaire.

3. Ma femme est heureuse que vous <u>fassiez</u> cela pour elle.

4. Je ne crois pas que ses invités <u>puissent</u> venir ce soir.

5. Voudriez-vous que je vous <u>dise</u> la vérité?

6. Il est possible qu'il <u>ne sache pas</u> comment monter cette machine.

7. Elle a peur que nous <u>partions</u> sans elle.

8. Jacques craint que son amie ne lui <u>soit</u> pas fidèle.

9. Tout le monde est fâché qu'il <u>pleuve</u> sans cesse.

10. Le patron demande qu'on <u>finisse</u> cette querelle.

II. 把括号内的动词改为合适的时态

1. Le professeur espère que les élèves <u>comprendront</u> ce qu'il dira.

2. Je suis certain que vous <u>avez</u> raison.

3. Je ne pense pas qu'il <u>puisse</u> réussir.

4. Quoi que vous <u>fassiez</u>, il y a toujours des mécontents.

5. Quel que <u>soit</u> son problème, aidez-le!

6. Ils jouent aux cartes <u>en bavardant</u>.

7. Il était très satisfait qu'elle <u>ait compris</u> cela.

8. Je regrette beaucoup que son appartement <u>ait été</u> cambriolé deux fois en trois mois.

III. 用现在分词、副动词或复合过去分词重组句子

1. Il ne faut pas parler quand on mange.

   <u>Il ne faut pas parler en mangeant.</u>

2. Quand il descendit du train, il vit sa fiancée qui l'attendait.

En descendant du train il vit sa fiancée qui l'attendait.

3. Comme elle a des achats à faire, elle demande un congé au directeur.

Ayant des achats à faire, elle demande un congé au directeur.

4. Quand vous sortez, n'oubliez pas de fermer la porte à clé.

N'oubliez pas de fermer la porte à clé en sortant.

5. Comme il avait terminé son travail, il est rentré chez lui.

Ayant terminé son travail, il est rentré chez lui.

6. On cherche le chemin qui conduit à la Colline parfumée.

On cherche le chemin conduisant à la Colline parfumée.

7. Je n'ai pas pu répondre à cette question, parce que je n'avais pas appris cette leçon.

N'ayant pas appris cette leçon, je n'ai pas pu répondre à cette question.

8. Après avoir ligoté le voleur, Marc téléphone à la police.

Ayant ligoté le voleur, Marc tétéphone à la police.

9. Comme il s'était couché très tard, il n'a pas pu se réveiller à six heures le lendemain matin.

S'étant couché très tard, il n'a pas pu se réveiller à six heures le lendemain matin.

10. Il ne sait pas comment faire ces exercices et il demande à son camarade de l'aider.

Ne sachant pas comment faire ces exercices, il demmande à son camarade de l'aider.

IV. 用复合关系代词回答问题

Ex：Sur quel sujet parle-t-il?

Voilà le sujet sur lequel il parle.

1. Dans quel laboratoire a-t-on fait ces recherches?

Voilà le laboratoire dans lequel on a fait ces recherches.

2. A quels matches vous intéressez-vous?

Voilà les matchs auxquels nous nous intéressons.

3. A quelle réunion ont-ils assisté?

Voilà la réunion à laquelle ils ont assisté.

4. Dans quel hôpital vous êtes-vous fait soigner?

Voilà l'hôpital dans lequel je me suis fait soigner.

5. Dans quel lycée avez-vous fait vos études?

Voilà le lycée dans lequel j'ai fait mes études.

V. 补充句子

1. Le médecin demande qui sont les parents de cet enfant.

2. Pouvez-vous me dire qui habite dans cette maison?

3. Dites-moi où habitent ces gens.

4. Je ne sais pas ce que je peux faire pour vous.

5. Je vais vous montrer la photo dont il a parlé.

6. Dites-moi ce dont vous avez besoin.

7. Dites-lui les problèmes auxquels vous réfléchissez.

8. Il y a beaucoup de pays où j'aimerais aller.

9. Il y a beaucoup de pays que j'aimerais visiter.

10. Il y a beaucoup de pays dont j'aimerais apprendre les langues.

VI. 参照例句转换句子

Ex：Grâce à son aide, j'ai pu trouver un travail.

Sans son aide, je n'aurais pas pu trouver ce travail.

1. Grâce à vos encouragements, j'ai pu oser lui en parler.

Sans vos encouragements, je n'aurais pas osé lui en parler.

2. Grâce à votre appareil, j'ai pris de bonnes photos.

Sans votre appareil, je n'aurais pas pris de bonnes photos.

3. Grâce à ce chien, les policiers ont arrêté les voleurs qu'ils recherchaient.

Sans ce chien, les policiers n'auraient pas arrêté les voleurs qu'ils recher-chaient.

4. Grâce aux livres que vous m'avez prêtés, j'ai trouvé la solution du problème.

Sans les livres que vous m'avez prêtés, je n'aurais pas trouvé la solution du problème.

5. Grâce à cette voiture, ils sont arrivés à temps.

Sans cette voiture, ils ne seraient pas arrivés à temps.

6. Grâce aux antibiotiques, un grand nombre de maladies ont été guéries.

Sans les antibiotiques, un grand nombre de maladies n'auraient pas été guéries.

VII. 参照例句转换句子

Ex: Elle a pris froid, parce qu'elle n'avait pas mis son manteau.

Si elle avait mis sont manteau, elle n'aurait pas pris froid.

1. Il est tombé, parce qu'il n'avait pas fait attention.

S'il avait fait attention, il ne serait pas tombé.

2. Je n'ai pas assisté à la soirée, parce que je n'avais pas reçu d'invitation.

Si j'avais reçu l'invitation, j'aurais assisté à la soirée.

3. Le professeur a critiqué Paul, parce qu'il n'avait pas fait ses devoirs.

Si Paul avait fait ses devoirs, le professeur ne l'aurait pas critiqué.

4. Ils n'ont pas acheté de cassettes, parce qu'ils n'avaient pas assez d'argent.

S'ils avaient eu assez d'argent, ils auraient acheté des cassettes.

5. Elle n'est pas venue, parce qu'elle n'avait pas fini son article.

Si elle avait fini son article, elle serait venue.

6. Ils sont arrivés en retard, parce qu'ils n'avaient pas pris le métro.

S'ils avaient pris le métro, ils ne seraient pas arrivés en retard.

VIII. 用复合关系代词转换句子

1. Il regarde le mur; sur le mur il y a un tableau de Picasso.

Il regarde le mur sur lequel il y a un tableau de Picasso.

2. Il ouvre la valise; dans cette valise il a mis des bijoux.

Il ouvre la valise dans laquelle il a mis des bijoux.

3. Marie nous a présenté ses amis; elle avait fait un stage avec eux.

Marie nous a présenté ses amis avec lesquels elle avait fait un stage.

4. Ce sont de nouveaux règlements; on doit faire atttention à ces règlements.

Ce sont de nouveaux règlements auxquels on doit faire attention.

IX. 选择正确的词

1. Vous pouvez venir travailler dans notre bureau, à condition que vous ne

fumiez plus. (C)

2. <u>Quoi qu'il fasse</u>，il se débrouille toujours très bien. (B)

3. Je n'aime pas <u>travailler</u> seul. (B)

4. J'aimerais savoir <u>ce que</u> voulait le patron. (A)

5. Voilà <u>ce dont</u> j'ai besoin. (C)

6. Il faut que quelqu'un m'explique les problèmes <u>dont</u> on
a parlé hier. (D)

7. Elle a fini ce travail toute seule，<u>sans que</u> ses amis
l'aient aidée. (D)

8. On arrivera plus tôt <u>en passant</u> par ce village. (A)

X. 把下列短句译成法语

1. 延长假期　　　　　<u>prolonger les vacances</u>

2. 在…遮蔽下　　　　<u>à l'abri de ...</u>

3. 提炼镭的专利　　　<u>le brevet sur la purification du radium</u>

4. 降价　　　　　　　<u>baisser le prix</u>

5. 世俗婚姻　　　　　<u>le mariage civil</u>

6. 保险公司　　　　　<u>la compagnie d'assurance</u>

7. 消费社会　　　　　<u>la société de consommation</u>

8. 抓住某人的头发　　<u>tirer quelqu'un par les cheveux</u>

XI. 把下文译成汉语

电视与报刊

　　在电视问世之前，一直是报纸将天下大事公诸于世。报纸使读者了解在国内和国际发生的一切。在电视出现之前，人们买报纸的确是为了"求知"。

　　然而，现在这一传递信息的角色由电子图像取代了。电视观众从小小的屏幕上观看世界上的生活，有时在事件发生的同时就能看到。因此，电视观众在报纸发行之前，就已经知道了发生的一切。结果是，只有当报纸能够提供更多的细节，尤其是能够使人们了解、分析和预测事件发展的情况下，人们才会买报纸。

　　简言之，报纸的作用不能仅仅是告诉人们发生了什么，而且还对这一事件进行解释和评论。

IV. 中级教程

第 43 课

课文参考译文
兴奋剂:体育的问题之一

大家都在谈论这件事,也知道有这回事儿:运动员服用兴奋剂。去年是马丁,如今是贝格,甚至连"明星运动员"也被查出(服用了兴奋剂)。

只要能创出更好的成绩或打破记录,什么(手段)都是好的,而很多运动员都接受这种"权宜之计"。

25 年前,运动员(只)满足于肌肉训练。如今,为了取得越来越辉煌的成绩,人们求助于"科学"的方法。

药品工业不断创出医治病人的有效新产品。但是当这些新产品用于其他目的,也会变得非常危险。

反对使用兴奋剂的斗争始于 1960 年:一些医生发现某些运动员行李箱里的物品后大吃一惊。此后开展的那场运动以 1965 年 6 月 1 日颁布"反对使用兴奋剂法"而告终。

不过,这些药品并不总是很容易就被发现的:一种完全新型的药品往往可以逃过药检。于是,对于大多数运动员来说,主要的问题是不要被查出。

责任在谁呢? 为什么运动员会作弊呢? 往往应把矛头指向运动员身边的人:领导啦,教练啦,都毫不犹豫地鼓励服用兴奋剂。尤其是现在的运动员总觉得对他们要求过高了。比如说,今年的环法自行车赛就对运动员提出不切实际的要求,已超过了他们体力所能及的限度。他们穿越了阿尔卑斯山、比利牛斯山脉及中央高原,在各段比赛之间乘火车、汽车,日夜兼程。晚上达到(营地)很晚,连睡觉的时间都没有了…

当然,他们喜欢观众,也懂得观众对比赛的兴趣(所在)。不过,他们认为环法自行车赛快变成极不人道的比赛了,因为领导们为了维持观众的兴趣,拒不同意减轻运动强度…

I. 根据课文, 选择最佳答案

  1. Tout le monde en parle：

    C. Tout le monde parle du fait que les sportifs se droguent.

  2. Tout est bon pour parvenir à de meilleurs résultats：

    B. Tous les moyens sont utilisés pour ...

  3. 《l'industrie pharmaceutique》 signifie：

    A. les fabriquants de médicaments

  4. Mais les produits ne sont pas toujours faciles à découvrir. Dans cette phrase 《découvrir》 signifie：

    C. déceler

  5. Il faut souvent accuser l'entourage des athlètes. 《L'entourage》 veut dire：

    A. les dirigeants et les entraîneurs

  6. 《maintenir l'intérêt des spectateurs》 signifie：

    B. éviter que les spectateurs s'ennuient

II. 挑选出课文中与"体育"有关的词汇和短语

  Ex：le sport, de meilleurs résultats, battre des records

    les sportifs　　les athlètes　　des exercices de musculation

    des exploits　　les entraîneurs　　le Tour de France

    les coureurs　　la compétition　　les épreuves

III. 挑选出课文中与"医学"有关的词汇和短语

  Ex：se droguer, l'industrie pharmaceutique

    le dopage　　soigner les malades　　le médecin

    l'antidopage　　un médicament　　une analyse

IV. 选择正确的词

  1. En Occident, la couleur du deuil est le noir.　　(C)

  2. Les trois couleurs du drapeau français sont le bleu, le blanc et le rouge.　　(C)

  3. Le jaune mélangé au bleu donner le vert.　　(C)

  4. Le vrai et le faux sont parfois difficiles à distinguer.　　(B)

5. Le professeur était fort embarrassé par les pourquoi de ces
   élèves curieux.   (A)

6. Tout le monde a le devoir d'aider celui qui est en difficulté.   (C)

V. 用下列词汇填空 avant, avec, depuis, après, près, devant

1. M. Roux habite tout près, à deux pas d'ici.

2. Il travaille très avant dans la nuit.

3. Les officiers marchaient devant.

4. Paul est allé en Amérique en 2003, et je n'ai pas eu de ses nouvelles depuis.

5. Pierre a sorti un crayon de sa poche et s'est mis à écrire avec.

6. Réfléchissez d'abord vous-même, je vous donnerai la réponse après.

VI. 用所给的词造句

1. sportif, ve *n.*

   Ils veulent devenir sportifs plus tard.

2. sportif, ve *adj.*

   Les enfants de l'école maternelle s'intéressent beaucoup aux activités sportives.

3. dîner *v. i.*

   A Noël, les Français dînent en famille.

4. dîner *n. m.*

   Elle a préparé un dîner copieux lors de l'anniversaire de son mari.

5. passant *n. m.*

   Il pose des questions aux passants pour faire une enquête sur le niveau de vie des habitants de cette ville.

6. passant (*p. présent*)

   Passant devant le supermarché, Mme Roux a vu son mari en train de discuter avec des jeunes.

VII. 法译中：把阅读材料中的以下段落译成汉语

Quand nous avons ... avec des airs de martyrs.

轮到我们家决定买一台电视机时，全家都同意把电视机摆在客厅，而不放在餐厅里。不能让任何东西破坏了家庭聚餐的和谐气氛。结果呢，情形比邻居家还糟。有时候是我的小儿子吃冷饭,因为他想看到西部片的结尾;有时候是我的大儿子吃了半截饭就离开餐桌,因为他不想错过连续剧的开场。以往我的孩子们喜欢游泳和网球,现在几乎没有体育活动了。他们的功课如同他们的身体一样,都因为在电视机前待的时间太长而受到影响。如果某一天我丈夫决定当晚不开电视,那么整个晚上都过得毫无生气,两个孩子沉默不语、无精打采,表情痛苦地看着我们。

第44课

课文参考译文
我父亲的骄傲

当我母亲去集市(买东西)时,就顺便把我送进父亲的课堂,他那时正教六七岁的孩子们读书。我便乖乖地坐在第一排,欣赏我父亲至高无上的权力。他手持一根细竹棍:用这根竹棍指点黑板上写的字词,偶尔也用来敲打不专心听讲的笨学生的手指。

一天早晨,我母亲把我放在我的座位上没说话就出去了。那时我父亲正往黑板上工整地写一句话:"妈妈惩罚了不听话的小男孩。"

当他画完令人钦佩的、圆圆的句号时,我喊了起来:"不对,不是这么回事!"我父亲猛地转过身,吃惊地看着我,而且大声说道:"你说什么?"

"妈妈没有惩罚我! 你写得不对!"

他朝我走过来:

"谁说惩罚你了?"

"是这么写的。"

他吃惊得半天说不出话来。

最后,他说:"瞧呵,瞧呵,你会认字啦?"

"对呀,我会认字。"

他又重复道:"瞧呵,瞧呵……"

他用细竹棍的尖端指点着黑板:

"那就念念吧。"

我高声朗读这个句子。

他又去找来一本识字读本,而我则毫不费力地念了好几页。

我相信,那是他一生中最快乐、最自豪的一天。

当我母亲风风火火地赶来时,她看到我待在四位教师中间。后者把自己的学生打发到操场后就来听我慢慢地念《小拇指》的故事…她并不欣赏我的杰作,而是脸色变得苍白,一边把她买的东西放下放在地上,合上书,一把抱起我,一边说:"我的天啊,我的天啊!…"

在教室的门口,站着(学校的)看门人,这位科西嘉老太太用手划着十字。后来我才知道,正是她去找我母亲,并使她相信,"那些先生"快要让我的"脑袋爆炸了"。

吃饭的时候,我父亲断言,那全是荒谬的迷信说法。还说,我没费任何劲儿,我学会认字就像鹦鹉学舌,而且他都没有发现。我母亲则没有被说服,时不时地把手放在我的额头上,问道:"你的头不疼吗?"

没有,我没头疼。可是直到六岁,再也不许我走进教室,不许看书,生怕我的脑袋会爆炸。两年之后,我母亲才放下心。在我第一学期的学习结束时,我的小学老师告诉她,我有着惊人的记忆力,但我的智力发育仍处于婴幼儿水平。

选自马赛尔·帕尼奥尔著《我父亲的光荣》

I. 根据课文,选择最佳答案

1. un beau matin veut dire:

   A. un matin

2. Il arrondissait un admirable point final. 《arrondissait》veut dire:

   A. écrivait très soigneusement

3. La surprise lui coupa la parole un moment.《un moment》veut dire:

   C. pendant un certain temps

4. Il ne s'en était même pas aperçu:

   C. Il ne s'était pas aperçu que j'avais appris à lire.

5. J'étais doué d'une mémoire surprenante.

   B. J'avais une mémoire surprenante.

II. 根据课文判断下列句子的"正""误"

1. 误　2. 正　3. 误　4. 误　5. 正

III. 找出前缀相同的词

1. malheureux:　malentendu　　malhonnête　　malpropre

2. inconnu：   incomparable   indirect   incertain

3. revoir：   refaire   rechercher   reconnaître

4. automobile：   autonome   automate   autodéfense

5. décomposer：   déchiffrer   décoller   découvrir

IV. 根据下列动词找出带 en-, em-, 等表示运动的词

Ex. porter — emporter   voler — envoler

lever   enlever   mener   emmener

fuir   enfuir   fermer   enfermer

dormir   endormir   tasser   entasser

V. 根据以下词汇，找出带 pré- 的词

Ex：histoire — préhistoire

venir   prévenir   avis   préavis

juger   préjuger   voir   prévoir

nom   prénom   conçu   préconçu

occupation   préoccupation   sentiment   pressentiment

VI. 找出下列形容词的反义词

Ex：résistible—irrésistible

réalisable   irréalisable   recevable   irrecevable

remplaçable   irremplaçable   réparable   irréparable

responsable   irresponsable   mangeable   immangeable

VII. 补充图表

armer	**désarmer**	**réarmer**
monter	**démonter**	remonter
habiller	déhabiller	**rhabiller**
gonfler	dégonfler	regonfler
plier	déplier	replier
boucher	**déboucher**	reboucher
celer	déceler	receler
poser	déposer	**reposer**

VIII. 法译中：翻译阅读材料以下段落：

Un jour, le bûcheron … retrouva facilement son chemin et rentra.

一天，樵夫决定把他的孩子扔到树林里。樵夫的妻子起初不答应，但由于不愿意亲眼看到孩子们慢慢地饿死，最终还是同意了丈夫的计划。"小拇指"，就是被认为孩子中最笨的那个，出生时与拇指一般大小，他听得一清二楚。于是，他很早就起床，走出门，把自己的口袋装满白石子。当父亲带他们去树林时，小拇指沿路撒下小石子。多亏了这些白石子，他轻而易举地找到了原路，回到家中。

第 45 课

课文参考译文
妇女与工作

伊韦特，37 岁，有 3 个孩子，从未有过真正的选择（余地）。工作还是待在家里？结婚 17 年来，她常常问自己这个问题。每次都是情势为她作出决断。

第二个孩子出生以前，她本来一直从事助理会计的职业。她丈夫是政府部门的职员，每个月挣 1 500 欧元。在巴黎地区，仅靠这笔收入难以抵偿一个正在巴黎安家的家庭开支。因此，伊韦特的工资尽管不高，但对她和丈夫而言却是不可或缺的。开始时，他们有幸把大女儿托付给一位老太太（照看），但第二个女孩儿出生后，老太太拒绝再为他们看孩子。附近没有托儿所，仅有几个保姆。而她们照看两个孩子要的工钱与伊韦特的工资相差无几…没有别的办法，伊韦特（只好）放弃工作。她本来指望小女儿一上学就能结束这段间歇期，没想到第三个孩子的不期而至打乱了她的计划。

于是，伊韦特在 9 年间一直从事着家庭妇女的职业，直到那一天：孩子父亲的工资、各种补助金及给邻居做钟点工的收入仍难以维持生计。尽管有 3 个孩子，而且放学以后也没有能安置他们的公共设施，伊韦特还是决定重新投入一份全日制工作。这又一次（说明），需要就是法律。

伊韦特做家庭妇女并不是情愿的。一本女性周刊最近所做的调查表明，在 600 万待在家中的妇女中，只有 15％的人因个人爱好作出这样的选择。相反，那些有工作的妇女，大多数都在从事自己的工作，因为她们（确实）需要。妇女在有报酬的工作和家务活之间进行自由的选择,在大多数情况下依然是空想。

I. 根据课文,选择最佳答案

1. Chaque fois ce sont les circonstances qui out tranché pour elle：

   B. les circonstances ont décidé à sa place

2. Cette somme, à elle seule, couvrait mal les dépenses.

   B. Cette somme ne suffisait pas vraiment pour les dépenses.

3. La vieille dame déclara forfait.

   C. La grand-mère n'accepta pas de garder la deuxième enfant.

4. Elle espérait que cet intermède cesserait：

   C. Elle espérait recommencer à travailler.

5. 《De petits gains provenant d'heures de ménage faites chez une voisine》 signifie que：

   B. Yvette fait le ménage chez sa voisine.

6. Encore une fois, nécessité faisait loi：

   C. les circonstances ont décidé à sa place, encore une fois

7. Sur les six millions de femmes qui restent chez elles, 15% seulement choisissent cet état par goût personnel.

   A. Moins d'un million de femmes préfèrent rester à la maison.

II. 根据不同的题材,归纳词或词组

Ex：	**argent**：	gagner 1 500 euros	une somme
		couvrir les dépenses	le salaire
		les allocations	de petits gains
	enfants：	la naissance	une crèche
		une nourrisse	un bébé
		la cadette	l'école
	travail：	exercer un métier	aide-comptable
		un employé	la profession
		un emploi à plein temps	un travail domestique

III. 找出课文中的反义词或词组

Ex：continuer d'exercer son métier/s'arrêter de travailler

choix/nécessité

travailler/rester chez elle   un lux/une nécessité

le salaire/les dépenses   (enfant) accepté/désiré

goût personnel/besoin   le travail rémunéré/le travail domestique

IV. 找出与下列动词有关的带 -ture 的词

Ex：ouvrir — ouverture

fermer   fermeture   lire   lecture

écrire   écriture   capter   capture

couvrir   couverture   signer   signature

V. 找出与以下形容词有关的带 -esse 的词

Ex：petit — petitesse

triste   tristesse   étroit   étroitesse

riche   richesse   gentil   gentillesse

vieux   vieillesse   jeune   jeunesse

VI. 找出与下列动词有关的带 -able 的形容词

Ex：profiter — profitable

aimer   aimable   admirer   admirable

porter   portable   accepter   acceptable

recevoir   recevable   servir   serviable

réaliser   réalisable   remarquer   remarquable

lire   lisible   voir   visible

VII. 根据例子，转换词

Ex：éduquer — éducation   former — formation

fabriquer   fabrication   opérer   opération

expliquer   explication   préparer   préparation

compliquer   complication   réaliser   réalisation

provoquer   provocation   pénétrer   pénétration

VIII. 填空，请使用 apporter, emporter, amener, emmener

1. Il emmène sa voiture chez le mécanicien.

2. Il n'a pas apporté de quoi boire.

3. Qu'est-ce qui vous a amené dans cette ville?

4. S'il vous plaît, emmenez ce chien dehors, ici il nous gêne.

5. N'emporte pas ce disque, s'il te plaît. J'en ai besoin.

6. Je vous ai apporté un souvenir du Mexique.

第 46 课

课文参考译文
攻陷巴士底狱

1789 年 7 月 14 日,这个攻陷巴士底狱的日子,是法国历史乃至世界历史上的一个转折点。这是法国大革命的第一个行动。

巴士底狱曾是一座城堡,拥有 8 座高大的城楼。这座昔日的军事堡垒,后来成为一座监狱。凭借一封盖有国王封印的信,国王可以随意把人关进巴士底狱。

几天来,巴黎处于动荡中。与国王作对的三级会议宣布成立了国民议会。国王害怕了,调集了 6 个团包围巴黎。7 月 11 日,颇得民心的内克大臣被罢免。这回轮到巴黎人民感到害怕了。一批一批的示威游行者在巴黎穿梭,而且就在王宫花园内,一位慷慨激昂的演说家卡米耶－德穆兰号召人民拿起武器。

7 月 13 日,成立了设在市政厅的常设委员会和一支公民自卫队,即后来的国民自卫军,负责维持秩序。

7 月 14 日清晨,人们成群地涌向残废军人院(荣军院),找到了枪枝和大炮。至于弹药,有人说储藏在巴士底狱内。于是便向巴士底狱进发,借此机会还可以释放国王专制的"受害者"。下午 4 点左右,暴动者越过吊桥,强行进入城堡。当时,巴士底狱仅仅由监狱长德洛耐指挥的 80 名残废军人和 30 名瑞士兵把守。监狱长德洛耐急了,命令开炮,死伤百余人。

愤怒得发狂的暴动者把德洛耐拖到市政厅,把他和巴黎市长弗雷赛尔一起杀害。两个人的首级被挑在长矛尖上在整个巴黎游街示众。

在这座赫赫有名的监狱中,只关押着 7 个犯人。其中有两个疯子和 4 个造假钞票的人。很快便决定拆毁这座象征野蛮的巴士底狱,并立即开始。

攻陷巴士底狱仅用了 45 分钟,但这一事件像霹雳一般震撼了全法国。当权者首次在人民面前投降。

选自《法国历史大全》

I. 根据课文,选择最佳答案

1. Le roi peut enfermer qui bon lui semble:

   A. Le roi peut enfermer qui que ce soit.

2. Les Etats généraux se sont déclarés Assemblée nationale.

   C. Les Etats généraux se sont transformés en une Assemblée nationale.

3. Le 13 juillet, se fonde un comité permanent.

   C. Un comité permanent se crée.

4. La foule se porte en masse aux Invalides.

   B. Une foule nombreuse se rend aux Invalides.

5. 《sous les ordres du gouverneur De Launay》signifie que:

   B. de Launay commande la garde de la Bastille

6. La démolition de la Bastille n'en est pas moins décidée.

   A. Malgré cela, la démolition est décidée.

II. 根据课文判断下列句子的"正""误"

1. 正　　　2. 误　　　3. 误

4. 误　　　5. 误　　　6. 正

III. 找出课文中修饰"巴士底狱"的词

Ex：un château fort	le symbole de la barbarie
pourvu de huit grosses tours	une citadelle militaire
la fameuse prison	la forteresse

IV. 找出从以下形容词衍生的、带 -eur 的词

Ex：grand — grandeur	épais — épasseur
laid　　laideur	gros　　grosseur
large　　largeur	doux　　douceur
long　　longueur	frais　　fraîcheur
lent　　lenteur	froid　　froideur

V. 找出与以下名词相关的动词

accueil	accueillir	survie	survivre
soutien	soutenir	licenciement	licencier
lutte	lutter	entreprise	entreprendre

VI. 找出与以下名词相关的动词

séparation	séparer	habitation	habiter
estimation	estimer	agitation	agiter
constatation	constater	affirmation	affirmer
déclaration	déclarer	hésitation	hésiter

VII. 把下列形容词转换为副词

prudent	prudemment	exact	exactement
difficile	difficilement	puissant	puissamment
récent	récemment	actuel	actuellement
gentil	gentiment	patient	patiemment
actif	activement	financier	financièrement

VIII. 根据例句改变下列词

Ex：l'achat — acheter — acheteur, acheteuse

la vente	vendre	vendeur, vendeuse
le travail	travailler	travailleur, travailleuse
le dessin	dessiner	dessinateur, dessinatrice

IX. 法译中

抵抗运动的志士

巴黎被纳粹德国占领了。占领者要求老百姓服从命令。到处都是希特勒的士兵在巡逻。

约里奥·居里曾是原子能的发明者之一,此刻他正在巴黎市中心为抵抗运动制造炸药。像成千上万的爱国者一样,他正从事着要把侵略者从法国赶出去的一份危险而秘密的工作。

希特勒分子没有料到约里奥·居里的实验室里正在为抵抗运动的战士们制造武器。约里奥·居里曾两次被盖世太保抓去。敌人想让这位伟大的科学家背叛解放祖国的神圣事业。然而,约里奥—居里早已把生死置之度外。

1942 年春,约里奥·居里目睹了他的不少朋友在反法西斯的英勇战斗中献身之后,他参加了(法国)共产党。他曾表示:"假如我不可避免地要被抓去,被枪毙,我宁愿作为共产党人而死。"

第 47 课

课文参考译文
最后一次约会

罗贝尔·科斯塔多已与罗丝·雷佛鲁订婚。但自从罗丝家破产后,罗贝尔的母亲竭尽全力阻止他们的婚事。年轻人受母亲的影响决定中断关系。

罗丝对罗贝尔说:"要是下雨,你就在公园对面的糕点铺里等我。6 点钟,不会有人的。"

都 6 点 15 分了,罗贝尔已经吃了 3 块点心了,而罗丝还没有来。他心想,"再过 5 分钟,她还不来,我就走…"。

他又想到,罗丝一定是被雨阻住了:她什么都想不到,大概没有雨伞。她来到的时候一定挺狼狈。他把目光转向(刚才)为他服务、现在低声交谈的两位女招待。他想象着罗丝会给她们留下什么印象。

他站起身来,在桌子上留下一个硬币…这时候,他看见罗丝站在门口,正在合上一把怪模怪样的男用伞。风把湿漉漉的短裙贴在她的腿上。她走进来,不知道应该把雨伞放在哪儿。这时,一位女招待把雨伞从她手中接过来,她就在罗贝尔身旁坐下来。

她说:"我是跑着来的。"

他看了她一眼。

"看你这副(狼狈)样子! 你会生病的…"

"噢! 短裙沾满了雨水,双腿也湿了。不过,没关系,有你在(就好)。"

她把女招待给她送来的茶杯端到唇边。

他说:"你也该替我想一想,想一想我爱过的、可爱的罗丝。那可爱的罗丝可不是这样短裙沾满雨水、双脚湿漉漉。这不是埋怨(谁),可是我得费点劲儿才…这别怪我。"

她吃惊地看着他。

他又说:"我希望你可怜可怜自己…我的意思是说,你的脸、你的手和你的身体。"

她把双手藏在桌子底下,脸色变得苍白。

她低声说:"你不喜欢我了?"

"不是这个问题,罗丝。我让你可怜可怜你自己。你是我所见过的唯一不照镜子的女人。你只要看一眼,就会明白我的意思了。"

她把头深深地低下,吃着点心。他明白她哭了。

她没有抬头,说道:"我(的表现)是值得你责备的。不过,我得向你解释:我小的时候,什么事情都有人管。有人为我准备好洗澡水,给我梳妆,给我穿衣。现在,我晚上很晚回家,早上起得很早。我知道我连最起码的也没做到。可我还以为,我们之间的爱情会超脱这一切。"

她说不下去了,硬咽着喘不上气来。他却不说一句话安慰她。突然,她抓住他的手,他贴近地看见了她那蜡黄的、湿漉漉的小脸。

"可是,星期六晚上你还挺喜欢我的呢!"

他以疲惫的口吻回答:"是啊,是啊!"

她叫他的名字:"罗贝尔!"她突然觉得他在离开他,已经走得很远很远,听不见他的声音了。不对,不是这么回事儿,她看见他此刻就坐在那儿。他是她的未婚夫,10月份她就要成为他的妻子了。而他,非常清楚罗丝此时此刻的心情,咽下了绝情的话。

他说:"到家里去吧,我会把炉火烧得旺旺的。"

她谦恭地向他致谢。

他们冲进雨中,直到走进科斯塔多家,他们谁都没有再开口。罗贝尔知道,那天他母亲会回来得很晚。他没有把罗丝带进自己的房间,而是带进客厅,并把炉火烧得旺旺的。罗贝尔让罗丝把鞋脱掉。

她脸红了:

"原谅我,我想我的袜子破洞了…"

他稍稍别过头去。罗丝在镜子中突然看到她在罗贝尔眼中那副模样。她摘掉帽子,想试着整理一下一绺绺的头发。他拿起她的高帮皮鞋,放在离火近一点儿的地方。

罗丝朝罗贝尔欠身用双手捧起他的头,迫使罗贝尔把目光对着她。

她说:"你是个好人。"

他抗议道:"不是的,罗丝,别这么想。我不是个好人。"

突然,他本来没有准备的话脱口而出:

"原谅我吧,我不爱你了。"

选自弗朗索瓦·莫里亚克著《海之路》

I. 根据课文,选择最佳答案

1. Le quart de six heures avait sonné.

   B. Il était 6h 15.

2. Elle arrivait dans un joli état.

   A. Il pensait qu'elle arriverait toute mouillée.

3. Il songea à l'impression que leur ferait Rose.

   B. Il se demanda quelle impression Rose leur ferait.

4. Je voudrais que tu aies pitié de toi-même.

   C. Je voudrais que tu prennes soin de toi-même.

5. Elle était devenue pâle:

   C. parce qu'elle se sentait honteuse

6. 《On faisait tout pour moi depuis mon enfance … maintenant je rentre tard, je me lève de grand matin》signifie:

   B. ma vie a changé

II. 根据课文判断下列句子的"正""误"

1. 正   2. 误   3. 误   4. 正

III. 写出下列词的反义词

Ex：joli — laid, entrer — sortir

fermer	ouvrir	lourd	léger
apporter	emporter	baisser	élever
s'éloigner	s'approcher	tard	tôt
le mariage	le divorce	sur	sous
devant	derrière	allumer	éteindre

IV. 根据所给的词,构成复合词

timbre, poste	un timbre-poste
lit, wagon	un wagon-lit
fleur, chou	un chou-fleur
feu, allume	un allume-feu

né，nouveau	un nouveau-né
ouvre，boîte	un ouvre-boîtes
affaire，homme，de	un homme d'affaires
main，œuvre，de	la main d'œuvre
calculer，à，machine	une machine à calculer
vapeur，bateau，à	un bateau à vapeur
fiction，science	la science-fiction

V. 找出与以下形容词相关的副词

large	largement	précis	précisément
profond	profondément	évident	évidemment
résolu	résolument	énorme	énormément
doux	doucement	attentif	attentivement

VI. 填空

1. Le musicien qui joue du piano est un pianiste.

2. Le médecin qui soigne les dents est un dentiste.

3. Les ouvriers qui font grève sont des grévistes.

4. Le commerçant qui vend des fleurs est un fleuriste.

5. La personne qui écrit des romans est un romancier.

VII. 找出与以下形容词相关的名词

Ex：bon — la bonté　　　　　long — la longueur

beau	la beauté	intelligent	l'intelligence
gai	la gaieté	méchant	la méchanceté
total	la totalité	léger	la légèreté
faible	la faiblesse	tranquille	la tranquillité

VIII. 补充图表

évitable	inévitable	inévitablement
discutable	**indiscutable**	indiscutablement
confort	inconfort	**inconfortablement**

concevable	inconcevable	**inconcevablement**
parfait	**imparfait**	imparfaitement
comparable	incomparable	incomparablement

IX. 法译中

重罪法庭

　　昨天,我去旁听重罪法庭的审判。被告是一位杀死丈夫的妇女。她是外籍人,法语讲得很糟。她的律师代她回答问题。律师身穿一件袖身肥大的黑袍,做起手势来很夸张。

　　庭长身着红袍,神色威严,不过他只是在履行职责而已。庭长询问一名证人:"我们要了解真实情况。既然您是他们的邻居,请回答我:那个男人对他妻子是否很凶?"

　　"是的,庭长先生。他酗酒成性,从来不给妻子钱。邻居们都说:迟早,他会要了她的命。"

　　"可事实上却是她杀了丈夫。"

　　"这不出预料,庭长先生。他殴打她,这女人要自卫,就这么简单。"

　　傍晚时分,陪审团递交裁决书,法庭作出判决。法庭判处女被告三年徒刑,缓期执行。听众席上有人鼓掌。庭长要求大家保持肃静。据我看,大家都认为判决较为合理。记者们纷纷涌向电话机,向各自的报社通报这一消息。

第 48 课

课文参考译文
蒸汽机的工作原理

　　水加热到沸点,就变成一种被称为蒸气的气体。这种气体可以膨胀:它趋于完全占领它所处的空间。蒸气机正是利用这种特质运作的。

　　我们来观察一下正在沸腾的一壶开水。我们看到从壶嘴出来的蒸气向四面扩散。我们用塞子把壶嘴堵住,并压紧壶盖:塞子被弹了出去。蒸气机很像一把壶嘴已被堵住、壶盖忽高忽低但不脱落的开水壶。在一台机器上,这种盖子被称作

"活塞"。

为了研制蒸气机,(人们)曾经进行过多次试验,但是某些问题很难解决:压力不稳定、缺乏对蒸气锅炉的足够保护及煤炭的消耗过大。

最终,詹姆士·瓦特发明了一种蒸气机。在这种机器上,膨胀的水蒸气所产生的能量直接作用于活塞。蒸气的压力在汽缸内把活塞抬高 1 米。活塞的重量和活塞杆又使它回到起点。这就是单向作用蒸气机的原理。在后来研制出的蒸气机上,只让少量蒸气进入汽缸,以免造成浪费。

后来,瓦特又改进了他的蒸汽机,给它加上蒸汽冷凝器。这是一个用管道和阀门与汽缸相连接的接受器,回收从机器中漏出的蒸汽,使之在接受器中重新液化。

第三个新发明就是找到使蒸汽推动活塞往复运动的一种方法。自此,由蒸汽而不是由空气压力把活塞推下去。这样,活塞(才能)上下往复"工作"。这种结构称为往复式结构。

它(只要)连接上一个泵、操纵杆和曲柄,就能启动任何一种机械装置。

选自《宇宙万象》

I. 挑选出课文中表示发展过程的动词

Ex：bouillir, transformer, occuper

se propager	éjecter	lever
abaisser	ôter	soulever
redescendre	pénétrer	récupérer
s'échapper	liquéfier	condenser

II. 下列定义是否正确?

1. 正　　　　2. 误　　　　3. 正

III. 借助课文,写出下列词的定义

1. La vapeur est un gaz transformé par l'eau en ébullition.

2. Une machine à vapeur est une machine qui sert de la pression de la vapeur pour faire fonctionner les pistons.

3. Une machine à vapeur à effet simple est une machine dans laquelle la pression de la vapeur soulève le piston, mais c'est le poids et la tige du piston qui fait redescendre le piston vers le point de départ.

4. Un condenseur de vapeur est un récipient qui récupère la vapeur s'échappant de la machine et dans ce récipient la vapeur est liquéfiée à nouveau.

IV. 写出下列词的简略形式

Ex: une automobile — une auto

un stylographe	un stylo
une motocyclette	une moto
le cinématographe	le cinéma
une photographie	une poto
un professeur	un prof
une faculté	une fac
le baccalauréat	le bac
sympathique	sympa

V. 写出与下列名词相关的动词,或与动词相关的名词

Ex: le coût — coûter, durer — la durée

regarder	le regard	arriver	l'arrivée
le conseil	conseiller	la marche	marcher
rencontrer	la rencontre	un appel	appeler
une écoute	écouter	un déjeuner	déjeuner

VI. 补充下列图表

diriger	**direction**	**directeur**
rédiger	rédaction	rédacteur
éditer	**édition**	éditeur
imprimer	impression	**imprimeur**
voler	vol	**voleur**
visiter	**visite**	visiteur
agresser	agression	agresseur
indiquer	**indication**	indicateur

VII. 用下列词填空：n'importe qui，n'importe quoi，n'importe quand，n'important comment，n'importe où，n'importe quel，等

1. Vous ne pouvez pas faire n'important quoi.

2. A quelle heure puis-je vous voir?

   Vous pouvez venir à n'importe quelle heure.

3. Qui peut faire ce travail, à votre avis?

   N'importe qui peut le faire.

4. Quand est-ce que je peux te téléphoner?

   Téléphone-moi n'importe quand.

5. Qu'est-ce que vous avez répondu quand on vous a posé cette question bizarre?

   J'ai répondu n'importe quoi.

6. Où peut-on trouver de bons restaurants en France?

   On en trouve n'importe où.

7. Comment dois-je écrire cette lettre?

   Ecrivez-la n'importe comment.

8. Comment doit-on s'habiller pour assister à cette soirée?

   On peut s'habiller n'importe comment.

9. Quels livres peut-on emprunter?

   On peut emprunter n'importe quels livres.

10. Quelles fleurs dois-je acheter?

    Vous pouvez acheter n'importe quelles fleurs, mais à condition qu'elles ne soient pas trop chères.

VIII. 法译中

太阳能

　　无论是直接的还是间接的，太阳都是地球拥有的最重要的能源。从直接的角度讲，太阳带来了热和光；从间接的角度讲，太阳提供了植物赖以生存的光和作用的能量。

　　太阳能是可再生的能源，而又取之不竭。直接应用的太阳能对环境的负面影响极小。这一"免费的"、"清洁的"、在地球的任何地点都能寻获的能源，

其数量根据纬度、海拔和气候的不同而变化。

　　使用太阳能最大的问题即能源的截取和储存。我们之所以说它是"免费的"和"清洁的",就是因为它可以自由使用,同时,它的转化过程不会像碳氢化合物那样造成污染。

第49课

课文参考译文
出生率问题

　　法国出生率下降(的事实)得到证实:法国人口不再能保障世代的更新,1980年育龄妇女的生育率降为1.8(为战后最低水平)。

　　几方面因素说明了这种现象:平均婚龄提高了;另一方面,人们结婚后并不急于要第一个孩子。他们似乎更看重两个人的生活——至少在几年之内——以及娱乐活动、社会关系,尤其是双方继续从事各自的事业。

　　出生率的下降对法国的(社会)生活产生着不可逆转的后果,从而引起当局的忧虑。一些政治家认为:(人口出生率的下降)会带来没有足够的年轻人保障退休老年人生活的危险。另一方面,人口的锐减会危及国民经济。

　　这些论点可能不太有说服力,恐怕还是应该从个人和感情的角度来看待这个问题。

　　因为法国人并不反对生儿育女。但是在他们看来,在情理与理想之间仍有差别,正如就以下两个问题所得到的回答所表明的那样:

　　——鉴于您可能遇到的困难,您认为要几个孩子比较合乎情理?

无子女	1	2	3 个或以上	不知道
4％	7％	45％	40％	4％

　　——如果没有物质条件的约束,您认为要几个孩子最为理想?

无子女	1	2	3 个或以上	不知道
3％	4％	37％	50％	6％

　　　　　　　　　　　　　　　　　　　　载于《法兰西画报》的民意测验

在(育龄)夫妇的顾虑中,物质条件的问题当然起重要作用。因此,要采取有利于多子女家庭的紧急措施：应该提高家庭补贴、增建托儿所和幼儿园⋯

可能也需要创建一个令人感到更加惬意的社会。公共设施、绿地和娱乐，这些从来都没有根据儿童的需要来考虑。因此，有些家长可能正在等待着一个不像如今这般冷漠的世界（出现）。

I. 根据课文，选择最佳答案

1. La population française n'assure plus le renouvellement des générations.

   《le renouvellement》signifie：

   C. la reproduction

2. Le plus bas que la France ait enregistré depuis la guerre.

   《depuis la guerre》 signifie：

   B. depuis 1945

3. Ils préfèrent privilégier la vie à deux：

   B. Ils donnent la priorité à la vie à deux.

4. La poursuite d'une double activité professionnelle：

   B. le mari et la femme veulent chacun continuer à travailler

5. assurer la retraite des personnes âgées：

   C. assurer la vie matérielle des personnes retraitées

6. 《des familles nombreuses》signifie：

   A. famille qui ont beaucoup d'enfants

II. 根据课文判断下列句子的"正""误"

1. 正　　　2. 误　　　3. 正　　　4. 误　　　5. 正

III. 找出课文中表示"降低"或"提高"的词和句型

la chute　　　　tomber　　　　le plus bas

s'élever　　　　le recul　　　　la réduction

IV. 对句中黑体词提问

1. Ce terrain mesure **150 mètres de long**.

   Quelle est la longueur de ce terrain?

2. Il y a **32 étudiants** dans ma classe.

   Combien d'étudiants y a-t-il dans votre classe?

3. La superficie de la Chine est de **9 600 000 km²**.

Quelle est la superficie de la Chine?

4. Nous sommes **le 5 avril.**

   Quelle date sommes-nous aujourd'hui?

5. Il gagne environ **4 500 euros** par mois.

   Combien d'euros gagne-t-il par mois?

6. Cette rivière a **60 mètres de large.**

   Quelle est la largeur de cette rivière?

7. La hauteur de cette tour est de **250 mètres.**

   Quelle est la hauteur de cette tour?

8. Cette usine compte **800 ouvriers et employés.**

   Combien d'ouvriers et employés y a-t-il dans cette usine?

V. 用同义词取代句中的黑体词

1. Il est venu, il y a **quelque** dix jours.   <u>environ</u>

2. Il a posé **quelques** questions.   <u>certaines</u>

3. Je l'ai rencontré il y a **quelque** temps.   <u>certain</u>

4. Dans ce centre de recherche, il y a

   50 ingénieurs et quelques.   <u>plus de 50 ...</u>

5. **Quelqu'un** vous a téléphoné ce matin.   <u>une personne</u>

6. Attendez-moi **quelques minutes.**   <u>un instant</u>

VI. 用下列词取代句中的 chose 一词 qualité, instrument, obstacle, nouvelle, aventure, idée

1. C'est la seule **chose** qui peut l'arrêter à présent.   <u>obstacle</u>

2. **La chose** a été confirmée ce matin dans les journaux.   <u>nouvelle</u>

3. Pareille **chose** m'est arrivée dans le voyage.   <u>aventure</u>

4. Une seule et unique **chose** occupe sa pensée.   <u>idée</u>

5. Une bonne mémoire est une **chose** précieuse.   <u>qualité</u>

6. Le thermomètre est une **chose** indispensable au physicien.   <u>instrument</u>

VII. 法译中

家庭补贴金

直到 1940 年,法国人的子女很少。许多家庭只有一个孩子。法国人口日益减少。相反,自 1940 年以后,尤其是 1945 年后,有二三个孩子的家庭数目大为增加。每年新生儿的人数为八十万以上,而死亡人数仅为五十万。然而,人们发现从 1964 年起,像几乎所有的欧洲国家一样,出生率确实有所下降。

　　法国人的子女数量如此之少,其原因并非他们不喜欢孩子,而恰恰是他们过于喜欢孩子了。的确,当一个儿童是独生子女时,孩子的生活水平要比与兄弟姐妹分享家庭收入的孩子的生活水平高。

　　政府采取了若干措施,以避免家庭生活水平在子女数量增加时明显下降。法国像其他欧洲国家一样,提供家庭补贴金。

　　家庭补贴金并非是人口众多的家庭所能享有的唯一好处。多子女的家庭比无子女家庭纳税要少,税额通常随子女人数的增加而减少。

第 50 课

课文参考译文
讽刺作品:在部里

　　阳光从 3 个宽敞的窗子照进德拉乌尔摩里先生又大又高的办公室。地板上铺着一块大地毯。德拉乌尔摩里先生坐在扶手椅里正在看一封公函。

　　拉利埃走上前去。

　　——先生,对不起。我来了两个小时了,(可是)有人刚刚才告诉我,说您找过我。

　　德拉乌尔摩里先生看也不看拉利埃,漫不经心地对他说:

　　——你昨天没来?

　　——是没来,先生。拉利埃答道。

　　——那你为什么没来?

　　——我的侄子没了。

　　德拉乌尔摩里抬起头来:

　　——又死了人!

　　片刻的沉默。尔后,德拉乌尔摩里先生突然大声喊道:

　　——那么,先生,你是不想再来这儿(干)喽?你现在失去了你的侄子,就像一周前失去了你的姑姑,一个月前失去了你的叔叔,两个月前失去了你的父亲,三个月前失去了你的母亲!…我还没说堂兄、表姐或其他远亲,你每星期至少要为一位送葬。简直是屠杀！不,简直是屠杀！难以想象出这是一个怎样的家庭！…而且,请别忘记,我还没说你那位一年就结两次婚的妹妹和那位每三个月就生一次孩子的姐姐呢！听着,先生,够了！如果你以为政府部门每月付你 2 400 法郎,就是让你一生忙着葬这个,嫁那个,我敢说,你弄错了！

他发怒了…拉利埃不知说了句什么,他气得直捶桌子。

——好啊,先生,你能不能让我说一句？

接着,他又说:

——你们一共 3 个办事员在这儿办公:你、苏坡先生和勒冬迪先生。苏坡先生已经干了 37 年,已经老了。我们对他已不抱任何希望。至于勒冬迪先生,情况很简单:几个月来一直有精神失常的兆头。这像什么话？3 个办事员,一个老,一个疯,第三个忙着送葬。这真是一台戏嘛！…而你以为可以这么继续下去？不行,先生,我对这些可感到厌烦了。我烦透了这些葬礼、突如其来的灾祸、各种疾病以及各种恶作剧。告诉你,不必再谈下去了。从今往后,二者必居其一:出勤或辞职,你选吧。要是辞职,我接受。我以部长的名义接受你的辞呈。明白了吧？要是不辞职,你就让我省省心,跟你的同事一样,每天 11 点准时到这儿。从明天开始就这么做,听明白了没有？我再补充一句,要是哪天你家里又有什么人死了,我就把你赶出门去。听明白了没有？

——非常清楚,拉利埃以嘲笑的口吻说。

——很好,我们算是有言在先了,头儿说。

选自乔治·库特林著《机关职员》

I. 根据课文,选择最佳答案

1. Le cabinet de M. de la Hourmerie recevait le jour par trois grandes fenêtres.

   A. Le soleil pénètre par trois grandes fenêtres.

2. Il y a deux heures que je suis ici.

   C. il y a deux heures que je suis arrivé au travail.

3. ... que vous mettez en terre à raison d'un au moins la semaine:

   A. vous enterrez un parent plus d'une fois par semaine

4. Peut-on se représenter une famille pareille?

   《se représenter》signifie:

   B. imaginer

5. Voulez-vous me permettre de placer un mot?

   A. Voulez-vous me laisser parler?

6. Vous me ferez le plaisir d'être ici ...

   C. Je demande que vous veniez ici ...

II. 找出课文中表达亲属关系的词

Ex：le neveu，le père

la tante	l'oncle	le père	la mère
le cousin	la cousine	parents éloignés	la sœur

III. 找出课文中表达时间概念的词和句型

Ex：deux heures，hier

un moment	tout à coup	à cette heure
il y huit jours	le mois dernier	il y deux mois
il y a trois mois	la semaine	deux fois par an
tous les trois mois	depuis quelques mois	chaque jour à 11 heures juste

IV. 用下面的句型填空

vers quelle heure　　　　　jusqu'à quel âge

pendant combien de temps　　combien de temps

en combien de temps　　　　après quelle heure

1. Combien de temps avez-vous mis pour apprendre à nager?

2. Vers quelle heure doit-il venir vous voir?

3. Pendant combien de temps avez-vous été malade?

4. En combien de temps avez-vous fait l'aller-retour Beijing-Paris?

5. Jusqu'à quel âge peut-on dire d'un homme que c'est un jeune homme?

6. Après quelle heure est-il impoli de téléphoner chez quelqu'un?

V. 用下面的句型填空

du ... au ...　　　il y a　　　après

à peine　　　　depuis　　　quand

1. J'avais à peine terminé mon travail，lorsque l'émission de télévision a

   commencé.

2. Depuis mon arrivée, il n'a pas cessé de pleuvoir.

3. Après avoir vu ce film, elle aimait de plus en plus les paysages de Wuxi.

4. J'ai vu ce film il y a au moins cinq ans.

5. On jouera 《La Maison de Thé》 de Lao She du 15 au 20 janvier au théâtre de la Jeunesse.

6. Quand le feu sera vert, les voitures pourront passer.

Ⅵ. 用更确切的动词替换句中的 avoir

1. Elle **a eu** un premier prix de chant au conservatoire.   **a obtenu**

2. Ce professeur **a** une grande influence sur ses élèves.   exerce

3. Cet enfant **a** une bonne santé.   jouit d'une

4. Ce dictionnaire **a** plus de mille pages.   comprend

5. Le Mexique **a** une superficie très largement supérieure à celle de la France.   s'étend

6. Le refus d'obéir **aurait** les conséquences les plus graves.   risquerait

Ⅶ. 法译中,翻译阅读课文

驾车的法国人

一般而言要当心法国人,尤其是在公路上。

对一个到法国来的英国人来说,一定要识别两类法国人:步行者与驾车人,步行者厌恶驾车人,驾车人让步行者胆颤心惊;但只要把方向盘一放到第一类人手里,他们立即就转入第二类人的阵营。(在剧场里也是如此,那些迟到者们打扰了十多人之后才入座,但往往又是他们第一个抗议那些有胆量到得更晚的人。)

英国人开车技术欠佳,但谨慎小心。法国人开车技术不错,却像疯子。因此,在两个国家里,车祸的比例不相上下。

英国人和美国人早就相信飞机比汽车快,可法国人以及大部分拉丁文化背景的人,似乎仍想证明相反的事实。

当然,人们可能认为法国人开快车的欲望与车辆的马力大小有关。错了!车子越小,开车的越想跑得快。在这个充满荒诞的王国里,最安全的车是那些马力最大的车;只有开大车的人才会无动于衷,心安理得地慢慢开,而不会被其他人超过。

至于法国女士,应该为她们说句公道话,她们开车速度比男士要慢。因此,英国人想当然地认为跟她们在一起最安全。又错了! 在一个人人都开飞车的国家里,最危险不过的是开慢车。

第51课

课文参考译文
可怜的企业干部

我们来说说人数越来越多、成为社会骨干的企业干部,如何? 他们的处境并不是无忧无虑的,有时甚至还很严重呢。权力下放、重组整合、企业合并以及共同市场所带来的动荡和当前的经济衰退:这一切都变动得太厉害了,可能有些企业干部们一觉醒来就失业了。不过,要裁人,老板也选年纪比较大一些的:在目前求职的企业干部中,40 岁以上的占一半。到了 45 至 50 岁,就再也没人要了。

四五十岁的工程师跟不上形势,这是无可挽回的缺陷。所有这个年龄的科学工作者或技术员需要掌握的这些知识,他一毕业就应该都已掌握。控制论、电子技术、自动化及放射化学等等,20 年前,谁会谈到这些? 20 世纪初,从巴黎综合工科大学毕业的年轻人所学的知识足够他用一辈子。如今,他所学的知识 5 年就过时了。正在发挥作用的一代科学家每天都会发明点(新)东西。而可怜的"企业"技术人员,如果不愿意年纪尚轻便被淘汰的话,每天就得看好几种文字的五六种杂志。由于就人的体力来说,不可能保持这样快的节奏,所以,他们这一代人就被葬送了。

几家非常大的公司有才智,特别是有财力,为他们的合作者创办一种在职进修学校:通过上课、实习以及各种会议使这些幸运者跟上潮流,与时俱进。到处都有人担心:当我们实行每周 30 小时工作制后,人们的业余时间怎样度过。对于企业干部,则不必担心:他们每周可以去上 10 小时的课。

现时阶段,另有一种不幸困扰着企业干部:他们的普通知识也损失殆尽了。他们没有时间和充沛的精力了。不过,如今出现了一种积极的迹象:那些大公司开始意识到,(如果)一位物理学家对电子计算机了如指掌,而对世界历史、对他所生活的这个社会一无所知,这是不行的。进修学校计划把过去称之为人文科学的课程也列入教学计划。

I. 根据课文,选择最佳答案

1. 《qui sont l'armature de la société》:

   B. qui dirige la société

2. Tout cela bouge terriblement.

   A. Il y a de profondes transformations.

3. Des cadres se réveillent chômeurs.

   A. Brusquement ils sont un jour licenciés.

4. L'ingénieur quadragénaire n'est plus au courant, et cela ne pardonne pas.

   C. Ses connaissances étant trop anciennes, il est écarté du monde du travail.

5. Un jeune homme sortant de Polytechnique était armé pour toute la vie.

   C. Sortir de Polytechnique permettait d'avoir une formation suffisante pour toute la vie.

6. S'il ne veut pas se laisser enterrer avant l'âge.

   B. S'il veut suivre les progrès scientifiques pour conserver son poste

II. 找出课文中作者用于"干部"的词

Ex: l'armature de notre société, l'ingénieur quadragéaire

les pauvres cadres	les chômeurs
un scientifique	un technicien
le malheureux cadre technique	les collaborateurs
les privilégiés	un physicien

III. 填空

1. Grâce à lui, les travaux ont duré moins longtemps que nous ne l'avions prévu.

2. Ce voyage au Tibet m'a plus appris que tous les livres que l'on a pu écrire sur cette région.

3. Plus on fait du sport, plus on a envie d'en faire.

4. Je n'ai jamais autant ri de ma vie que ce soir-là.

5. Il aurait fallu davantage de soleil pour que les fruits puissent mûrir.

6. Je vous rapporte ces propos tels que je les ai entendus.

IV. 用 comme si 转换句子

Ex：Il n'a pas répondu. On dirait qu'il n'a pas entendu la question.

Il n'a pas répondu, comme s'il n'avait pas entendu la question.

1. Il n'a pas protesté. On dirait qu'il n'avait rien à dire.

Il n'a pas protesté, comme s'il n'avait rien à dire.

2. Il connaît bien cette ville. On dirait qu'il y est né.

Il connaît bien cette ville, comme s'il y était né.

3. Il a l'air très fatigué. On croyait qu'il n'a pas bien dormi cette nuit.

Il a l'air très fatigué, comme s'il n'avait pas bien dormi cette nuit.

4. Les élèves ne répondent pas. On dirait qu'ils n'ont rien compris.

Les élèves ne répondent pas, comme s'ils n'avaient rien compris.

V. 用 d'autant plus ... que 转换句子

1. Il est bien content d'avoir trouvé cette place. Il n'avait plus d'argent du tout.

Il est d'autant plus content d'avoir trouvé cette place qu'il n'avait plus d'argent du tout.

2. Il est satisfait de son travail. Il est mieux payé.

Il est d'autant plus satisfait de son travail qu'il est mieux payé.

3. Elle hésite à quitter la France. Sa mère n'est pas en bonne santé.

Elle hésite d'autant plus à quitter la France que sa mère n'est pas en bonne santé.

4. Les habitants du quartier protestent contre les conditions de vie. Le loyer est encore augmenté.

Les habitants du quartier protestent d'autant plus contre les conditions de vie que le loyer est encore augmenté.

VI. 翻译阅读材料中的以下段落

Et pourtant, des hommes ... jusqu'à 30 % de moins.

然而,男士们有时候也承认,女士具有与他们相等的能力。为数不多的那些女老板的才干证明了这一论点的正确性。

那么还有什么可说的呢?尽管如此,人们还是责备女士们可支配的时间少,时常缺勤(尤其在生育期),对出差犹豫不决。

其实这种情况只持续几年的时间,也就是在抚养孩子期间如此。到了35岁或40岁,妇女受家庭拖累的情形便少了。

再者,即使妇女从事与男人同样的工作,也总是不能做到"同工同酬"。无可争辩的事实是,在同样级别和同样文凭的情况下,妇女的收入却低于男人,最多时要低30%。

第52课

课文参考译文
疫苗接种

"如果你要和平,就要准备打仗。"拉丁作家韦格提乌斯的这句话也非常适用于…疫苗接种!这是一场战斗,敌人的名字叫微生物,战士叫做抗体。我们来看一看这项医学"战略"有什么内容。

疫苗接种的益处在于它使进行过接种的人具有抵抗某种特定疾病的免疫力。什么是免疫力呢?就是肌体可以有效地防御感染而不生病。母亲可以把某种免疫力传给新生儿,保护其不感染她已经得过的某种传染病。不过这种先天免疫力只能保护新生儿到半岁。

患过某种疾病后,人可以通过"自然"方式获得一种被称为"后天性"的免疫力。我们通过个体经验得知,如果我们小时候得过麻疹、猩红热、水痘及百日咳等,我们就对这些疾病产生免疫力了。除极个别情况外,不会再得这些传染病。

也可以通过人工方法获得免疫力:这便是疫苗接种和血清的使命。

现在我们来看一下我们的肌体是怎样产生免疫力的;须知,免疫力是"有针对性的",即只针对特定的某一种疾病。当不同于我们肌体的有机物质进入我们的身体时,肌体便动用出色的防御手段进行反击:一接触到这些异体,它便产生一种被称为抗体的物质,杀死或削弱细菌,达到排除毒素、抵消病毒的目的。

正是各种疾病的病原体或病毒在肌体内产生免疫力;所以应该针对病原体或病毒人为地诱发免疫力。这就是琴纳医生的伟大直觉:在肌体内注入已死的或衰弱的病原体甚或病毒,使其不致发病,但足以诱发肌体作出反应,并产生抗体。简而言之,这就是疫苗接种。医生借助皮下切口或注射,把我们应当获得免疫力的那种疾病的疫苗注入我们的身体,这是一些衰弱的或已死的疫苗;医生也可以注入微剂量的病毒。这些疫苗或毒素会引起反应,这种反应有时会给我们带来诸如发烧或红肿之类的轻度不适。这是好的征兆,对此抱怨是没有道理的。因为这证明了我们的肌体正在产生抗体。它会使我们对疫苗接种所针对的那种疾病在若干年间甚或终生获得免疫力。

选自《宇宙万象》

Ⅰ. 根据课文,选择最佳答案

1. Il s'agit d'un combat où l'ennemi porte le nom de microbes et les soldats d'anticorps.

   B. Dans ce combat, les ennemis sont les microbes et les amis sont les anticorps.

2. une immunité contre une maladie donnée:

   A. une protection contre telle ou telle maladie

3. La mère peut transmettre à son enfant nouveau-né une immunité contre certaines maladies infectieuses qu'elle a contractées durant sa vie, mais cette immunité congénitale ne protège le nourrisson que jusqu'à l'âge de 6 mois.

   A. Pendant six mois, le nouveau-né est protégé contre certaines maladies que sa mère a déjà eues.

4. Si nous avons contacté dans notre enfance la rougeole, la scarlatine, la varicelle, la coqueluche, nous nous trouvons immunisés contre ces maladies et, à de rares exceptions près, nous ne les attraperons plus.

   C. On attrape rarement deux fois certaines maladies infantiles.

5. C'est donc vers les germes, ou leurs toxines, qu'il faut se tourner pour provoquer artificiellement l'immunité.

   A. Pour protéger l'organisme, il faut se servir des germes et des toxines.

6. ... afin qu'ils ne provoquent pas la maladie proprement dite, mais soient assez actifs pour entraîner l'organisme à réagir.

   《entraîner l'organisme à réagir》signifie:

C. faire réagir l'organisme

II. 借助课文,给下列词定义

1. **l'immunité**：l'organisme reste sain en se défendant effacement contre une infection.

2. **les anticorps**：ce sont les substances formées par le corps humain lorsqu'il rencontre des substances organiques étrangères.

3. **la vaccination**：introduire dans l'organisme des germes tués, ou atténués, ces germes ne provoquent pas la maladie, mais ils peuvent entraîner l'organisme à réagir et à produire des anticorps.

III. 把动词不定式变为合适的时态

1. Si vos amis ne venaient pas, je vous accompagnerais chez eux.

2. Si vous voulez bien vous entendre avec lui, il vous faudra faire des concessions.

3. Si j'avais trouvé votre frère, je l'aurais amené ici.

4. Si Pierre était arrivé plus tôt, je ne vous aurais pas rencontré.

5. Si nous ne partons pas tout de suite, nous arriverons en retard.

6. Si le temps était douteux et que les routes soient dangereuses, nous renoncerions à notre voyage.

IV. 选择合适的词

1. Au cas où tu le verrais, dis-lui que je le cherche.　　　(C)

2. En casd' accident, prévenez son père.　　　(A)

3. A condition que vous m'aidiez, je veux bien le faire.　　　(A)

4. Mets ton manteau, autrement tu vas attraper froid.　　　(B)

V. 写出下列词的反义词

ennemi	ami	l'enfance	la vieillesse
naturel	artificiel	actif	passif
la sortie	l'entrée	continuer	cesser

VI. 把下文的前三段译成汉语

抗生素

具有抗菌能力的新物质的发现应归功于英国生物学家亚历山大－弗莱

明。

要想理解这样的发明是如何成功的,首先要弄清楚"培养液"是怎么一回事。培养液指的是一种特殊的物质,生物学家成功地让那些将用于某些特殊试验的细菌存活于此物质之中。人们常在带盖子的小玻璃器皿中保存这些"培养液"。

1929 年的一天,弗莱明正在实验室工作,他发现在培养葡萄球菌的器皿中长出一些暗绿色的霉,这与在潮湿环境中某些食物上出现的霉点十分相似。

第 53 课

课文参考译文
葛朗台之死

五年过去了,而欧也妮和她父亲的生活一直平淡无奇。尽管每个人都可以猜出她忧伤的原因,但休想从她口中得到一句能了解原委的话……

1827 年,(欧也妮的)父亲不得不告诉她土地财产的秘密,并要求女儿在遇到困难时,找克罗旭公证人商量。后来,在那一年年底,82 岁的葛朗台老爹病倒了。想到不久自己会在世界上孤苦零丁,可以这样说,欧也妮与父亲更接近一些了。

她对老人精心护理,关怀备至。老头儿的头脑开始有些迟钝,但吝啬的本性却丝毫未减。一大早,他就让人把他(的轮椅)推到卧室的壁炉与装满金子的密室门之间,待在那儿一动也不动。但他极不放心地瞧瞧来看望的人又瞧瞧包了铁皮的门。他听到一点儿动静,就让人报告他,而且他还听到了公证人的狗在院子里走来走去,这让公证人吃惊不小。到了该给佃农收租或给葡萄种植者结账或签收据的那个时候,他就会从浅梦中醒来。于是他推动轮椅,直到密室门口。他叫女儿把门打开,监督她亲自把一袋袋的钱秘密地堆放好,并把门关好。然后,一旦欧也妮把他心爱的钥匙还给他之后,他就默默地回到老地方。而那把钥匙,他仍旧放回坎肩的口袋里,时不时地摸一摸。

最后的日子终于来临了。老头儿仍要坐在火旁,守在密室门口。他把给他盖上的所有的被子都拉向自己,裹在自己身上。而且还对拿侬说:"裹紧,把被子给我裹紧,别让人偷了去。"

只要一睁开眼睛,他就把目光转向存放金子的密室大门,并对女儿说:"金子还在吗？金子还在吗?"声音中透着一种绝望的恐惧。

"金子呢,父亲。"

"看好金子! 把金子放在我面前来。"

欧也妮于是就把几块金子放在一张桌子上,葛朗台老爹就连续几个小时盯着金子看,就像一个刚会看东西的孩子,盯着一件东西惊奇地看。而且也不禁像孩子一般露出微笑。

有时候,他会带着万分幸福的表情说道:"这真让我感到温暖!"

当神父最后一次来看望他时,他那双几个小时以来看上去已僵滞不动的眼睛,一看到金十字架就又发亮了,他鼻子上那颗小肉瘤也最后一次抽动起来。当神父把十字架送到他的唇边时,他做了一个吓人的动作想抓住它,而这最后的努力送了他的命。他呼唤着欧也妮,尽管她就在他面前,跪在地上,他也看不见。欧也妮的泪水沾满了他那只已经开始发凉的手。

欧也妮说:"父亲,父亲…"

他却说:"照看好这一切。以后到天堂向我汇报。"

选自巴尔扎克著《欧也妮·葛朗台》

I. 根据课文,选择最佳答案

1. ... jamais un mot d'elle ne permit de la connaître.

《la connaîre》signifie：

C. connaître la cause de la mélancolie d'Eugénie

2. L'intelligence du bonhomme commençait à baisser mais non son avarice.

《mais non son avarice》 signifie：

A. il était toujours aussi avare

3. Il se faisait rendre compte des moindres bruits.

B. Il voulait une explication pour chaque bruit.

4. ... comme à un enfant, il lui échappait un sourire：

B. il souriait comme un enfant souriait

5. Le prêtre lui approcha des lèvres la croix.

A. Le prêtre mit sa croix près des lèvres de Grandet.

II. 借助课文,勾画葛朗台小姐的肖像

Pendant cinq ans il n'y a aucun changement dans la vie d'Eugénie. Elle n'est pas heureuse, mais elle ne dit jamais à personne pourquoi elle est malheureuse. Quand son père est malade, elle prend beaucoup de soin de lui et se montre très obéissante à son père.

III. 借助课文，勾画葛朗台的肖像

A l'âge de 82 ans, Grandet est tombé malade, mais il reste aussi avare qu'autrefois. Dès le matin, il se met dans son fauteuil et se fait rouler entre la cheminée de sa chambre et la porte de son cabinet où il y a tout son or. Quand il reçoit de l'argent, il demande à sa fille d'ouvrir la porte de son cabinet, de mettre les sacs d'argent les un sur les autres. Dès que sa fille ferme la porte du cabinet, il lui demande la clé et la met dans la poche de son gilet et la touche de temps en temps. Avant de mourir, il demande à sa fille de prendre soin de tout et de lui rendre compte au paradis(天堂).

IV. 填空

1. Automobilistes, afin qu'il y ait moins d'accidents, il faut que vous conduisiez moins vite.

2. Les vendeurs font tout pour que les clients soient contents.

3. Afin d'éviter des erreurs, il vaut mieux relire votre texte.

4. Emmenez-le au cinéma pour lui faire plaisir.

5. Ils parlent tout bas pour ne pas être entendus.

6. Le directeur insiste sur l'importance de ce projet pour que tout le monde réfléchisse à l'avance et qu'une réunion se tienne comme prévue.

V. 用所给的词填空

le plan   le projet   l'intention

des fins   le but   l'objectif

1. Ce plan s'est fixé pour l'objectif l'augmentation de la production agricole.

2. L'énergie atomique ne doit être utilisée qu'à des fins pacifiques.

3. Mon plan est simple: amener nos concurrents à baisser leur prix, puis racheter le stock et imposer nos produits.

4. J'avais conçu le projet de vous réunir tous, mais cela n'a pas été possi-

ble.

5. Ce voyage leur a tellement plu qu'ils ont l'intention de le refaire l'année prochaine.

6. On dirait qu'avec tous ces règlements l'administration a pour but de nous compliquer la tâche.

VI. 选择准确的词

1. Prévenez-le pour ne pas le faire attendre.　　　　　　　　　(A)

2. Ils se préparent en vue de l'examen.　　　　　　　　　　　(B)

3. J'ai préféré ne pas le faire de peur de me tromper.　　　　　(B)

4. Je ne suis pas allé le voir de façon à ce qu'il puisse se reposer.　(B)

VII. 给出下列黑体词的同义词

1. Si **chacun** put en **deviner la cause**, jamais **un mot** d'elle ne permit de la connaître.

　chacun＝tout le monde；deviner la cause＝savoir la raison；un mot＝une parole

2. Le père **fut forcé de** lui **apprendre** les secrets de **sa fortune** en terres.

　fut forcé de ＝fut obligé de；apprendre＝faire connaître；sa fortune＝ses biens

3. **au grand étonnement du** notaire

　au grand étonnement de＝à la grande surprise de

4. **Aussitôt qu'** elle lui avait rendu la précieuse clé.

　aussitôt que＝dès que

5. Il reste là **sans mouvement.**

　sans mouvement＝sans bouger

VIII. 法译中

欧也妮·葛朗台

　　在索谬尔小城，葛朗台老爹靠着大大小小的投机活动，得以积攒下一大笔财富，并日夜思谋着富上加富。

　　葛朗台的独生女儿欧也妮过生日的当晚，葛朗台的侄儿夏尔前来投靠；他的父亲破产后自杀身亡。夏尔在葛朗台家小住几日，不料，欧也妮却爱上了他。夏尔要到印度去，他许诺说一旦发财即马上回来娶欧也妮为妻。

　　当葛朗台得知欧也妮把她全部的金子都借给夏尔后,大发雷霆,把欧也妮关进卧室,禁闭数日。

　　几年过去了。夏尔没有来信,但欧也妮一直在思念着他。葛朗台老爹日见衰老,他便慢慢地把他的巨额财富转给女儿。临终前,他决定把他的黄金托付给女儿,但仍千叮咛万嘱咐:"看管好这一切,我死以后也要向我汇报。"

　　夏尔终于回来了;他靠着高利贷、走私、投机和贩卖黑奴发了财。他变得和他叔叔一样厚颜无耻、唯利是图。他不知道欧也妮拥有大笔财富,欧也妮在他眼里不过是一名乡下女子,无法帮他获得他所垂涎的上层社会地位。他利欲熏心,拒绝偿还他父亲的债务并娶了一个贵族女子。欧也妮仍痴情于他,替他还清债务,最后不得已嫁给了别人。

　　欧也妮 33 岁时成为寡妇,从此把她的一部分财产用于慈善事业。

第 54 课

课文参考译文
逃避之路

　　法国社会现有近 1 200 百万年龄在 12 岁至 25 岁之间的青少年。尽管其中大多数人自称在家庭中感觉"良好",不过,仍有很多人求助于偏激行为,令长辈不免担忧。

　　自杀以其严重性和频繁程度最令人注目。这是排在车祸之后的、青少年最主要的死亡原因之一。流行病学者注意到自杀"成功"与自杀未遂行为之间的反差很大:后者在这一年龄段惊人地频繁,因为已超过十万分之三百五十。而在总人口中,企图自杀的人的比率低于十万分之二百。相反,"完成的"自杀行为,即死亡,在这一年龄段的比例却比总人口中少得多(少两倍)。更令人担忧的是,这些自杀未遂行为的严重性和数量最近又有增加。此外,青少年的自杀未遂行为通常会重复发生。少女的自杀未遂行为比少男多两倍,但是后者的行为所导致的死亡却比前者多两倍。

　　这些青少年(此前)都有些什么经历呢? 流行病学者注意到他们生活中突如其来变化的比例很高:双亲离异、家人死亡、家庭解体、移民、学业失败及首次进入就业行列。家庭的经济地位并非是起决定性作用的主要因素。医生们着重强调在自杀前这一阶段中吸毒的作用很大,因为已发现吸毒的频率极高,但至今对此强调不够。

其他行为,尽管危害较小,也同样令亲朋好友们忧心忡忡的…或受到司法界的怒斥。青少年离家出走,长期以来一再描述的这一现象 20 年来猛增。专家们认为,在美国,10％以上的少男和近 9％的少女离家出走过至少一次。在离家出走的孩子们的个人经历中,(我们)发现双亲离异的几乎占二分之一。这种现象无疑被低估了:例如,法国宣称,每年只有 3 万起离家出走事件,而实际的数字可能达到近 10 万起。

最后,还有求助于"法律许可的毒品"的行为。尽管是法律范围允许的,但也是(精神)苦恼的一种表现:抽烟、喝酒及服用治疗精神疾患的药品。最后一项特别在少女中达到意想不到的比率:在 15 至 20 岁这一年龄段,近 20％的少女服用治疗精神疾患的药品。而且,这一做法似乎在很大程度上是得到亲友家人认可的,因为这些药品只有凭医生的处方才能购得。

选自《世界报》星期日版

I. 根据课文判断下列句子的"正""误"

1. 误　　2. 误　　3. 正　　4. 误

5. 正　　6. 正　　7. 误　　8. 误

II. 回答下列问题

1. Quelles sont les causes des suicides des jeunes?

   Les causes principales des suicides des jeunes sont des changements brutaux dans leur vie, par exemple, la séparation des parents, la mort d'un membre de la famille, l'émigration, l'échec scolaire, etc.

2. Est-ce que la situation économique de la famille y joue un rôle important?

   Non, la situation économique ne semble pas jouer un rôle important dans les suicides des jeunes.

3. Quelle est la cause principale de la fugue des jeunes?

   La cause principale est le divorce de leurs parents.

4. Quelles sont les《drogues licites》?

   Ce sont le tabac, l'alcool et les médicaments psychotropes.

5. Combien de jeunes filles de quinze à vingt ans utilisent-elles des psycho-

tropes?

Environ vingt pour cent d'entre elles utilisent des psychotropes.

III. 用同义词或同义词词组替代黑体词

1. La société française **compte quelque** douze millions de jeunes.

   compte＝comprend；quelque＝environ

2. Beaucoup **recourent néanmoins** à des **conduites** déviantes qui ont quelques raisons d'alarmer leurs aînés.

   recourent＝font appel；néanmoins＝cependant；conduites＝attitudes

3. **En revanche**，les suicides《**achevés**》sont moins nombreux à cet âge que **dans la population générale.**

   en revanche＝par contre；achevés＝réussis；

   dans la population générale＝chez les adultes

4. Le tabac，l'alcool et les médicaments psychotropes，**utilisés** avec une fréquence **insoupçonnée**，notamment chez les filles.

   utilisés＝employés；insoupçonnée＝surprenante

IV. 用所给的词填空

bien que	malgré	mais
quel que	si ... que	et pourtant
quelque	si ...	

1. Bien que sa vie soit dure，elle ne se plaint jamais.

2. Si occupé que vous soyez，n'oubliez pas d'écrire à vos parents.

3. Quand vous serez en voyage，envoyez-moi un petit mot de temps à autre：si court soit-il，il me fera toujours plaisir.

4. Quelque amoureux de Paris qu'il soit，il habite cependant la province.

5. Quelle que soit ma fatigue，j'assisterai à cette réunion.

6. Mes souliers neufs me font mal aux pieds，mais je les mets chaque jour.

7. Le marchand a l'air honnête，et pourtant ce n'est qu'une apparence.

8. Malgré sa patience，il n'est pas arrivé à convaincre son frère.

V. 用其他表达"对立"的方法改换下面的句子

1. Il a refusé notre aide；mais je sais qu'il en a besoin.

Quoiqu'il refuse notre aide, je sais qu'il en a besoin.

2. J'ai tétéphoné, mais ça ne répond pas.

   J'ai téléphoné, cependant ça ne répond pas.

3. Elle demande un interprète d'espagnol et pourtant elle connaît l'espagnol.

   Bien qu'elle connaisse l'espagnol, elle demande un interprète.

4. J'ai lu ce livre en français et pourttant il a été traduit en chinois.

   J'ai lu ce livre en français alors qu'il a été traduit en chinois.

5. Le soleil est une source inépuisable d'énergie et pourtant on ne l'utilise guère.

   Le soleil est une source inépuisable, toutefois on ne l'utilise guère.

6. Il ouvre la fenêtre et pourtant il fait froid.

   Malgré le froid, il ouvre la fenêre.

VI. 用所给的词造出表达"对立"的句子

1. relire un article/ne pas comprendre

   Bien que j'aie relu cet article, je n'ai pas compris.

2. difficultés financières/ continuer le programme

   Malgré les difficultés financières, les Américains vont continuer ce programme de recherches.

3. dépenser beaucoup d'argent/ne pas être riche

   Ces jeunes couples ne sont pas riches, pourtant ils dépensent beaucoup d'argent.

4. arriver en retard/se lever tôt

   Paul arrive en retard même s'il se lève tôt.

5. écrire/ne pas obtenir de réponse

   Il n'a pas encore obtenu de réponse pour ce poste, alors qu'il a déjà écrit trois fois.

VII. 翻译下文中的前两段

现代社会的暴力

像世界各地一样,暴力在法国似乎正在变成日常生活中司空见惯的现象。

法国政府最近责成一个委员会专门研究法国的暴力问题。该委员会的报告认为,问题十分严重。

　　无论是在工厂,在街上还是在社会冲突、职业和社会关系方面,都存在着诉诸暴力的新情况。辱骂、斗殴、毁坏公物成为个人感情发泄的手段,就像绑架、爆炸成为恐怖主义者的武器一样。这种暴力往往源于人们需要表明自己的存在,需要这个置若罔闻的世界听到他们的声音。一旦处于无法对话、无法理解的境地,人们便求助于暴力。

第 55 课

课文参考译文
争夺市场

　　在国际贸易中,还没有真正开始大战。但是游击战不断发展,已达到令人担忧的规模。在五大洲,边境上设置各式各样的障碍(关卡)。为了夺得大宗合同,不正当的手段也用上了。为了卖 T 恤,卖粮食,卖机车和交钥匙工厂,人们拔刀相见。

　　然而,每次西方国家领导人会晤,他们都信誓旦旦地说要保持自由贸易。在"富国"首脑会议上,在最近一次欧洲共同市场理事会上以及经济发展与合作组织的年会上,各工业强国的政府首脑和财政部长们都允诺不向贸易保护主义的势头让步。他们甚至还保证在撤除关税壁垒方面跨出新的一步。

　　一旦回到本国,还是这些领导人,马上颁布与自己的诺言截然对立的措施。对此只有一个理由:全球范围内的经济振兴非常缓慢。结果是,大西洋两岸(欧美)的失业人数达1 500万。在低工资国家或那些社会保险及税务负担非常轻的国家的"野蛮"竞争之下,西欧的一些工业部门完全濒临关闭的危险:冶金业、造船业、纺织业、制鞋业、电子元件业及装备工业等。为了维持订货和保障就业,雇主组织和工会这一次也取得一致意见,要求政府采取保护措施。不管是美国、德国,还是英国或法国,到处都是同样的演变过程…

　　有人这样分析:"雇主组织仍对自由贸易区持赞同态度,但贸易自由建立在遵守某些规则的基础之上。然而,由于某些国家采取名副其实的"攻击"而违反这些规则,致使一些更为脆弱的部门成为牺牲品。所以应该采取保护措施,并拒绝在关税上作任何让步。"

虽说法国工业界惧怕"野蛮"竞争，要求设置一个贸易保护主义的机构，但法国工业界并非独树一帜。设在布鲁塞尔的共同市场的机构效法法国政府。他们对来自第三国的纺织品进口实行配额制。美国的企业家则要对韩国的鞋、欧洲的钢材、日本的摩托车和电视机设置障碍。

到处都是老生常谈：人们要拒外国产品于门外。然而，即便是出于保护贸易利益的目的而在民族主义上做文章，难道不也是在玩火吗？

I. 根据课文，选择最佳答案

1. Ce n'est pas encore vraiment la guerre, mais la guérilla se développe et prend des proportions alarmantes.

   C. C'est presque la guerre.

2. Les frontières se hérissent d'obstacles de toute sorte.

   C. Le protectionnisme se développe.

3. Ils se sont même engagés à franchir une nouvelle étape du désarmement douanier.

   A. Ils ont promis de diminuer les obstacles au commerce international.

4. Il y a plus de quinze millions de chômeurs sur les deux rives de l'Atlantique.

   《les deux rives de l'Atlantique》veut dire：

   B. en Amérique du nord et en Europe occidentale

5. Les organisations patronales et les syndicats, pour une fois d'accord, réclament des mesures de sauvegarde aux pouvoirs publics.

   《pour une fois d'accord》signifie que：

   C. Les patrons et les ouvriers ont le même avis, contrairement à l'habitude.

6. 《réclament des mesures de sauvegarde aux pouvoirs publics》signifie：

   C. demandent que les pouvoirs publics les protègent

7. refuser toute concession douanière：

   B. ne pas baisser les taxes sur les produits importés

8. Mais jouer avec le nationalisme, même pour défendre des intérêts commerciaux, n'est-ce pas jouer avec le feu?

A. Le nationalisme est très dangereux même quand il s'agit d'intérêts économiques.

II. 找出课文中与战争有关的词或词组

la guerre	la guérilla	se hérisse d'obstacles
se battre au couteau	le serment	désarmement
transgresser	l'agression	en péril
les victimes	la conquête	élever des barrages

III. 找出课文中用于贸易的词或词组

le commerce international	arracher les contrats
vendre	clé en main
la liberté des échanges	le protectionnisme
douanier; ère	la reprise économique
la concurrence sauvage	les carnets de commande
libre-échange	un dispositif protectionniste
contingenter des importations	des intérêts commerciaux

IV. 用表示原因的短语连接(同一短语只能使用一次)

1. Tu n'es pas raisonnable; tu seras puni.

   Etant donné que tu n'es pas raisonnable, tu seras puni.

2. Ces gens-là sont malheureux; rien ne saurait les satisfaire.

   Vu que ces gens-là sont malheureux, rien ne saurait les satisfaire.

3. Il n'a pas reçu ma lettre; il n'est pas venu.

   Puisqu'il n'a pas reçu ma lettre, il n'est pas venu.

4. Il pleut sans cesse; je ne peux pas sortir, j'en profite pour lire.

   Comme il pleut sans cesse et que je ne puisse pas sortir, j'en profite pour lire.

V. 用下列词填空

l'origine	la raison	le pourquoi
la cause	la source	le prétexte

1. Les écoliers demandent sans cesse le pourquoi de toutes choses et l'institutrice est à court d'explication.

2. Quelle est la raison de votre voyage?

3. Quel prétexte pourrions-nous trouver pour ne pas accepter cette invitation?

4. Quelle est la source de cette information?

5. Je voudrais savoir la cause de cette maladie.

6. Connaissez-vous l'origine de cette fête?

VI. 用 à cause de 或 grâce à 填空

1. A cause de sa santé, il est obligé de se reposer.

2. Grâce à ses efforts, elle a réussi aux concours.

3. Le malade va mieux grâce aux soins du médecin.

4. Grâce aux ordinateurs, on peut traiter ces données en 20 minutes.

5. C'est à cause de toi que j'ai été puni.

6. La voiture va lentement à cause de la neige.

VIII. 用 parce que 或 puisque 填空

1. Pourquoi est-ce que tu ne sors pas?

   Parce que je n'ai pas envie de sortir, tout simplement.

2. Il ne regarde pas la télévision, parce qu'il a des devoirs à faire.

3. Achète cette robe puisqu'elle te plaît!

4. Venez à la maison puisque vous n'avez rien à faire.

5. Puisque le tabac est dangereux, arrêtez de fumer.

6. Elle est allée consulter le médecin, parce qu'elle ne se sent pas très bien.

VII. 用 que ... ou que ... 转换句子

1. Il accepte ou il refuse, je ne changerai pas mon projet.

   Qu'il accepte ou qu'il refuse, je ne changerai pas mon projet.

2. Quand elle a du travail, elle refuse de sortir; quand elle est en congé, elle refuse aussi de sortir.

   Qu'elle ait du travail ou qu'elle soit en congé, elle refuse toujours de sortir.

3. Quand je prends ma voiture, je mets plus d'une heure pour aller à mon travail; quand je prends le métro, c'est à peu près pareil.

   Que je prenne ma voiture ou que je prenne le métro, je mets plus d'une heure pour aller à mon travail.

4. Quand il se couche à minuit, il n'arrive pas à se lever, mais quand il se couche à neuf heures, c'est la même chose.

Qu'il se couche à minuit ou qu'il se couche à neuf heures, il n'arrive pas à se lever.

IX. 写出下列词的反义词

la guerre	la paix	vendre	acheter
occidental	oriental	fort	faible
le protectionnisme	le libre-échange	lent	rapide
refuser	accepter	importation	exportation

X. 把阅读材料以下段落译成汉语

Un représentant des Eaux et Forêt prit ... sur la face obscure de la Lune

　　水务与林业部门的代表开始发言:"我反对。我认为我们应该把月球变成一个自然公园,在那里人们可以躲避地球上的烦恼。我们应该让月球保存现状,只需增加几个饮料零售店和一些用来放置污物、脏纸的垃圾箱。"

　　交通部门反应强烈地说:"请等一等。桥梁和道路工程局的工作人员已经考察过月球。我们认为应在月球上修一条环球大道。能够吸引人们到月球上去的唯一办法是为他们提供能够行车的公路。"

　　城市事务部门提出反驳意见:"月球应该用来发展建筑业。我局将在私营企业的帮助下,推出试点计划。我们建议把月球对地球的最佳观赏点的地段卖给房产开发商,以便他们在那儿建造高档套房和豪华酒店。作为交换条件,他们也须在月球的阴面投资,建造廉价房屋。"

第 56 课

课文参考译文
为什么要劳动?

　　有一种世界观认为人类的黄金时代已属过去。(根据这一观点)在昔日的人间天堂,任何东西都是无偿地供应人类,而如今一切都需要付出艰辛和劳苦。让一雅克·卢梭为这种深深印入普通人心目中的信仰披上了一层群众性和革命性的色彩:因此,有人鼓吹"天然"产品的效能。而且相当多的法国人认为过去的生活比现在更"健康"。

　　实际上,历史上和史前的任何实实在在的进步都证实了自然属性的大自然对人类是非常残酷和不仁义的。"天然"奶牛的"天然"牛奶会传染结核病,而过去那种"健康"的生活使每三个儿童中就有一个在未满周岁时夭折。

　　对既不劳动又无技术的人类,地球赐予它的只是一种有限的、勉强糊口的生活:近几亿人口像动物般地生活在副热带地区。

　　我们吃的东西,哪怕是我们一般认为最天然的东西如小麦、马铃薯或水果,实际上也是人类劳动创造出来的。小麦是从禾本科植物中慢慢筛选淘汰出来的;它的"自然属性"如此之少,以致于如果我们听任它与真正的自然植物去竞争的话,它立刻就会被击败和驱逐。如果人类从地球上消失了,用不了25年小麦也会随之消失;我们所"种植"的其他各类植物、各种果树及肉用牲畜的命运也是如此:人类创造出来的东西,因人类的保护而不受大自然的摧残才得以生存。它们对人类有价值,而正是人类才使它们变得有价值。

　　况且,从纺织品到纸张,从手表到收音机都是人工产品,都是只有人类劳动才能创造出来的(东西)。除了认为人类是一种与众不同的生物,它的各种需要与它所生活的星球完全不相吻合,还能得出什么结论呢? 为了很好地理解这一点,首先应该把人与动物,甚至与生物进化层次中最高级的动物进行比较。哺乳动物,如马、狗或猫仅仅满足于自然属性的物产…它们吃饱之后,没有一个想找衣服穿,想找块手表戴,吸烟斗或听收音机。只有人类有非自然属性的需求,而且需求巨大…这样我们就明白了为什么我们要劳动:是为了把不能很好地满足或根本不能满足人类需要的自然属性的大自然改造成能够满足这些需要的、人为的环境。我们劳动是为了把野草变成小麦,再变成面包,把野樱桃变成樱桃,把石块变成钢材,再变成小汽车。

　　人们将这种旨在把大自然变成可供人类消费的人类活动称之为经济活动。我们明白这是一项艰巨的任务,很难充分满足人类的需求:(因为)在自然属性的大自然所提供给我们的与我们希冀得到的两者之间差距巨大。

让·富拉斯蒂埃

I. 根据课文,选择最佳答案

1. L'idée du premier paragraphe est:

B. certains pensent que le passé est meilleur que le présent.

2. Quelques centaines de millions d'individus subsistent animalement.

B. Ils vivent sans aliments.

3. et même celles que nous jugeons en général les plus naturelles：

A. celles que nous croyons naturelles et qui，pourtant，ne sont pas vraiment naturelles

4. Si l'humanité disparaissait de la surface du sol，le blé disparaîtrait moins d'un quart de siècle après elle.

B：S'il n'y avait plus d'humanité，il n'y aurait plus de blé dans moins de 25 ans.

5. Elles valent pour l'homme；mais elles ne valent que par l'homme.

A. Elles sont faites pour l'homme et par l'homme.

6. qu'en conclure sinon que …

C. on ne peut pas ne pas conclure que …

7. Il y a un tel écart entre ce que la nature naturelle nous offre et ce que nous désirerions recevoir.

C. Nous demandons trop à la nature.

II. 根据课文判断下列句子的"正""误"

1. 正　　　　2. 误　　　　3. 正

4. 正　　　　5. 误　　　　6. 误

III. 用下列词填空

trop … pour　　　　si bien que　　　　　　assez … pour

si … que　　　　　tellement … que

1. Tu es assez grand pour savoir ce que tu as à faire.

2. Tu es trop petit pour voyager seul.

3. Il chante si fort que les voisins ne peuvent dormir.

4. La rivière est tellement polluée qu'il n'y a plus de poissons.

5. Il est trop fatigué pour travailler.

6. Elle est rentrée tard si bien que tout le monde était inquiet.

IV. 用下列词填空

réaction　　　　contre-coup　　　　résultat

influence　　　　portée　　　　　　conséquence

1. Le milieu où il vit exerce sur l'enfant une influence profonde dès son plus jeune âge.

2. Etat donné les faibles moyens dont nous disposons, notre action ne pourra avoir qu'une portée limitée.

3. La violence du discours a provoqué chez l'auditoire une réaction de colère.

4. Il n'est pas prouvé par les statistiques que l'accroissement de la délinquance soit une conséquence inévitable de la suppression de la peine de mort.

5. Les prix agricoles subissent maintenant le contre-coup des importations massives.

6. Ces précautions n'ont finalement abouti qu'à des résultats décevants.

V. 根据上下文,用 savoir 或 connaître 填空

1. Je ne connais pas le Sud de la France, mais je sais que c'est une très belle région.

2. Quand j'étais à Paris, j'ai connu M. Legrand.

3. Connaissez-vous l'Angleterre? Nous y sommes allés l'été dernier, je ne savais pas que c'était un pays si varié.

4. Ces gens ont connu beaucoup de misère.

5. Après six mois d'études, nous savons parler au présent, mais nous ne savons pas encore parler au passé.

6. Je connais, à l'université de Beijing, des professeurs remarquables.

VI. 根据所给的词,选择最贴切的答案

1. Notre service **est à même de** fournir tous les renseignement nécessaires.

   C. est capable de

2. Les circonstances nous ont obligés à **ajourner** le débat.

   D. remettre à plus tard

3. Le directeur **est doué d'**une grande capacité de travail.

   C. possède

4. Vous devez **faire en sorte que** nous soyons tenus au courant.

   A. veiller à ce que

5. Les troupes **ont franchi** la ligne de cessez-le-feu hier soir.

　　C. ont traversé

6. Le patron **a licencié** quelques employés.

　　B. a renvoyé

VII. 把阅读材料中的以下段落译成汉语

《Monsieur, fit-il avec un sourire … qui ressemblait aux deux autres》.

　　"先生",他微笑着说,"这是大自然的造化,而不是人的杰作。您知道,大自然的所为往往令人不可思议"。

　　布歇·德波尔特又把他的燧石拿给另一位学者看。"这仅仅是个偶然罢了",这位学者说。

　　布歇·德波尔特不是学者,但是他的父亲教会他要独立思考。因此,他固执地坚持自己的见解。不久后的一天,他又从砾石坑中找到了第二块燧石,与第一块一模一样。此后又找到第三块,与前两块颇为相似。

第 57 课

课文参考译文
广　告

　　拉普拉尼:法律的尊严不允许我们夸耀自己是天下第一,不过…

　　是的,无论是法律的尊严还是谦虚的美德都不允许我们夸耀自己是天下第一,因为我们无法以完全无可争议的方式来验证这一点。不过,当我们完全凭良心分析拉普拉尼所提供的各项服务的品质时,我们认为,一个在各方面都非常出色的滑雪场,即使它并非在每个领域内都总是第一流的,也可能是最好的!

夏季冰川滑雪:全面提升滑雪场的身价

　　在装备贝尔库特冰川滑雪场的同时,拉普拉尼以独特的方式全面提升滑雪场的身价,尤其是提升它在当地建筑的房价。因为无论是对初学者启蒙还是滑雪迷的技术提高而言,夏季滑雪是(拉普拉尼的)一张王牌,而世界上能提供夏季滑雪条件的滑雪场太少了。

欧洲最大的滑雪场地之一

　　以缆车装置的数量来说,拉普拉尼是法国首屈一指的滑雪场。它拥有极宽敞的滑雪面积,是欧洲最大的滑雪场之一。可以进行各种形式的滑雪,尤其是对"越野型滑雪"来说,更是得天独厚的滑雪场。

堪称典范的安全

拉普拉尼滑雪场为它的安全救护队感到自豪。它是欧洲最能干、人数最多的安全救护队。

在得天独厚的场所拥有 7 个滑雪场的一体化设施

拉普拉尼有 4 个高山滑雪场和 3 个滑雪村,由缆车装置网络相连接。

儿童的王国

孩子们在拉普拉尼从不会厌烦,而且依所有生活在那儿的人的看法,那儿是儿童们理想的滑雪场。

夏季,拉普拉尼也是非滑雪者的活动站

除了冰川滑雪,夏季在拉普拉尼还可以进行其他活动和实地操练:网球、马术、射箭、游泳、手工作坊、登山基础训练以及在瓦怒兹公园进行当地动、植物探寻。

出色的房地产投资

在拉普拉尼的投资逐年大量增值。要求去山上度假,进行滑雪运动的人越来越多,而能够开辟成"大型滑雪场"的地方却日趋减少。贝尔库特的冰川可能是欧洲仅存的几个能够开辟成滑雪场的冰川之一。由于那里四季都能滑雪,所以在拉普拉尼的房地产投资比在一个没有冰川滑雪的滑雪场效益更高。

拉普拉尼向您提供不同的投资类型:

——传统的双方共有制

——多方共有制

——金融投资

I. 根据课文内容回答问题

1. Quels sont les buts principaux envisagés dans cette publicité?

Les buts principaux de la publicité sont les suivants:

1) faire venir des touristes aux stations du ski,

2) attirer les gens par les différentes activités des stations;

3) inciter les gens à investir dans l'immobilier.

2. Quel est l'atout dont dispose La Plagne?

La Plagne offre le ski d'été, c'est son atout. Car dans le monde il y a très peu de stations qui peuvent offrir ce genre de ski.

3. Pour quelle forme de ski La Plagne est-elle une station privilégiée?

La Plagne peut offrir toutes formes de ski, notamment le《hors piste》, pour lequel elle est une station privilégiée.

4. Combien de stations y a-t-il à La Plagne?

C'est un ensemble de 7 stations.

5. Par quoi ces stations sont-elles reliées?

Ces stations sont reliées entre elles par des remontées mécaniques.

6. A part le ski, qu'est-ce qu'on peut encore faire à La Plagne?

En été, La Plagne offre de nombreuses autres activités: tennis, équitation, tir à l'arc, natation, ateliers artisanaux, initiation à l'escalade, etc.

7. Est-ce que le texte encourage les gens à investir à La Plagne? Et quels sont les arguments utilisés pour l'investissement?

Oui, le texte encourage les gens à investir à La Plagne. Les arguments sont les suivants:

Les investisseurs ont enregistré une valorisation très importante au fil des années.

La demande pour la montagne et le ski est en expansion, mais il y a très peu de sites qui puissent satisfaire cette demande; on peut y skier sur 4 saisons.

Il y a plusieurs formules d'investissements qui peuvent satisfaire les besoins de différents investisseurs.

II. 找出课文中修饰 La Plagne 的形容词

les meilleurs	incontestable	bonne	exceptionnelle
privilégié	exemplaire	compétente	unique
nombreuse	excellent	constante	intéressant

III. 简述课文, 提供关于 La Plagne 的主要信息

La Plagne, la plus grande station de ski en France par le nombre de remontées mécaniques, offre de meilleurs services: il y a le ski d'été sur glaciers, le《hors piste》, des programmes spéciaux pour les enfants et des activités diverses en été.

Comme La Plagne est une station de ski privilégiée, elle est aussi idéale pour l'investissement en immobilier et la station a plusieurs formules d'investissement à proposer.

IV. 给出下列词的反义词

1. Interdire   permettre   5. le débutant   l'expert
2. incontestable   contestable   6. vaste   étroit
3. la première   la dernière   7. sans   avec
4. construire   détruire   8. gratuit   payant

V. 把下列短语译成法语

1. 以无可争辩的方式   de façon incontestable
2. 在…的帮助下   avec l'aide de …
3. 贸易保护主义措施   des mesures protectionnistes
4. 骑术基础训练   l'initiation à l'équitation
5. 机械牵引装置   la remontée mécanique
6. 在…范围内   à l'échelle de …
7. 以…为自豪   s'énorgueillir de …
8. 与…不协调   être en désaccord avec …

VI. 用下面所给的词取代句中的动词 faire

présenter   réaliser   mener   commettre

créer   réserver   exercer   rédiger

1. Le président *fait* une violente campagne contre l'opposition. (**mène**)
2. La publicité *a fait* des mots mouveaux pour attirer les lecteurs. (**a créé**)
3. Il *a fait* une grosse faute. (**a commis**)
4. Le directeur lui demande de *faire* un rapport d'ici trois jours. (**rédiger**)
5. Ce journal *fait* une place spéciale au marché d'emploi. (**réserve**)
6. Les étudiants *font* leurs meilleurs vœux au professeur à l'occasion du Nouvel An. (**présentent**)
7. La science *a fait* de sérieux progrès ces dernières années. (**a réalisé**)
8. La publicit *fait* une forte influence sur les consommateurs. (**exerce**)

VII. 用下面所给的词取代句中的动词 mettre

classer　　　fixer　　　jeter　　　déposer

imposer　　　rétablir　　　employer　　　consacrer

1. Les pourvoirs publics *mettent* une lourde taxe sur des marchandises importées. (**imposent**)

2. L'écrivain *a mis* beaucoup de temps à son dernier roman. (**a consacré**)

3. C'est un animal. On a eu tort de le *mettre* dans les insectes. (**classer**)

4. Fou de colère，il *a mis* tout son ouvrage au feu. (**a jeté**)

5. Je voudrais *mettre* la paix entre ces adversaires. (**rétablir**)

6. Il *a mis* un tableau sur le mur. (**a fixé**)

7. Vous ne devez pas *mettre* ici le subjonctif. (**employer**)

8. Ma mère *mit* ses paquets par terre et m'emporta dans ses bras，en disant：《Mon Dieu! mon Dieu!》(**déposa**)

VIII. 法译中

对广告的质疑

以前,协助顾客选择商品的是小商贩。现在,广告取代了小商贩。

广告信息朗朗上口、明了易懂,且无所不在:广播、电视、报刊上,甚至在地铁车站里,广告栏上总是贴着海报。因此,广告对长期处于被动地位的各类顾客必然产生巨大的影响。

但是,有些消费者开始作出反应:他们要求广告更加"健康",对消费者提供的信息中没有谎言。诚然,早在1972年便通过的一项法规,要求在标签上写明某产品的各种成分。不幸的是,这些说明并非总是一清二楚,一般的读者很难看懂。

因此,消费者团体的任务是向消费者提供信息,对不同的产品进行化验分析并在"五千万消费者"和"怎样选择?"等杂志上公布试验结果。

第 58 课

课文参考译文
诗歌

I. 人与大海

自由的人啊,你永远依恋大海!

大海是你的镜子；你窥探着自己的灵魂，

在那无尽的波涛中，

你的心灵也如同苦涩的深渊。

你喜欢沉湎于自己的影像之中，

你用臂膀，用眼睛将它拥抱；而你的心灵，

当听到那粗野而不可遏制的涛声，

也会偶尔得到解脱。

你们两个都是那样深奥、神秘：

人啊，你的心底无人可测；

大海啊，谁也不知你那隐秘的宝藏有几多；

你们是那般地热衷于保守各自的秘密。

无数的春秋岁月，你们冷酷无情、无怨无悔地厮杀，

你们如此热爱杀戮与死亡，

啊，永恒的斗士，啊，无情的兄弟！

选自波德莱尔著《恶之花》

II. 米拉博桥

米拉博桥下塞纳河水在流淌

我们的爱情

已如离去的时光

磨难之后才有快乐

让黑夜来吧，让时钟敲响

年华似水，我自依然

我们手拉着手，四目相对

然而

在我们臂膀搭起的桥下

流水却无意于这永恒的目光

让黑夜来吧，让时钟敲响

年华似水，我自依然

爱情如流水一去不回

爱情逝去

时光显得多么漫长

而希望又是多么强烈

让黑夜来吧，让时钟敲响

年华似水，我自依然

时光在流逝，物转星移

过去的时光

和失去的爱情一去不回

米拉博桥下塞纳河水在流淌

让黑夜来吧，让时钟敲响

年华似水，我自依然

选自阿波利奈尔著《酒》

I. 找出两首诗中与"水"有关的词或词组

Ex：la mer, un gouffre, plonger

| l'abîme | le pont | couler |
| la Seine | l'onde | eau courante |

II. 找出两首诗中与"人"有关的词或词组

Ex：homme libre, chérir, l'âme

des yeux	des bras	le cœur
se distraire	jaloux	l'amour
la joie	la peine	demeurer

III. 对两首诗进行比较

Le premier poème a une forme classique, tandis que le deuxième est plutôt un poème de forme moderne.

Dans les deux poèmes, on parle d'homme et d'eau (la mer et la rivière), ainsi que des relations entre eux; cependant le premier poème compare directement l'homme avec la mer, en essayant de les identifier et de les rapprocher; tandis que dans le deuxième, 《l'homme》 et 《les sentiments humains》semblent avoir une place plus importante que《l'eau》, qui sert à mieux peindre l'amour.

IV. 用下面所给的词取代句中的 gens, personne

les spécialistes les clients

les spectateurs les locataires

les passagers les musiciens

1. **Les gens** qui ont assisté à ce drame ont été bouleversés. (les spectateurs)

2. **Les personnes** qui voyagent à bord doivent respecter les consignes de sécurité. (les passagers)

3. **Ces gens** ont joué la 3e symphonie de Beethoven au festival d'Aix. (ces musiciens)

4. **Les personnes** qui sont chargées de ces questions pourront sans doute vous renseigner mieux que moi. (les spécialistes)

5. **Les gens** qui habitent dans cet immeuble sont très sympathiques. (les locataires)

6. Le garçon s'empresse de servir **ces gens**; ils sont pressés. (ces clients)

V. 用其他形式表达下列句子的对立

1. Bien que ma femme soit un peu souffrante, elle accepte avec plaisir votre invitation.

   Ma femme est un peu souffrante, pourtant elle accepte avec plaisir votre invitation.

2. Le téléphone a beau sonné, personne ne se dérange.

   Le téléphone a sonné, alors que personne ne se dérange.

3. Ses explications paraissent invraisemblables: je n'en suis pas moins convaincu qu'il dit la vérité.

   Ses explications paraissent invraisemblables, cependant je suis convaincu qu'il dit la vérité.

4. Malgré toute sa bonne volonté, loin de clarifier la situation, il a contribué à la compliquer.

   Au lieu de clarifier la situation avec toute sa bonne volonté, il a rendu la situation encore plus compliquée.

5. Pour être sérieuse, la situation n'est cependant pas désespérée.

Quoique la situation soit sérieuse, elle n'est pas désespérée.

6. Si minces que soient les résultats, on doit poursuivre dans cette voie.

Bien que les résultats soient minces, on doit poursuivre dans cette voie.

7. J'ai fini par accepter ce compromis, encore qu'il ne soit guère satisfaisant.

Le compromis n'est pas satisfaisant, mais j'ai fini par l'accepter.

8. Fût-il le plus grand des écrivains, il doit avant tout se faire comprendre de ses lecteurs.

Même s'il est le plus grand des écrivains, il doit avant tout se faire comprendre de ses lecteurs.

VI. 从所给的词中选择最合适的词填空

1. Notre ami a été durement éprouvé par la mort de son père.　(C)

2. Cet homme a toujours su faire face aux épreuves.　(B)

3. Le peuple devrait être tenu au courant des activités de ses représentants.　(C)

4. Grâce à une aide accrue, ces pays sont à même de s'industrialiser.　(A)

5. Il est indispensable que l'on étudie les problèmes qui découlent des progrès de la science et de la technique.　(A)

6. J'ai lu un recueil de poèmes traduits du reusse.　(D)

综合练习

I. 选择合适的词填空

1. Nathalie et Pierre vont en Suisse.　(D)

2. Elles sont Allemandes.　(B)

3. Vous vous appelez Philippe?　(C)

4. Nous avons faim.　(C)

5. M. Dupont va venir <u>à</u> Beijing <u>en</u> septembre.　　　　　　　　　(A)

6. Nous avons <u>des</u> amis français.　　　　　　　　　　　　　　　　　(B)

7. Elle va à l'aéroport.　　　　　　　　　　　　　　　　　　　　　　(B)

8. Posez <u>ces</u> livres sur <u>cette</u> table，s'il vous plaît.　　　　　　　　(C)

9. J'aime bien les robes <u>qui</u> sont en vitrine.　　　　　　　　　　　　(B)

10. Il n'écoute pas <u>ce qu'</u>elle dit.　　　　　　　　　　　　　　　　(C)

11. <u>Fais</u> attention à ce qu'ils <u>font</u>.　　　　　　　　　　　　　　　(C)

12. <u>Quels</u> films préférez-vous?　　　　　　　　　　　　　　　　　　(B)

13. Le professeur parle <u>aux</u> étudiants.　　　　　　　　　　　　　　　(C)

14. <u>Qui est-ce qui</u> va chercher le pain?　　　　　　　　　　　　　　　(A)

15. Je pense <u>que</u> la machine à laver ne marche pas.　　　　　　　　　(A)

16. <u>Finissez</u> votre travail avant d'aller au restaurant.　　　　　　　　(D)

17. Je ne <u>peux</u> pas lui dire ce qu'elle <u>doit</u> faire.　　　　　　　　　(D)

18. Demande leur ce qu'ils <u>veulent</u>.　　　　　　　　　　　　　　　　(C)

19. Qui a pris <u>toutes</u> ces photos?　　　　　　　　　　　　　　　　　(C)

20. Elles ne nous <u>feront</u> pas attendre.　　　　　　　　　　　　　　　(A)

21. Est-ce que tu as du café? Non，<u>je n'en ai pas</u>.　　　　　　　　　(C)

22. Nous <u>étions</u> en train de parler du film d'hier quand il a appelé.　　(C)

23. Je <u>serai</u> contente quand tu <u>auras</u> ton diplôme.　　　　　　　　(B)

24. Si tu rencontrais Marie，tu <u>pourrrais</u> l'inviter à venir.　　　　　(C)

25. Si <u>j'avais su</u>，je ne <u>serais</u> pas venu.　　　　　　　　　　　　(B)

26. Il faut que tu <u>sois</u> à l'heure.　　　　　　　　　　　　　　　　　(B)

27. Ne montre pas ce roman à Pascal. Ne <u>le lui montre</u> pas.　　　　(A)

28. Nous attendrons jusqu'à ce que le spectacle <u>finisse</u>.　　　　　　　(C)

29. Pourquoi lui envoies-tu cet e-mail? Pour qu'elle <u>sache</u> où je suis. (D)

30. Il est reparti sans <u>perdre</u> une minute.　　　　　　　　　　　　　(C)

II. 将下列短语译成汉语

1. 对某事非常重视

2. 引起某人注意

3. 似乎；好像

4. 向某人示意

5. 属于…

6. 向某人学习

7. 最好是…（加原形动词）

8. 开始做某事

9. 与…不一致

10. 手里拿着某物

III. 选择合适的词填空

1. du/des

A. La hausse des salaires ne dépasse pas 5％.

B. Ne prenez pas ce médicament，car il nous faut l'avis du médecin.

2. des/les

A. Elle garde des enfants le week-end.

B. Ell garde les enfants de son voisin qui est à l'hôpital.

3. beaucoup de/ assez de

A. Nous avons assez d'argent pur acheter une voiture.

B. Beaucoup de livres qui sont ici ont été offerts par un grand écrivain.

4. certain(e)(s)/aucun(e)

A. J'ai relevé certaines fautes dans votre dictée.

B. Vous n'avez aucun intérêt à dire cela.

5. lors/lorsque

A. Les gens dormaient lorsque le tremblement de terre a eu lieu.

B. Il s'est blessé lors du dernier match de football.

6. quelque/quelques

A. Cet été，j'ai gagné quelque argent en donnant des cours particuliers.

B. Nous reparlerons de tout cela dans quelques années.

7. gros(se)/long(ue)

A. J'ai de gros ennuis en ce moment！

B. C'est une longue histoire.

8. que/dont

A. On m'a indiqué un médecin que je ne connais pas.

B. Le médecin dont on m'a parlé est un spécialiste de cancer.

9. dont/ce dont

A. Les personnes dont le nom commence par B doivent se présenter à la porte N° 10.

B. Je fais tout ce dont il ne veut pas s'occuper.

10. qui/ce qui

A. Je reste avec Marie qui est malade.

B. Garde ce qui te plaît.

11. auquel/avec lequel

A. C'est un professeur avec lequel le dialogue est impossible.

B. Je n'ai jamais revu l'étudiant auquel j'ai prêté plusieurs livres.

12. en/le

A. J'aime bien les films. J'en vois un par semaine.

B. Je souhaite rester ici. Je le souhaite.

13. en/y

A. Vous ne parlez jamais de votre collaboratrice. Vous en êtes satisfait?

B. Vous pensez un peu aux vacances? Oui, j'y pense.

14. viendra/vienne

A. Je souhaite qu'il vienne.

B. J'espère qu'il viendra.

15. pour/à

A. Il faut une bonne heure de voiture pour y aller.

B. Nous avons passé tout l'après-midi à chercher le chien.

16. que ... ou que/que ... ou non

A. Que vous acceptiez ou que vous refusiez de participer, nous allons faire une excursion la semaine prochaine.

B. Que vous veniez ou non, peu importe!

17. qui que/quoi que

A. Qui que vous interrogiez, vous entendez la même plainte.

B. Quoi que vous fassiez, il sera mécontent.

18. pendant/depuis

A. Nous habitons ce quartier depuis cinq ans.

B. On a interrogé chaque étudiant pendant une heure.

19. soit ... soit/ni ... ni

A. Je partirai soit en avion, soit en train mais pas en voiture!

B. Ce livre est introuvable: il n'est ni chez moi ni chez mes parents.

20. avant/avant de

A. N'oubliez pas d'éteindre votre ordinateur avant de partir.

B. Je vous donnerai ma réponse avant la fin de la semaine.

IV. 选择合适的动词时态填空

1. Nous allons à la campagne à condition qu'il fasse beau.

2. Il a fait froid hier. Il fera encore plus froid demain.

3. Aucune décision ne sera prise avant la semaine prochaine.

4. Il agit comme s'il avait toujours vingt ans.

5. Qu'il parte immédiatement.

6. Il faudrait que vous lisiez davantage.

7. Le professeur oblige les enfants à travailler le samedi.

8. Elle passera prendre ses affaires demain.

9. Ils protestent une mesure limitant les droits des salariés.

10. Ils se sont quittés en pleurant.

11. Tu sortiras quand tu auras rangé tes affaires.

12. Il est revenu de vacances parce qu'il n'avait plus d'argent.

13. Elle traversait la rue quand la voiture a démarré.

14. Je l'ai retenue par le bras, sinon elle serait tombée.

15. Nous changeons d'appartement afin que les enfants aient chacun leur chambre.

16. J'ai vu deux religieuses partir par là.

17. Hier, le match a été suivi par plusieurs millions de téléspectateurs.

18. Il avait mangé déjà quand je suis arrivé.

19. Elle a pris un congé de six mois pour terminer sa thèse.

20. Je regardais la télévision quand j'ai entendu des cris dans la rue. Je me suis mis à la fenêtre et j'ai vu deux hommes qui partaient en courant. Ils ont pris la première rue à droite et ils ont disparu.

V. 将下列词语译成汉语

1. 像羔羊一样温顺。

2. 他像驴一样蠢笨。

3. 他脾气很坏。

4. 凶恶之极。

5. 恶毒诽谤。

6. 相处不和。

7. 如鱼得水。

8. 面红耳赤。

9. 浑身湿透。

10. 引狼入室。

VI. 中译法

Test de niveau de français

Le DELF et le DALF sont les deux diplômes d'études importants délivrés par le Ministère de l'Education Nationale français pour évaluer le niveau des étudiants étrangers en langue française. Actuellement beaucoup d'universités françaises demandent soit le DELF, soit le DALF quand elles recrutent des étudiants étrangers. Sans ces diplômes les étudiants étrangers ne peuvent pas entrer dans les universités françaises.

Le nom complet de DELF est Diplôme d'études en Langue Française et celui de DALF est Diplôme Approfondi de Langue Française. Les deux diplômes ont été mis en place en 1985 par le Ministère d'Education Nationale français. Depuis lors, des examens spécifiques ont été organisés en France et dans des payes étrangers et des diplômes ont été accordés aux étrangers qui ont réussi aux examens. Ces examens sont ouverts à tous les candidats non francophones sans distinction d'âge et de profession.

Autrefois, comme la France ne disposait pas d'examen unique de niveau de langue réservé aux étudiants étrangers, comme le TOEFL ou le GRE aux Etats-Unis, chaque université organisait elle-même les tests de niveau de français afin de garantir un certain niveau en langue française des étudiants étrangers. Les anciens tests mis en place par les établissements d'enseignement supérieur ont été maintenus pendant longtemps même après l'introduction du DELF et du DALF parce qu'il n'y avait qu'un nombre très limité d'étudiants disposant de ces deux diplômes.

Ces dernières années, les étudiants venant d'Europe commencent à accorder une grande importance aux DELF et DALF et parmi eux, un grand nombre d'étudiants ont obtenu ces diplômes lorsqu'ils étudiaient le français dans leur pays. Les ambassades de France des différents pays prennent ces deux diplômes comme références importantes dans l'octroi de visa aux étudiants étrangers. Lors de recrutement des étudiants étrangers, certaines universités françaises leur demandent d'abord de montrer leur diplôme DELF ou DALF.

VII. 法译中

法国人生活水平提高

据法国统计和经济研究所(的数据),法国人的平均生活水平在 1996 年至 2001 年除去通货膨胀因素外,提高了 10%。而收入等级两端的生活水平改善尤为明显。

在 1996 年至 2001 年,生活在法国本土的法国人的平均收入按不变欧元计算,即不考虑通货膨胀,已经从 1996 年的 15 000 欧元上升到 2001 年的 16 500 欧元。

这项提高尤其使 10% 收入最底层的人受益,他们的平均生活水平提高了 16%,而中等收入阶层的提高只有 8%。它更加使得 10% 收入最高层的人受益,他们同期的生活水平提高了 13%。根据法国统计和经济研究所(的说法),最高收入阶层的收入来自自由职业或高级管理人员,他们更好地从 1998 年开始的经济复苏中受益。

对低收入的群体而言,法国统计和经济研究所的解释是这种"正增长",主要来源于社会福利费和替工收入的提高,而这类收入占了这一群体收入的三分之二。法国统计和经济研究所举例说,学生秋季返校的补助金 1997 年从 1 000欧元提高到 1 600 欧元。法国统计和经济研究所最后指出,18 岁至 29 岁的年龄段的人在生活水平提高中受益最大,增长了 12%,而 60 岁以上的人只提高了 6%。